중공업 가족의 유토피아

중공업 가족의 유토피아

산업도시 거제, 빛과 그림자

양승훈 지음

오월의봄

차례

조선소로 가는 길

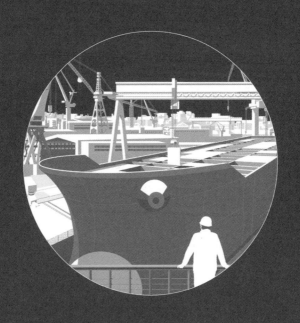

조선소의 아침은 언제나 국민체조와 함께 시작된다. 아침 근무는 8시부터이지만, 조선소 사람들의 아침은 7시에 시작된다. 조선소 각 구역에 있는 식당에서 아침을 먹고, 하루 종일 착용할 안전벨트·안전화·안전모를 챙긴다. 7시 45분, 국민체조 음악이 나온다. 모든 사람들이 동작을 따라 하며 어젯밤에 있었던 일, 주말에 있었던 일을 이야기한다. 그리고 안전 구호를 외친다. "철저한~ 안전 점검 좋아!" "안전 점검~ 좋아! 안전 점검~ 좋아! 안전 점검~ 좋아! 안전!" 노동자들은 공장으로, 도크로, 안벽으로 향한다. 꽝꽝 소리가 야드를 채우기 시작한다. '골리아스'(갠트리) 크레인[1]은 〈엘리제를 위하여〉 멜로디를 내며 1,000톤이 넘는 블록을 들고 부지런히 레일을 탄다. 도크 안에선 용접 불꽃이 요란한 소리를 내면서 반짝거

---

[1] 지상에 설치된 주행 레일을 따라 양방향으로 이동하며 조선소에서 대형 블록을 들어올리고 내리는 데 사용되는 크레인을 말한다. 규모가 크기 때문에 내부에 엘리베이터도 있고, 차량 두 대가 다닐 정도의 폭을 가지고 있다. 통상적으로 900톤 (DSME 1도크) 이상의 블록을 들어올릴 수 있다.

린다. 며칠 전 명명식을 거친 2만 TEU급[2] 컨테이너선 한 척은 오늘 시운전을 앞두고 있다. 뿌우뿌우 소리가 나기 시작하고 선박은 남해안 일대를 누빈다. 이 배는 앞으로 태평양과 인도양을 거쳐 유럽으로 향할, 덴마크의 해운 회사 머스크 라인 MAERSK LINE의 컨테이너선이다.

  석양이 내려앉을 무렵에도 조선소의 하루는 끝나지 않는다. 다음 날 작업을 위해 미리 블록을 옮기는 작업이 한창이다. 블록은 '트랜스포터'라는 개조된 트레일러로 움직인다. 1미터가 미처 되지 않아 보이는 낮은 운전석이 수백 톤 블록에 깔리지 않을까 걱정이 될 지경. 그러나 수십 대의 트레인스포터는 야드 안의 교통 규정을 지키며 요리조리 육중한 블록들의 이동을 완수해낸다. 설계동에는 아직 불이 꺼지지 않았다. 의장설계 엔지니어[3]들은 내일 현장에 나가기 전 도면을 다시 챙겨보고 규정을 공부한다. 행여나 용접하는 노동자들의 작업하는 자세가 불편할까 걱정이다. '아래 보기'를 최우선으로 해야 한다. '옆 보기'는 괜찮지만 '위 보기' 자세로 해선 안 된다. 용접 불꽃으로 화상을 입을 수도 있고, 용접의 품질도 떨어질 수도 있기 때문이다. 이런저런 고민을 마치고 나면 10시가 넘는 게 다반사다. 회사에서는 8시, 10시로 야근 코드를

---

2   TEU는 'Twenty-foot Equivalent Units'의 약자로 20피트 길이의 컨테이너를 부르는 단위다. 즉 2만 TEU는 20피트 길이의 컨테이너 2만 개를 의미한다.
3   배의 내부 배관(파이프), 기계 장비, 전기 등을 설계하는 엔지니어.

정해됐고 오늘도 10시가 됐다. 김 과장은 퇴근할까 말까 고민하다 결국 아이와 아내가 기다리는 집으로 간다. 모두가 떠난 듯한 야드 안에는 아직도 작업하는 사람들이 있다. '돌관 작업'⁴이 시작됐다. 오늘은 밤을 새우고 내일 오전에 좀 쉴 생각을 한다. 몇 명이 더 들어가야 할까. 악전고투로 애를 쓰는 시간이 지나가고 있다.

옥포의 골목은 불야성을 이룬다. 횟집에 앉아 있는 사람, 삼겹살집에 앉아 있는 사람, 지나가다 만나는 사람이 모두 회사 사람이다. 그들이 입은 작업복에는 부서와 이름이 쓰여 있다. "와, 너희도 회식이냐?" 만나는 사람마다 깔깔대면서 인사를 나눈다. "잠깐 들러서 한잔 더 하고 가." 고향 선배, 학교 선배가 붙드는 일은 부지기수다. 술이 불콰하게 취한 노동자 한 명은 브랜드 신발을 모아 놓은 가게에 들어가서 딸내미 신발을 산다. 취향은 모르겠으나 아빠가 사준 건데 좋아하겠지 하는 생각. 외국인들이 자주 간다는 '스포츠바'에서는 네덜란드에서 온 선박 엔지니어들과 호주에서 온 플랜트 엔지니어들이 다트 대결을 하고 있다.

거제고와 해성고 앞에는 학생들을 기다리는 스쿨버스가 즐비하다. 야간 자율학습을 마친 학생들을 귀가시키기 위

---

4 조선산업이나 건설업에서 쓰는 은어로 공기工期를 단축하기 위해 추가 인력과 철야를 동원해 긴급하게 작업하는 일을 말한다.

해 기다리는 중이다. 이 버스는 아침에는 아빠가 출근하기 위해, 점심에는 엄마가 회사 문화센터를 가기 위해 탔던 버스다. 엄마 아빠를 태웠던 차는 아이를 귀가시키면서 하루의 일과를 마친다.

조선소의 하루는 이미 술이 떡이 된 아빠가 들고 온 신발 상자를 받고 투덜대는 딸의 잔소리로 끝이 난다.

누구나 예상할 수 있었지만, 누구도 예상하지 않았던 위기

2002년 스웨덴의 코쿰스^{Kockums} 조선소는 도시의 랜드마크였던 골리아스 크레인 한 기를 단돈 1달러에 현대중공업에 매각한 적이 있다. 한국인들은 유럽 조선산업의 한 시대가 지나갔음을 '말뢰의 눈물'이라는 말을 빌려 종종 이야기하곤 한다. '말뢰의 눈물'은 한국 조선산업이 위기에 빠질 때마다 등장하는 말이기도 하다. 그런데 많은 사람들이 기억하기로 스웨덴은 지상 최고의 복지국가이고, 퇴직수당으로 먹고사는 데 아무런 문제가 없는 나라이다. 코쿰스 조선소가 문을 닫은 이후로 말뢰는 어떻게 되었을까?

2017년 1월 영국을 한 달간 돌아다닌 적이 있다. 스코틀랜드의 글래스고, 북부 잉글랜드의 리버풀 그리고 뉴캐슬을 찾았다. 글래스고의 클라이드 강변에 있는 고반^{Govan} 조선소도 찾았다. 모두 1960년대를 제패했던 영국의 조선소들이다.

글래스고 사람들이 기억하는 조선산업의 마지막 순간은 1970년대 초반 클라이드 강변 조선단지 노동자들이 벌인 '현장 점거work-in' 투쟁이다. 당시는 정부 지원이 끊기고 '자구안'을 통해 최소 6,000명의 노동자를 해고해야 하는 상황이었다. 이때 노동자들은 야드를 지키겠다고 일어섰다. 노동조합은 정부의 보조금을 지원받을 때까지 일터를 지키겠다며 출근했다. 노동자들의 자주관리가 시작됐다. 노동자들의 이런 투쟁에 비틀스의 존 레논과, 유명 코미디언인 빌리 코놀리 등 명사들의 지지 선언과 후원이 줄을 이었다. 요즘 말로 하면 크라우드 펀딩 방식으로 시민들의 후원도 이어졌다. 투쟁은 성공적이었다. 영국 정부는 1억 파운드의 공적자금 지원을 약속했다. 그 후, 고반 조선소는 과연 어떻게 됐을까?

1960년대까지 세계를 제패했던 고반 조선소 도크에는 잡초가 무성했다. 사택과 공동주택이었을 주변 동네는 전혀 정비되지 않은 채 낙서로 가득 차 있었다. 리버풀과 뉴캐슬의 사정 역시 이와 크게 다르지 않았다. 세계 1위 조선산업 국가의 조선소들은 버려진 채 희미한 흔적만을 남기고 있었다. 일을 하던 사람들은 흘러가는 시간 속에서 제 몫을 찾지 못하고 사라져만 갔다.

한국은 1960년대 경제 개발 5개년 계획을 통해 경공업을 성장시켰고, 1970년대부터는 중공업을 집중적으로 성장시켜왔다. 전태일이 일하던 봉제 공장부터 울산의 대공장까지 많은 일터가 전국 방방곡곡에 세워졌다. 2018년 현재, 반도체와 스마트폰, 자동차로 대표되는 한국의 제조업은 글로벌 브랜드로 성장했다. 이런 배경 속에서 한국 사람들은 산업의 흥망성쇠와 국가 경제를 종종 연결 지어 생각하곤 한다. 태극기가 올림픽 시상대에 올라가는 장면과 삼성전자가 매출과 영업이익 신기록을 세우며 스마트폰, 메모리 반도체 부문 세계 1위에 등극하는 장면을 중첩해 보는 사람도 적지 않다. 산업화 경제 시대를 살아온 세대들의 자연스러운 반응이라고 볼 수도 있을 것이다.

2010년대에 들어서면서 이런 것들과는 사뭇 다른 경제 위기 장면이 미디어에 등장하기 시작했다. 산업 경쟁력을 국가 경쟁력으로 생각하던 사람들은, 극적으로 입장을 바꿔 '좀비 기업'을 빨리 청산해야 한다고 말하기 시작했다. 조선산업이 바로 그 청산해야 할 대상이었다.

2010년대 중반. 매출 50조 원을 벌어주던 수출 대기업이자 10만 명을 직접고용하고 십수만 사내하청 노동자와 수십만 협력업체 노동자들의 일자리를 만들어주던 제조업의 선두주자인 조선산업이 시름시름 앓기 시작했다. "위기는 기회"라는 말이 전도되어 "기회는 위기"로 돌아왔다. 2013년, 현대중공업이 구조조정을 단행했다. 직원 2,000명을 감원하고, 사업 구조를 재편한다고 했다. 이듬해, 삼성중공업이 '노란봉투'(권고사직·희망퇴직 신청서)를 돌린다는 소문이 조선산업계 전체에 파다했다. 하지만 이것은 모두 전조에 불과했다.

객관적으로 볼 때 2010년대 조선산업에는 호재가 없었다. 2000년대 초반에는 경기가 상승하고 '중국 경제의 부상 → 해운 물동량 증가 → 선박 건조량의 증가'로 이어지는 호재가 있었다. 따라서 중소 조선업체들이 증가했다. 통영의 SPP조선, 성동조선해양 등이 확장 기조로 치고 올라오고 있었고, 진해 대동조선(STX)을 인수하며 화려한 M&A를 통해 재계 12위까지 올라온 STX조선해양은 세계 4대 조선소에 이름을 올렸다. 1990년대에 일본과의 경쟁에서 승리하고, LNG 운반선 기술을 독점해 '고부가가치선'을 독점하다시피 했던 '빅 3' (현대중공업, 대우조선해양, 삼성중공업)는 거침없이 순항했다. 하지만 2008년 경제 위기로 인해 해운 물동량이 줄자 수주량이 급감하고, 조선소들은 위기에 처하게 된다. '일본의 기술력'과 '중국의 인건비' 사이에 끼어 헤어나오지 못했다.

그 시절 대형 조선소들이 찾은 '기회'는 바로 해양플랜트 수주였다. 유가가 상승하는 국면에서 '빅 3'는 낯선 고객들과 조우했다. 원유 시추, 운반, 정제를 담당하는 기능을 제외한 플랜트의 몸체인 헐hull 부분의 건조 계약을 따오기 시작했던 것이다. 선박 건조와 해양플랜트 건조가 유사하다는 계산이 있었기 때문이다. 고유가 시대에는 해상에서 원유를 캐야 수지타산을 맞출 수 있다는 오일 메이저(주요 석유회사)들의 사업 계획이 밑바탕에 깔렸다. '빅 3'는 드릴십, 고정식 플랫폼,

리그선, 해양원유생산설비FPSO[5] 등 다양한 품목의 제품들을 수주하기 시작했다. 애초 전체 제품군 중 10% 내외를 차지했던 해양 부문의 비중은 2013~2014년을 경유하며 70%까지 올라갔다. '최고의 조선 기술력'을 바탕으로 해양플랜트 시장을 선도하고 석권한다는 비전이 주요 언론 산업면 기사를 채웠다. 전국의 많은 조선공학과의 이름이 '조선해양플랜트공학과' 혹은 '조선해양공학과'로 바뀌기 시작한 시점도 바로 이때다. 그러나 '기회'의 꿈을 안고 고공행진을 이어가던 해양플랜트는 '위기'라는 부메랑이 되어 돌아왔다.

현대중공업, 삼성중공업과 함께 조선산업계 '빅 3' 중 하나로 불려왔던 대우조선해양(이하 '대우조선')은 2015년부터 위기에 휩싸였다. 이때 새로 취임한 정성립 사장은 취임사와 기자회견을 통해 "본업에 집중하고 기존의 부실을 떨어내겠다"고 했다. 취임사를 통해서는 "사업 다각화로 인해 우리의 자원이 분산되지 않도록 우리의 본업인 상선, 특수선, 해양플랜트 분야로 힘을 최대한 모으고 그 외의 분야는 과감하게 정리하겠"다고 다짐했다. 2015년 5월 25일 기자간담회에서는 기존의 부실도 2분기 실적에 반영하겠다고 했다. 그러나 이어지는 회계 감사에서 정 사장이 밝힌 것 외에 숨어 있던 다른

---

5 부유식 원유 생산 저장 하역 장비Floating, Producing, Storage and Offloading의 약자로, 해상의 유전에서 원유를 생산하고 유조선에 하역할 수 있게 만든 설비를 말한다.

'부실'이 등장하기 시작했다. 대우조선은 누구나 예상할 수 있었지만, 누구도 예상하지 않았던 위기의 파도로 빨려들어갔다.

대우조선은 업계가 모두 적자를 내고 있는 상황에서 유일하게 흑자를 지속하던 기업이었다. 2012~2014년 매출 12조 원, 영업이익 4,000~5,000억 원을 달성하며 조선 경기가 위축된 상황에서도 해양플랜트는 물론 영국 군함 등 특수선까지 수주했던 회사였다.

부실이 공공연히 드러난 직후, 산업과 경제에 대한 주요한 의사결정을 다루는 청와대 서별관 회의에서는 전운이 감돌았다고 한다. 갑작스럽게 드러난 부실 앞에서 정부는 곧바로 구조조정의 칼날을 잡지 못했다. 중소 조선산업계 전체가 워크아웃, 채권단 자율협약, 법정관리로 이어지는 상황에서 빅 3 중 하나인 대우조선까지 구조조정이라는 방향으로 가닥을 잡을 수는 없었기 때문이었다. 정부는 최종적으로 공적자금 지원을 약속했다. 그때까지만 해도 인심은 나름대로 괜찮았다.

하지만 한 번의 공적자금 지원으로 대우조선의 위기는 해소되지 않았다. 2016년 여름, 앙골라 국영 에너지 회사인 소난골Sonangol은 인도 예정이었던 드릴십에 대해 인도 유예를 요청했다. 유가가 낮아진 상황에서 드릴십을 운영하기 힘들었기 때문이리라.[6] 대우조선은 납기일까지 공정을 마쳐 최종 인도를 성사하려 했지만, 공정 지연과 법적 리스크를 해결하지 못하고 결국 손실을 쌓아야만 했다. 공정 지연으로 인해 대금 결제가 밀리자, 곧이어 채무 상환과 하청업체 대금 지급에 문제가 생겼다. 2차 위기가 도래했다. 최순실 게이트 등으로 정권이 흔들리고 있는 상황에서 청와대와 행정부가 중심을 잡지 못하고 있는 가운데, 산업계의 컨트롤타워를 자임하는 산업자원부, 금융위원회, 산업은행 역시 아무런 결단을 내리지 못하고 있었다.

　　여론은 극도로 악화됐다. 신문, 방송, SNS 등 모든 채널에서 '대우조선 위기론'이 새어 나왔다. '좀비 기업'을 살리기 위해 세금을 투입해선 안 된다는 여론이 팽배했다. 다시 한번 대우조선은 구조조정 계획(자구안)을 제출하고 2차 희망퇴직자들을 모으기 시작했다. 2015년의 희망퇴직이 20년차 이상의 부장을 겨냥하고 과장급 이상의 대상을 잡았다면, 2016년의 희망퇴직은 5년차 이상의 전 계층을 대상으로 삼았다. 2015년의 희망퇴직 당시 회사를 살리기 위해 눈물을 머금고 회사를 등진 부장들을 보며 애사심을 불태웠던 후배들은 서서히 냉소적으로 변했다. 반복되는 위기와 터져 나오는 부실 속에서 야드 안에 있는 사람들의 마음도 식어갔다. 회사의 갱

6　2018년 12월 26일 대우조선과 소난골은 유예된 두 척의 드릴십을 2019년 초까지 인도하기로 합의했다. 확정 가격은 원계약금인 척당 6억 2,000만 달러보다 낮은 척당 5억 3,000만 달러다. 〈대우조선해양, 앓던 이 속속 해결… 정상화 박차〉, 《아시아경제》, 2018년 12월 30일.

생 가능성에 대해 비관하는 시선들이 늘어났다. 주식 거래가 중지되고 회사는 감자減資를 실행했다. 조직 이론에서 말하는 '희망퇴직'의 역설이 나타났다. '주니어'(사원~과장)들이 먼저 이탈하기 시작했다. 어떻게든 버티려는 선배와 나가려는 후배의 대조적인 풍경. 흉흉한 공기를 쓸어버릴 바람은 불지 않았다.

재무적 위기가 어느 정도 정리되고 있다 한들 풀어야 할 문제는 여전히 산적해 있다. 조선산업은 어떻게 되는 것일까. 여러 가지 질문이 남는다. 굳이 조선산업이 아니더라도, 2018년 2월 군산GM이 철수한 것처럼 산업을 지탱하던 제조업들이 모두 위기에 처해 있는 상황이다. 반도체산업을 제외한 모든 제조업들이 이렇게 가랑비처럼 스러질 수밖에 없는 것일까. 제조업의 이러한 사정에 근거한 산업도시 이야기는 GDP의 30%를 담당하는 제조업 구조조정 혹은 전환에 대한 질문과 맞닿아 있다. 산업도시 거제와 조선산업은 어디에서 출발해 어디까지 왔으며 어디를 향해 가고 있나. 이를 위해 구체적인 쟁점들을 살펴보고자 한다.

중산층 노동자들의 산업도시 이야기

1980년대에 우리 집은 서울 변두리에서 개집을 만드는 공장을 운영했다. 공장에서 매일 장도리질, 톱질, 대패질을 하는 '삼촌들'이 멋있어 보였고, 그 능숙한 손놀림에 반하는 일이 많았다. 나도 기술이 있으면 잘살 수 있을 거라는 생각이 들었다. 매일 절단된 각목 몇 개에 못질을 하는 게 일곱 살짜리 인생의 취미였다. 장래 희망 란에도 자연스럽게 '기술자'라는 직업을 써넣곤 했다. 그 이야기를 들은 아빠는 특별히 꾸지람을 하지는 않았지만, '기술자'보다는 '유전공학자'가 더 좋지 않겠냐고 넌지시 조언을 하곤 했다. 용달차를 타고 청계천 세운상가나 구로공단 근처의 공장을 다닌 적도 있었다. 동행했던 누군가는 꾀죄죄한 작업복을 입고 돌아다니는 노동자들을 볼 때마다 "공부 못하면 저러고 살아야 해"라고 말했던 것 같다. 공장은 힘든 노동환경과 '쥐꼬리만 한' 박봉을 주는 곳이라는 흔한 인식에서 그런 이야기를 했을 것이다. 어느새 나의 꿈은 '기술자'에서 '프로그래머'로, '프로그래머'에서 'PD'가 되는 것으로 바뀌어 있었다.

　대학에 입학하고 나서 몇 년 후 거제도에서 올라온 후배와 이야기를 나눈 적이 있다. 그녀는 자기 아버지가 거제도에 있는 대우 조선소에서 일한다고 했다. '아니, 무슨 촌스럽게 아빠가 다니는 회사 이름까지 말할까?'하고 비웃는 마음이 들었다. '공장에서 일하는 게 뭐 그리 대단한 일인가?' 하는 의문도 들었다. 사실 당시 대우조선은 굉장한 실적을 내고 있었고 조선업은 초호황기의 복판에 있었다. "거제도에서는 개가 만 원짜리를 물고 다닌다"는 말이 나오던 시절이다. 그러나 서울에서 나고 자란 스무 살짜리가 그 부膚의 정도를 체감할 수는 없었다. 대공장이나 조선소를 영위하는 산업도시 사람들이 어떻게 일하고 어떻게 살아가는지 알 리도 없었다. 그들을 그저 '시골' 출신으로 분류하려고 하는 폭력적인 시선을 나 역시도 갖고 있었던 셈이다.

한국 사람들은 지역에 대해 몇 가지 편견을 가지고 있다. "말은 제주도로, 사람은 서울로"와 같은 말이 대표적이다. 아들들에게 수도에서 밀려나면 안 된다고 전한 200여 년 전 정약용의 말처럼, 지금도 그 믿음은 여전하다. 서울의 인구는 전체 인구의 20%가량을 차지하고, 경기도와 인천을 포함한 수도권의 인구는 50%를 넘어선다. 덕택에 수도권 집값은 장기적으로 계속 오르고 있고, 다양한 부동산 규제로도 잘 잡히지 않는다. 투기 세력이 집값으로 장난을 칠지는 몰라도, 다른 권역에 비해 수도권이 갖고 있는 매력이 여전히 더 크다고 많은 사람들이 평가하는 것은 분명한 사실로 보인다.

왜 다들 수도권에 몰려 살고 수도권을 떠나지 못하는 것일까? 여러 가지 이유를 들 수 있을 것이다. 우선 주요 대학들이 몰려 있고, '학군'이 좋고, 문화 인프라가 잘되어 있다. 그러나 가장 큰 이유는 아무래도 일자리일 것이다. 서울 및 수도권은 금융·IT·서비스산업의 중심지이며, 제조업을 포함한 모든 회사의 본사가 몰려 있다. 즉 사무직과 전문직들의 일자리가 많다. 종로-을지로, 마포, 여의도, 강남의 테헤란로, 판

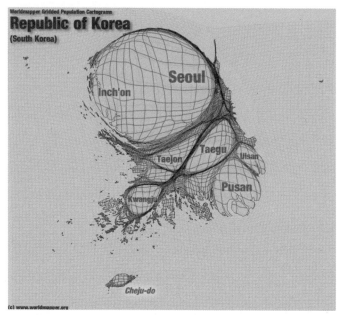

인구 규모로 본 대한민국 지도. 사람들이 수도권을 떠나지 못하는 가장 큰 이유는 무엇보다도 '일자리' 때문이 아닐까. 서울 및 수도권은 금융·IT·서비스산업의 중심지로, 제조업을 포함한 모든 회사의 본사가 몰려 있다.

교 실리콘밸리, 가산 디지털단지 근처에는 수많은 사무직들이 근무하는 빌딩이 모여 있다. 갓 취업한 직장인들은《미생》의 주인공 장그래가 골목길을 나와 정장을 입고 넥타이를 매고 '지옥철'(지하철)을 타며 출근하면서 느끼는 단상에 공감한다. 연차가 지긋이 든 직장인들은 회사에서 판판이 깨지다가도 일을 성사하고 소주 한잔에 회포를 푸는 오상식 차장의 캐릭터에 공감한다. 취준생들은 취업해서 회사 출입증을 목에 걸고 테이크아웃 커피를 마시면서 수다를 떠는 것을 상상한다. 언뜻 보편적인 생각으로 보이는 이 모든 것들은 모조리 수도권에 익숙한 풍경이다.

그러나 꼭 서울이 아니더라도 사람들이 나름대로 여유로운 생활을 누리며 살아가는 도시는 있다. 2016년 기준 서울의 1인당 GRDP(1인당 지역총소득)는 4만 773달러였다. 1년에 4,400만 원을 조금 넘게 버는 셈이다. 서울은 1위가 아니다. 1위는 울산으로 5만 1,000달러였다. 1년에 5,000만 원을 버니 서울보다 1,000만 원가량을 더 버는 셈이다. 그리고 우리 책의 주인공인 거제는 그보다 6년 전인 2010년에 이미 4,146만 원을 벌어들이고 있었다. 지역이 벌어들이는 돈의 규모가 엄청났던 셈이다.[7] 더불어 근속연수도 산업도시가 훨씬 길었다. 거제에 있는 대우조선의 2015년까지 평균 근속연수는 17년 내외였고, 울산에 있는 현대중공업의 근속연수는 2017년까지 18년이었다. 특별한 문제가 없으면 무난하게 정년까지 갈 수 있는 회사로 정평이 나 있었다. 수도권에서 모두가 가고 싶어 하는 직장 중 하나인 삼성전자는 평균 11년, 네이버는 5년 내외이다. 달리 말하면 서울을 택하지 않고도 산업도시에서 높은 임금과 안정적인 고용 상태를 유지하면서 살 수 있었던 셈이다. 2주간의 여름 휴가 때는 적지 않은 조선소 가족들이 해

---

7 경상남도 지역 내 총생산 통계(2010); 국가통계포털 "행정구역(시도)별 1인당 지역 내 총생산, 지역총소득, 개인소득"(2016) 참조.

외여행을 떠나곤 했다. 서울의 소비만큼 화려하진 않아도 부산 해운대 센텀시티 등의 백화점을 다니면서 '지름신'을 충족할 정도는 되었다. 부산·울산·경남, 즉 동남권은 이런 울산, 창원과 거제라는 산업도시에서 나는 일자리와 부산과 울산의 인프라를 통해 나름의 자생성을 유지할 수 있었다. 꼭 사람을 '서울로' 보내는 것만이 정답일 필요가 없던 시기가 있었던 것이다.

또 다른 편견으로는 "학벌과 전문직이 출세의 지름길"이라는 상식이 있다. 조선시대의 사농공상에 대한 믿음, 즉 머리를 쓰는 일이 귀하고 몸을 쓰거나 장사로 돈을 버는 일은 천하다는 생각은 분명 깨졌다. 대신 우수한 입시 성적으로 좋은 학벌을 얻으면 출세할 수 있다는 믿음이 존재한다. 대학에 서열이 있다고 믿으며, 그 서열은 학생들의 입학 성적(이른바 '입결 점수')으로 입증되며 선배들이 다져놓은 단단한 네트워크에 의해 보장된다고 본다. 그러나 '명문대'를 나오지 않아도,[8] 심지어는 대학을 나오지 않아도 땀 흘리며 성실하게 일하면 높은 수준의 임금을 받을 수 있는 직장들이 있었고 지금도 있다. 현대자동차 같은 자동차 기업이나 SK이노베이션 같은 석유

---

8 물론 조선산업계에 명문대생들이 없다는 이야기는 아니다. 회사는 사무직 중 적지 않은 수를 서울의 '주요 대학'이나 지방 거점 국립대에서 채용해오고, 이들이 주로 사무직 중간 관리자나 임원 자리를 차지하게 된다. 이 문제에 대해서는 2부에서 더 자세히 다룰 예정이다.

화학 기업, 그리고 이 책의 주인공인 조선소가 그렇다. 1980년 대의 젊은 노동자들은 자신들을 '기름밥 청춘'이라고 부르면서 야근과 철야 잔업을 했다. '전화기'(전기전자공학, 화학공학, 기계공학) 전공자들은 지방의 공장에서 매일 공정 일정을 단축하기 위해 노력했다. 산업이 고도화되고 노동자들의 학력 수준이 올라가면서 제조업 현장이 기피되고, 미디어와 학자들이 '지식노동자'가 되어야 한다고 이야기했지만 이들은 꾸준히 자신들의 자리를 지켰다. '학벌과 전문직'을 선택하지 않고도 그들은 나름대로 중산층이 될 수 있었다.

흔히 4인 핵가족은 중산층의 상징으로 꼽힌다. 아빠가 돈을 벌어오고 엄마가 육아와 가사노동을 하는 가족. 이런 형태를 '이성애 정상가족'이라고 부르기도 한다. 주로 남성이 외벌이를 한다고 해서 '남성 생계 부양자' 모델이라고 하기도 한다. 그러나 IMF 이후 맞벌이 부부가 대세가 됐다. 정규직이 아니더라도 엄마가 일을 하는 경우가 적지 않다. 그런 점에서 산업도시의 가족은 오랫동안 4인 핵가족 모델을 지켜온 드문 경우에 해당한다. 일단 제조업의 돈벌이가 괜찮았다는 게 하나의 이유일 수 있고, 또 다른 요인들이 개입했을 수도 있다. 즉 지역의 보수적인 문화 규범 때문이거나 여성의 일자리가 별로 없기 때문일 수도 있다. 좀 더 구체적인 사연들을 파헤쳐 볼 필요가 있다.

IMF 사태 이후 한국 경제가 그래도 순항한다고 여겨

지던 2010년대 초반까지만 하더라도 산업도시 사람들은 수도권 사람들이 지탄하는 대상이 아니었다. 돈을 많이 버니 부럽다는 것 정도가 40~50대 서울 사무직 중간 관리자들의 생각이었다. "울산 출장을 갔더니 진짜 소비 도시더라"라는 풍문처럼 말이다. 더불어 지역 균형 발전을 이야기하는 사람들은 GRDP가 높은 산업도시들을 균형 발전의 중심지로 여기기도 했다. 수도권에서 건설 일용직 등을 하던 사람들은 용접기술을 배우면 돈을 많이 번다는 이야기를 듣고 거제로 내려가 직업훈련원에 등록하기도 했다. '공부 못하면 해야 하는 일'은, 조선업 호황기에 '좀 험하긴 하지만 벌이가 좋은 일'로 평가가 바뀌기도 했다. 중공업을 영위하는 산업도시는 이렇게 부러움을 사며 순항하고 있었다.

그러나 2010년대를 거치며 산업도시 사람들은 '상위 10% 귀족노조'로 표상되었다. 부러움은 곧바로 지탄으로 변했다. '돈도 많이 버는데 고용도 보장받으려 하고, 심지어 자식들에게까지 일자리를 세습하려는 사람들'로 언급되기 시작한 것이다. 공적자금을 받거나, 법정관리에 들어가서 회사가 도산할 지경이 됐는데도 양보하지 않는 노동조합은 이기적이고 뻔뻔하게 쟁의만 하는 사람들의 대명사가 됐다. 산업도시에서 일하는 사람들에게 이런 지탄은 어리둥절한 일이다. 자신들은 그저 멀고 먼 타지에 있는 위험하고 힘든 작업장에서 열심히 일했을 따름이고, 노동조합이 고용과 임금을 잘 협상하는 것은 당연한 권리 행사이다. 이런 따가운 질타를 그들은 온전히 이해할 수 없었다.

이제 조선산업이 예전 같지 않고, 바깥의 시선도 부드럽지 않은 상황이다. 조선산업과 결속되어 있는 산업도시 거제의 사람들은 고된 시간 끝에 지금까지 익숙했던 모든 것을 다시 질문해야 하는 시기에 직면했다. 조선소의 건실했던 노동자들 중 상당수는 희망퇴직을 하거나 해고당한 후 다음 진로를 찾아야 할 상황에 놓였다. 가족의 벌이는 줄었고 '집사람'이었던 아내들은 지금까지 누렸던 소비를 줄이고 조금이라도 돈을 벌기 위해 일터를 찾아나서기 시작했다. 조선산업의 위기가 산업도시의 모든 사람들에게 질문을 던지기 시작한 셈이다. 열심히, 묵묵히 일한 사람들의 시간이 이렇게 사라져야만 하는 것일까? 다시 재건될 수는 있을까? 그러려면 무엇을 어떻게 해야 할까?

거제도로 가는 길: 조선소 자부심

나는 거제도에 있는 대우조선에서 5년간 근무했다. 그전에는 대학에서 정치학을 공부하고 대학원에서 문화연구(또는 문화인류학)를 전공한, 어쩌면 '취업'과는 별 상관없는 사회과학도에 불과했다. 석사를 마치면 계약직 연구원을 하면서 박사과정을 지원하는 게 보통 대학원생들이 밟는 경로였고,

나 역시 마찬가지의 진로를 밟을 생각이었다.

책 몇 권과의 운명적인 만남이 진로에 대한 전망을 뒤집었다. 특히 대학원을 다닐 때 읽었던 우석훈의《조직의 재발견》(2008)의 영향이 컸다. '조직의 눈'을 알기 위해서는 전통적인 사회과학이 말하는 '노동과 자본의 정치학'이 아닌 현대 자본주의의 주요 배역 중 하나인 기업을 알아야 한다는 생각이 들었다. 자본가도 아니고 생산직도 아니면서 기업의 이런저런 '실무'를 담당하는 사무직에 대해 참 아는 것이 없다는 자각을 했다. 또 다른 책으로는 조주은의《현대 가족 이야기》(2004)가 있다. 이 책은 '학출 노동자'[9]로 울산에 가게 된 남편과 동행한 문화연구자의 현장연구서였다. 책에 묘사된 '노동자 도시' 울산의 모습은, 내 눈에는 모든 것이 신기해 보였다. 모두가 비슷한 차를 타고 밀집된 주택단지에 사는 도시. 각양 각색의 사람들이 서로 알지 못한 채 살아가는 서울과는 극단적으로 다르게 느껴졌다. 거제에서 상경했던 후배가 자신을 끊임없이 '아빠의 회사' 이름을 밝히며 자랑스러워했던 10년 전 일이 기억났다. 고작 하는 것이 아빠 이야기밖에 없다며 촌스럽다고 생각했지만, 다른 한편으로는 도대체 저런 자부심은 어디에서 오는가 하는 의문이 떠나지 않았다. 그 실체를 알고 싶었다. 가능하다면 조주은이 보았다는, 늘 가려져 있

---

9 학생운동 출신 노동조합 운동가를 말한다.

는 '노동자 가족'의 목소리도 들어보고 싶었다. 그러기 위해서는 가능한 한 제조업체에 가야 했다. 그런 곳에 가서 현장을 자주 경험할 수 있으면 좋겠다는 생각이 들었다.[10] 노동자의 숫자가 수만 명은 되는 대공장이면 더 바랄 것이 없었다. 사실 조선소야말로 내 생각과 걸맞은 가장 적합한 곳이었다.

제조 대기업에 취업하는 것은 정말 어려웠다. 취업 시장에 대한 이런저런 논문도 읽고, 신문도 꼼꼼히 챙겨보는 편이었지만 이론 혹은 상황 분석과 실제 취업 준비는 별 상관이 없었다. '어떻게든 되겠지'라는 막연한 기대 외에는 가진 게 없었다. 토익 같은 공인 영어 점수를 따야 하는 건 알았지만 오픽이나 토익 스피킹 같은 말하기 시험까지 봐야 하는 줄은 몰랐다. 부랴부랴 토익과 오픽 점수를 맞췄고, 수십 차례 낙방을 맛봤다. 경영 관련 자격증을 갖추기는커녕 경영학 수업도 한 번 듣지 않았던 취업 준비생의 서류 '광탈'[11]은 어쩌면 당연한 것이었다.

그러던 와중 한 회사에서 서류가 통과되었다는 연락을 받았다. 석사과정에서 군대라는 근대 조직에 대한 연구를 한 게 도움이 된 모양이었다(실제로 회사에 있는 동안 조직이나 문화와 관련된 팀에서 주로 근무하게 된다).

---

10 솔직히 제조업체를 가더라도 서울 근무를 희망한 것이 사실이다. 이 부분은 2부에서 다시 다루도록 하겠다.
11 '광속 탈락'의 약자로 서류 낙방을 뜻하는 취업 준비생들의 은어.

당시 회사는 대졸 신입사원 채용 단계를 1) 서류 심사, 2) 실무 면접(당일 2회), 3) 집단 면접, 인·적성 검사, 신체 검사, 임원 면접(1박 2일) 총 3단계로 진행하고 있었다.

지원했던 경영관리 직군 집단 면접에 참여하기 위해 태어나서 처음 거제도를 밟았을 때의 인상은 아직까지도 생생하다. 면접에 참가하는 서울 출신 몇 명을 취업 준비생 카페[12]에서 모아 거제도 고현터미널에 내렸을 때, 맞은편엔 LH(한국토지주택공사)가 지은 5층 연립주택들이 밀집해 있었다. 1990년대 초반 서울의 어딘가를 연상시켰다. 터미널 옆 식당에서 간단히 식사를 마친 후 택시를 타고 조선소로 향할 때, 기사는 끊임없이 거제도의 두 조선소가 얼마나 중요한지를 강조했다. "거제도는 대우 삼성이 다 먹여 살리는 겁니다."[13] 실제로 그랬다. 거제시에서 일하는 인구 중 조선소에서 일을 했던 인구는 많을 때는 50%가 넘었고, 적게는 40%가 넘었다.

최종 임원 면접은 조선소 야드 안에서 진행됐다. 면접 순서를 기다리며 커피 한 잔을 들고 조선소 내부를 둘러보았다. 정면에 위치한 하늘색으로 도색이 된 커다란 건물에는 '조

---

12 '취업 뽀개기'(http://cafe.daum.net/breakjob)에서 만난 취업 준비생들이었다.
13 거제 사람들이나 조선업 현장 노동자들 중 많은 사람들이 '대우조선' '현대중공업' '삼성중공업' 대신 '대우' '현대' '삼성' 등의 이름으로 3사를 부른다. 예전 그룹 시절의 호칭법 때문일 수도 있고, 조선업을 전제했기 때문에 나머지 호칭만 부르는 것일 수도 있다. 다만 사무직들은 그렇게 부르는 경우가 드물다. 예컨대 사무직들은 대우조선을 'DSME'라고 부르거나 그대로 '대우조선'이라고 부른다.

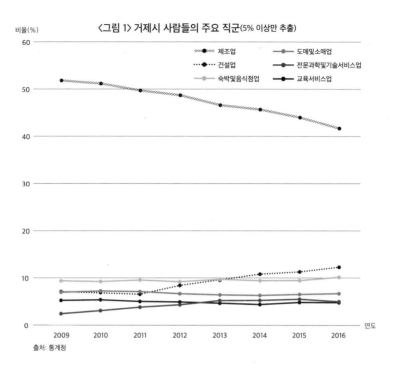

비율(%)

〈그림 1〉거제시 사람들의 주요 직군(5% 이상만 추출)

제조업　　　　　　도매및소매업
건설업　　　　　　전문과학및기술서비스업
숙박및음식점업　　교육서비스업

연도

2009　2010　2011　2012　2013　2014　2015　2016

출처: 통계청

립 공장'이라는 이름표가 붙어 있었다. 모든 시야를 하늘색 공
장들이 뒤덮고 있었다. 푸른빛이 감도는 밝은 회색 작업복에
점퍼를 걸치고, 고어텍스 워커를 신고, 남색 바지와 워커 사이
를 군인들 마냥 '밴딩'(각반)으로 붙들어 맨 사람들이 지나다니
는 풍경이 인상적이었다. 흔한 양복 차림의 전형적인 취업 준
비생이었던 나는 그 앞에서 세상 모르는 샌님이 되어버린 기
분이었다. 최종 면접장. 세계 지도가 널찍하게 그려진 테이블
맞은편에 앉은 인사 담당 임원 역시 바깥에서 봤던 노동자들
과 똑같은 작업복을 입고 있었다. 군대 장교들이 그러하듯 그

는 칼같이 다린 작업복을 입고 있었다. 잘 잡힌 주름이 임원의 명예와 위엄을 보여주기라도 하는 것처럼.

돌아가는 길, 채용 담당자는 앞의 기수가 면접을 볼 때까지만 해도 거가대교가 놓이지 않아 면접을 마치면 배를 태워줬는데 이제는 그게 없어졌다면서 아쉽다고 했다. 나는 임원 면접에서 중언부언해 탈락이 확정됐다고 생각했다. 하룻밤을 같이 보낸 '미래의 동기'들을 뒤로하고 나는 구미 삼성전자 공장에서 일하는 친구의 신혼집에 가서 '탈락의 고배'를 미리 마시고 며칠 더 신세를 졌다. 다시 다른 회사에 낼 이력서와 자기소개서를 쓰고, 면접과 필기시험 결과를 기다리던 중 인사팀의 연락을 받았다. 합격이었다. 연구실에서 소리를 지르면서 폴짝폴짝 뛰었다.

50~60대 부모님이 나보다 더 뜨거운 반응을 보였다. 그들은 내 또래는 거의 알지도 못하는 이 회사를 매우 잘 알고 있었다. 실업계 고등학교를 나와 이런저런 일자리를 전전하며 20대를 보냈던 아버지는 어느 날 갑자기 '울산 현대조선'에서 사내하청 노동자로 일했던 시절을 '커밍아웃'했다. 아버지는 블록에 용접사들이 볼 수 있도록 분필로 칠하는 마킹일을 하면서 용접사 자격증을 따 '직영'이 되려고 했는데, 용접 화상 때문에 눈이 보이지 않아[14] 결국 포기했다고 했다. 방어

14　현장 용어로는 "아다리 걸렸다"고 표현한다.

진에서 나와 '하꼬방'들이 많았던 곳에 수십 명이 모여 살면서 공동 화장실을 썼던 경험도 이야기했다. 그러면서 조선소 '현장직'(생산직) 이면 몰라도 '관리직'(사무직)이면 아주 좋은 자리라면서 꼭 다니라고 권했다. 조선소에 관한 상세한 이야기를 집에서 들을 줄은 생각지도 못했다. 일가친척들의 반응도 마찬가지였다. 국가직 공무원으로 일하는 외삼촌은 "대한민국이 망하기 전에는 망하지 않을 정말 좋은 회사"라며 공기업 다니는 기분으로 조용히 다니면 될 거라고 했다. 가서 괜히 나서지만 않으면 '만사 OK'라고. 진보적인 학문을 가르치는 대학 은사들의 반응도 크게 다르지 않았다. 여성학을 알려주신 한 선생님은 '부의 상징' 거제도에 가는 것을 축하해주셨다. 모든 것이 어리둥절했다. 친구들은 '대박 연봉'을 받는 직장에 갔다면서 축하해주었다. 그제야 구인구직 사이트에 적혀 있는 연봉의 숫자를 확인했다.

조선 3사는, 기성세대들에게는 한국에서 가장 견실한 대기업의 상징으로, 그리고 취업 준비생들에게는 한국에서 삼성전자, 현대자동차에 버금가는 고액 연봉 회사로 알려져 있었다. 다만 내가 대우조선이나 삼성중공업을 잘 알지 못한 것은 공학을 전공하지 않았고, 서울 일대의 회사들만을 인지하고 있었던 탓이 컸다.

그 좋다는 '대기업'에 합격하긴 했지만 입사 전까지 나는 질문 하나에 사로잡혀 있었다. 서울에서 태어나 서울에서 학교를 다니고 군생활마저 수도권에서 한 내가 거제도라는 연고도 없는 곳에서 잘 살 수 있을까 하는 고민이었다. 신입사원 연수를 마치고 배치를 받기 전날까지 고민을 멈출 수 없었다. 고민은 회사에서 나오는 날까지 계속되었다. 나중에 알게 됐지만, 이 고민은 서울에서 나고 자란 대부분의 사람이 하는 것이기도 했다. 하지만 거제도에 정착한 이후부터는 어느 정도 안심을 할 수 있게 됐다. 거제도 자체가 토박이들의 땅이 아닌 이주민들의 도시라는 것을 알게 된 것이다. 이 때문에 거제도에는 향우회나 각종 동문회 모임이 많다. 거제도 역시 사람이 모여 살아가고 있는 도시라는 사실에 안심이 되었다.

수습을 마치고 신입사원으로 인정받게 되는 1년여 기간 동안 가장 많이 들은 말은 "대우조선 정도 다니면 다 된다"였다. 그 말은 연봉과 사회적 인식 모두를 포함해 조선 3사의 직원이 갖게 되는 어떠한 '위상'에 대한 자부심의 표현이었다. 회사와 나를 동일시하는 것에 냉소적인 태도를 보이던 나도 어느샌가 대우조선 직원의 '그것', 이른바 '대기업 뽕'을 세우게 되었다.

이미 많은 금융계 애널리스트, 산업사회학자, 정책 기안자의 입에서 조선산업에 대한 이야기가 나왔다. "불 꺼진 옥포 유흥가"라는 식의 자극적인 제목으로 '소비도시 거제'의 죽음을 알리는 신문 르포도 많았다. 단편적인 정보는 그저 조선산업에 대한 낙관과 비관만으로 '좀비 기업'을 평가하거나, 거제도 사람들의 '흥청망청함'을 근거로 국가의 지원을 폄하하고 노동자들과 지역 주민들을 멸시하는 결과를 만들어낼 따름이다. 내부자의 시선을 통해 조선산업과 거제도에 대한 이야기를 풀어보려는 것은 바로 그런 관점을 극복하기 위한 노력의 일환이다.

이 책은 기본적으로 '중공업 가족'에 초점을 맞춰 이야기를 풀어나가고자 한다. 지금껏 거제도를 움직여온 것은 조선산업이 만들어낸 부유함이었다. 조선산업을 유지시킨 힘은 엔지니어의 기술력, 노무관리의 목표이자 노동조합이 꿈꿨던 연대의 공동체인 '중공업 가족'에서 비롯되었다. 바로 그 '중공업 가족'을 통해 조선소의 조직문화와 노사 관계를 살펴보려고 한다.

이를 위해 1부에서는 거제라는 도시와 그곳에서 살아가는 사람들의 이야기를 다룬다. 중공업 가족 이야기는 조선산업과 도시의 관계, 좀 더 넓게는 제조업과 산업도시의 관계를 이해하는 데 핵심이 된다. 일터-주거 지역이라는 단순한 구분법을 넘어서, 하나의 산업이 어떻게 도시와 가족을 만들어냈는지를 이야기하고자 한다.

2부의 〈중공업 엔지니어의 배움과 성장〉에서는 엔지니어들이 겪게 되는 고충과 그들의 꿈을 살펴본다. 이는 조선산업의 기술력을 상세히 따져보기 위함이다. 2010년대의 조선업 위기를 심층적으로 들여다보기 위해서는 그곳에서 일하는 사람들의 눈이 필요하다. 다시 말해 우리는 엔지니어들이 일하는 방식은 물론 그들의 문화를 제대로 알아볼 필요가 있다. 이런 이해를 바탕으로 2부 〈'하면 된다' 시절의 딜레마〉와 3부 〈옥포만의 눈물〉에서는 조선산업의 위기에 대해 종합적인 평가를 내려볼 것이다. 2010년대의 조선소가 '어떤' 어려움을 겪었으며, 악전고투의 노력에도 불구하고 왜 그 어려움을 쉽게 극복할 수 없었는지를 다루고자 한다. 또한 조선산업이 휘청거리던 그 시기, 중공업 가족에게는 어떤 변화가 일어났는지도 살펴본다.

〈갈림길에서〉와 에필로그 〈산업도시 거제의 '그다음'을 그리며〉에서는 현재의 조선산업이 취할 수 있는 몇 가지 대안들을 따져볼 것이다. 나아가 조선산업 말고는 다른 대안을 준비하지 못한 거제도가 앞으로 밟아야 할 단계에 대해서도 이야기를 해보려고 한다.

1부

조선소, 가족을 만들어내다

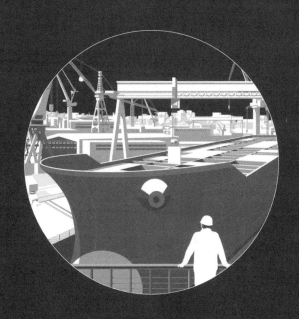

1. 옥포만의 기적

거제에 대한 몇 가지 기억: 충무공 이순신과 포로수용소

거제도는 한국에서 제주도 다음으로 큰 섬이다. 김영삼 전 대통령의 고향인 거제시 장목면의 대계마을을 비롯해 거제도의 주된 산업은 어업이었다. 장목 근처의 어부들은 멸치를 잡았고, 지세포리와 이남 거제면에서는 대구를 잡았다. 최근에는 한려수도 해상공원으로 지정돼 관광지로 알려져 있지만, 당시에는 덩그러니 놓여 있는 큰 섬에 불과했다. 그 외에 거제에 대해 사람들이 기억하는 것은 충무공 이순신의 옥포해전과 한국전쟁 당시 피난민들과 포로를 수용했던 역사이다.

음력 1592년 5월 7일 옥포. 당시 전라 좌수사 이순신은 경상 우수사 원균과 함께 판옥선 24척, 협선 15척, 포작선 46척을 거느리고 출전해 일본 군선 30척 중 26척을 궤멸시킨다. 전란 초기 형세를 수습하지 못했던 조선군에게는 커다란 승리였다. 이 승리를 기리기 위해 옥포 효충사는 충무공의 어진을 모시고 있다. 또한 정유재란 당시 원균이 이끄는 조선 수군이 왜군에게 패한 칠천량해전이 벌어졌던 칠천도도 있다.

이렇듯 16세기 말 동아시아 해전사에 길이 남을 사건 때문이었을까, 옥포에는 결국 조선소가 들어서게 된다.

한국전쟁 피난민들과 포로들도 거제의 역사를 말할 때 빼놓을 수 없는 부분이다. 문재인 대통령의 가족을 비롯한 많은 이북 사람들이 미군이 제공한 보트를 타고 거제에 정착했다고 한다. 거제시 중심에 있는 고현에는 포로수용소가 있다. 한국전쟁 당시 인민군과 중공군 포로를 수용하기 위해 1951년부터 1953년까지 운영되었다. 17만 명이 그 포로수용소에 수용되었고, 조선인민군에 강제로 징집돼 송환을 거부하는 반공 포로와 송환을 희망하는 친공 포로들 사이에 유혈 사태가 발생하기도 했다.[1] 한 번 들어오면 나가기 힘들다는 거제도에 대한 이미지는 묘하게도 지금까지 이어지고 있다.

그 이후 20여 년간 거제도는 한국인들에게 큰 존재감이 없는 장소였다. 그러다가 1970년대에 들어 어촌마을 거제는 조선산업의 용접빛으로 달궈지기 시작한다. 1973년 10월 11일, 대한조선공사(현 한진중공업) 옥포조선소 기공식이 거행됐다. 사업비 규모는 총 1,030억 원. 당시로서는 세계 최대 규모의 조선소였다. 사업비가 모자라 공사는 1975년 30% 정도만 진행된 수준에서 중단되고 말았지만, 박정희 정권의 중화학공업 육성을 통한 수출 주도 정책에 따라 1978년 대우그룹

---

1   위키피디아 한국어판 '거제도 포로 수용소' 항목 참조.

이 조선소 사업자로 다시 선정되면서 대우조선주식회사 옥포 조선소가 완공된다. 1979년 12월 1일 1도크가 완공되었을 때 직원 수는 1만 2,000명이었다. 이는 2016년 기준 정규직 숫자와 동일하다.

오로지 조선업을 위한 도시, 거제

1974년 3월 15일 거제 장평 죽도에 고려조선소가 설립된다. 처음부터 현재와 같은 대형 조선소는 아니었다. 1977년 4월 1일 삼성그룹이 고려조선소를 인수해 삼성조선주식회사 거제조선소를 세운 1990년대 초반까지만 해도 삼성중공업은 대형선을 건조할 수 없는 중형 조선소에 불과했다. 거제는 당시 몇 년 간격으로 조성된 마산 수출자유지대-창원 공단, 울산과 미묘하게 달랐다. 애초 일제강점기부터 산업단지로서 입지를 구축했던 울산, 재일교포 자본이 합작 산업으로 투자해 그 네트워크의 영향을 크게 받았던 마산-창원[2]과 달리 거제는 순전히 국가와 국내 대자본의 힘으로 조성된 도시였다. 당시 해운업, 여객업, 조선산업과 화물자동차 운수를 영위하며 가치 사슬을 확장하던 한진그룹이 아닌, 또한 건설부터 시작해 산업보국産業保國을 목표로 다양한 제조업을 영위하던 현

---

2   박배균·장세훈·김동완 엮음,《산업경관의 탄생》, 알트, 2014.

대그룹도 아닌, 제당산업과 모직산업을 영위하던 삼성과 종합상사 기업 대우가 참여했다는 것도 특기할 만한 일이다.

조선산업의 기둥과 같은 현대중공업이 출발한 해도 1972년이다. 지폐에 담긴 거북선 모양으로 선주를 설득해 조선소가 건립되기도 전에 배를 수주하고, 조선소 건설과 동시에 선박 건조를 진행해 인도했던 정주영 회장을 먼저 떠올려 볼 수 있다. 현대중공업의 모태가 된 울산 현대조선소는 이처럼 조선산업의 상징과도 같은 곳이었다.

울산의 경우, 조선산업의 중심지라고 하기에는 곤란한 점이 있다. 울산은 다양한 산업군을 보유한 도시이며 인구 100만이 넘는 광역시이기 때문이다. 일단 울산에는 현대자동차, 현대중공업, 현대오일뱅크 등과 같은 구 현대그룹의 주요 산업체가 밀집해 있다. 또한 정유산업으로 분류되는 에쓰오일이나 SK이노베이션 역시 이곳을 주 근거지로 하고 있다. 울산 동구(조선), 울산 북구(자동차), 울산 남구(석유화학)에 최소 세 종류의 대형 산업이 자리 잡고 있는 것이다. 즉 울산은 다양한 산업의 메카라고 할 수 있다. 가장 많은 고용을 창출하는 것은 역시 북구의 자동차산업이고, 그다음으로 조선산업, 석유화학산업 순이다.

이에 반해 거제는 오로지 조선산업만을 위한 도시이다. 대우조선과 삼성중공업, 그리고 거제와 그 인근에서 기자재와 블록을 제작해 공급하는 광업 및 제조업에 종사하는 사람이 거제시 취업자의 절반을 차지한다(46.3%[3]). 직업 분류 중 관리자, 전문가 및 관련 종사자, 사무 종사자, 기능·기계조작·조립 종사자를 합치면 전체의 3분의 2가량이 된다. 통계의 오차를 감안한다 해도, 거제야말로 조선산업으로 먹고사는 도시라고 말하기에 전혀 부족함이 없다.

성장과 진통의 역사: 이주자 그리고 노동운동

물론 조선산업이 성장하고 그와 함께 거제시 인구가 증가하기까지는 진통이 따랐다. 이것은 곧 산업화·민주화 과정에서 발생하는 진통이다.

산업의 눈으로 볼 때, 한국 조선산업의 발전사는 구미歐美와 일본의 선진 조선산업에서 배우기 시작해 마침내는 그들을 딛고 일어선 역사 자체이다. 대우조선이 1979년 화학제품 운반선(PC선)을 수주해서 건조하기 시작했을 때, 조선소에는 조선산업의 상징이라 할 수 있는 골리아스 크레인조차 없는 상태였다.

선박 건조는 블록 쌓기와 비슷하다. 강판을 잘라 가공해 붙여서 작은 블록을 만든다. 블록을 붙이고 또 붙여서 점차 규모를 크게 만든 후, 선박의 기능을 하는 엔진과 항행 장

---

3   국가통계포털(kosis.kr) 2018년 3월 1일 자 검색 자료.

비 등 의장품을 블록 안에 설치해, 도크장에서 최종 탑재 과정을 거치면 배의 모양이 완성된다. 골리아스 크레인 같은 큰 크레인이 없다는 것은 작은 블록들을 일일이 작은 크레인들로 옮겨가면서 작업을 진행했다는 의미이다. 블록이 거대해지면 대형 장비의 힘을 빌려 공정을 단순화해 진행하지만, 블록이 작을 수록 자동화나 기계화가 어려워 수작업이 늘어날 확률이 높다.

설비상의 이러한 미비함은 집중적인 자본 투자와 기술력으로 극복되기 시작했다. 대우조선은 1981년 골리아스 크레인을 갖추고, 제2도크를 증축한다. 삼성중공업도 1983년, 인근의 대성중공업을 합병하고 도크를 증축하면서 시설 투자를 통해 미래를 모색하기 시작한다. 1990년대 초반까지는 조선업 경기의 침체로 인해 구조조정의 시간이 있기도 했지만, 세계 조선산업의 패권을 쥐게 되면서 한국 조선산업은 2000년대의 전성기를 맞이한다. 1990년대 후반을 경유하면서 한국의 조선산업은 세계 1위에 등극하게 된다. 물론 최근에는 중국과 엎치락뒤치락하고는 있지만 여전히 최고의 선박을 만들어낼 수 있는 역량만큼은 가지고 있다.

물론 자본 투자만으로 이러한 결과를 얻어낸 것은 아니다. 한국의 조선산업을 이끌어온 원동력은 기술력이었다. 조선산업의 패권을 한 번쯤 장악한 국가들은 최소 한 가지의 강점을 가지고 있었다. 영국은 세계 경영을 하던 빅토리아 시대의 인프라와 강선$^{steel\ vessel}$ 건조를 통해 1950년대까지 조선 산업을 이끌었다. 북유럽의 스칸디나비아 3국(노르웨이, 스웨덴, 핀란드)은 상대적 저임금으로 경쟁력을 확보했다.

1970년대 유럽이 쥐고 있던 조선산업의 패권을 아시아로 가져온 것은 일본이었다. 일본은 상대적 저임금이라는 이점 외에도 다양한 혁신을 통해 세계를 제패했다. 일본은 우선 용접을 재발견했다. 리벳이라는 나사를 통해 강판을 조이는 방식이 아닌, 용접을 통해 강판을 조립하기 시작했다. 두 번째로, 대형 도크장에서 크레인을 활용한 탑재 방식을 활용해 공정 속도와 효율을 높였다. 마지막으로 도요타^{Toyota} 자동차의 생산 혁신 기법으로 유명한 적기 납기(JIT, Just-In-Time)나 미세 작업 관리를 도입해 이익을 최대치로 끌어올렸다.

그렇다면 1990년대 세계 조선산업의 패권을 획득한 한국의 강점은 무엇이었을까. 임금이 큰 비중을 차지하는 조선 산업의 특성을 감안한다면, 저임금 노동이 유리하게 작용한 것은 분명한 사실이다. 그러나 한국은 기술 면에서도 세계를 제패했다. 일본의 블록 탑재 공법을 향상해 블록의 대형화와 모듈화를 이끌었다. 또한 옥외 작업장에서 이루어지던 작업들 중 선행 작업들을 실내 공장으로 옮겨왔을 뿐 아니라 자동화와 기계화를 달성했다. 야드 공간을 많이 잡아먹는 블록들을 외부 블록 공장에서 조립을 마쳐 운송해 최종 공정을 수행할 수 있게 함으로써 생산 효율을 극대화한 것이다.

일본은 1980년대 이후 지방 근무를 기피하는 대학생들이 조선소에 가지 않으려고 하는 경향이 강해지면서 점차 선박 설계를 내려놓게 되었다. 또한 선박의 대형화보다는 중형 선박을 표준화해 생산 효율을 높이는 쪽에 집중했다. 한국은 일본과 정반대의 길을 선택했다. 전국에 조선해양공학과(당시 조선공학과)를 확충하고, 설계 엔지니어들을 끊임없이 보강했다. 일본의 생산기술이 갖는 이점을 유지하되, 대형화 또한 포기하지 않았다. 결국 1990년대 말~2000년대 초반 LNG선이나 초대형(1만 TEU 이상) 컨테이너선 같은 고부가가치선 주문이 밀려오면서 패권을 쥘 수 있게 된 것이다.

그 결과, 한국 사람 모두가 'IMF 관리 체제'하에서 정리해고와 도산 등으로 실직을 당하고 전전긍긍하던 1998년, 거제의 조선소 노동자들은 "개가 만 원짜리를 물고 다니는" 시절을 보낼 수 있었다. 원-달러 가치가 고공 행진을 할수록 수출 위주의 조선산업의 경쟁력은 더욱더 강해졌기 때문이다. 심지어 대우그룹의 해체로 인해 모든 계열사가 타격을 받고 산업은행 관리 체제로 들어가거나 빅딜 등으로 다른 재벌로 매각되던 시기에조차, 대우조선은 흑자를 내면서 빠르게 워크아웃을 졸업할 수 있었다. 삼성중공업과 울산의 현대중공업도 마찬가지로 호황을 누렸다.

그러나 소위 '옥포만의 기적'이라 불리는 조선산업의 성장과 거제 사람들의 부유함이 이 모든 이야기를 전해주지는 않는다. 무엇보다도 우리는 이주자의 도시로 거제를 바라볼 필요가 있다. 1987년 민주화운동 과정에서 노동자들의 권리를 지켜낸 노동자대투쟁의 역사 역시 생략할 수 없다.

거제는 이주자의 도시이다. 인구의 변화를 통해 이 사실을 알 수 있다. 조선산업이 시작되던 1975년 거제시(거제군+장승포시)의 인구는 11만 명이었다. 1980~1990년대까지는 인구 변화에 부침이 있었다. 17만 명이었던 1985년에 비해 1990년에는 14만 명 정도로 줄어든 것으로 미루어볼 때, 산업도시로 탈바꿈하며 인구가 일반적으로 증가했지만, 조선산업 내부의 부침 탓에 인구 변화가 들쭉날쭉했던 것으로 이해할 수 있다. 그러나 1990년대를 경유하면서 거제는 견고한 인구 성장을 보였는데, 이는 조선산업의 본격적인 팽창에 힘입은 결과였다. 그 후 2015년부터 거제는 25만이 넘는 인구를 보유하게 되었다.

거제도, 특히 장승포를 돌아다니다 보면 1970~1980년대의 흔적과 쉽게 마주하게 된다. 대우병원이 있는 두모동에서 조금 걸어나와 두모로타리를 건너 장승포 방향으로 가다 보면, 일제강점기 때 조성되었을 법한 좁은 골목이 하나 있다. 그 옆에는 이미 문을 닫았지만, 맥주와 양주를 팔던 옛 '방석집'의 느낌이 나는 건물들이 골목길을 채우고 있다. 1990년대 초반만 해도 거제보다 먼저 도시의 행정구역을 갖췄던 장승포 번화가는 조선소 사람들의 회식 장소로 불야성을 이뤘다.

장승포의 거리 풍경. 1990년대 초반까지만 해도 장승포는 조선소 사람들의 회식 장소로 손꼽히는 번화가였다.

급작스레 이주한 노동자들은 장승포 어딘가의 집단 주거 지역, 즉 '하꼬방'에 모여 단체로 잠을 잤다. 회사는 늘어나는 인원을 감당하기 위해 능포와 옥림 지구에 사원 아파트를 건설했다. 그들은 고작 십 몇 평 되는 공간에 보금자리를 잡고 매일 자전거를 타고 출퇴근했다. 1980년대부터는 옥포, 덕포를 중심으로 대우조선소의 서남쪽에 주택 개발이 진행되었다.

생산직을 중심으로 이주자의 숫자가 계속 늘어났음을 알 수 있다.

해양플랜트 붐이 일었던 2000년대 중반부터 거제로 이주한 젊은 엔지니어들과 사무직들은 2010년대에 새로 조성한 아주동에 자리를 잡았다. 거제를 처음 방문해 장승포를 돌아다니다 보면 1970~1980년대를, 옥포를 다니다 보면 1990~2000년대를, 아주동과 고현, 수월과 장평을 돌아다니면 2010년대를 느낄 수 있다. 장승포, 옥포의 식당들 다수가 부서 회식을 할 수 있는 좌식 룸을 보유하고 있다면, 아주동의 식당들은 4인이 앉아서 오붓하게 식사를 할 수 있게 되어 있는 경우가 많다. 개인주의를 탑재한 20~30대들의 성향이 반영된 것이라 볼 수 있다. 아무런 연고도 없는 도시에서 '회사 가족들'과 끈끈한 연대를 맺고 살던 시대에서, 그런 회식이 싫어 삼삼오오 모여 개인으로 조용히 살아가려는 시대로 넘어왔다고 말할 수 있겠다.

인구 차원에서 특징적인 또 다른 요소로는 성비가 있다. 대우조선과 삼성중공업이 본격적으로 조업을 시작한 1980년까지 총 인구 11만 중 남성과 여성의 성비는 100 대 94 정도였다. 하지만 5년이 지난 후 성비는 100 대 84 수준으로 바뀌었다. 급격한 남초 현상이 발생한 것이다. 일감이 많아지면서 인근 부산·경남권뿐 아니라 전국에서 남성들이 유입된 탓으로 보인다. 이러한 성비는 1990년에 다시 100 대 93 수준으로 회복된다. 1980년대에 유입된 노동자들이 결혼을 하면서 여성 이주와 출산이 증가했기 때문일 것이다. 이처럼 1990년대는 거제가 산업도시로서 한 세대를 본격적으로 시작한 시점이라 볼 수 있다.[4] 조선산업이 자리를 잡은 이후 거제는 남성이 일하러 들어오고, 뒤이어 여성이 결혼하기 위해 들어오는 도시가 되었다.

더불어 '외국인'들 역시 이주자의 도시 거제에서 살아가는 사람들이다. 거제에 거주하는 전체 외국인 인구는 1만 5,000명 정도(2015년)까지 늘어난 적도 있다. 국적은 2014년 기준 70여 개국(추정), 2015년에는 99개국, 2016년에는 96개국, 2017년에는 84개국에 걸쳐 있는 것으로 나타났다.

이들은 크게 선박과 해양플랜트 주문주 쪽에서 파견을 나온 엔지니어 및 감독관들과, 산업연수생 신분으로 온 '이주 노동자'[5]들로 구분된다. '외국인'들 중에는 여성 엔지니어도 제법 많은데, 여성 설계 엔지니어의 비율은 한국보다 높은 편이다. 이들은 '유럽 마을'이라 불리는 옥포 근처의 외국인 주거지나 삼성중공업 근처 외국인 레지던스 등지에 산다.

---

4 국가통계포털(kosis.kr) 2018년 3월 1일 자 검색. 2014년 중국인 인구에는 한국계 중국인이 포함되어 있다.

5 여기에 작은따옴표를 한 이유는 조선 3사의 파트너이거나 '갑'인 경우 '외국인'으로, 야드 안에 있는 협력업체에서 일하는 이들인 경우 '외국인 근로자' 혹은 '이주 노동자'로 표기하는 미디어의 습관에 동의하지 않기 때문이다. 두 경우 모두 외국인이다. 다만 계급적 지위와 회사에서 맡은 직무에 차이가 있을 뿐이다.

<표 1> 거제시의 외국인 인구 현황(2014~2017)

순위	국가	2014	2015	2016	2017
1	우즈베키스탄	1,137	1,324	1,342	977
2	베트남	1,137	1,234	1,228	1,086
3	노르웨이	811	1,013	704	474
4	한국계중국인	-	983	916	678
5	네팔	610	959	953	688
6	인도	848	922	716	427
7	프랑스	682	811	855	235
8	필리핀	781	751	621	451
9	오스트레일리아	675	727	846	81
10	스리랑카	586	695	641	397
11	영국	688	688	669	328
12	인도네시아	666	662	897	492
13	중국	1,441	604	631	588
14	미얀마	369	504	484	370
15	말레이시아	-	452	220	153

평균 인원 수로 순위를 매김.

    산업연수생들이나 단기 취업 비자로 온 '이주노동자'들은 조선소 가공 하청업체에 주로 소속되어 있다. 비율로 따지면 거제도에 살고 있는 외국인의 다수는 이주노동자들이다. 이들은 대우조선이나 삼성중공업이 제공하는 외국인 숙소(기숙사)에 살거나 조선소 근처의 원룸에 거주한다. 7,000~8,000명 남짓의 이주노동자들이 대우조선과 삼성중공업을 거쳤다. 2015년 기준 전체 외국인 인구 1만 5,000명 중 1만 명 정도가 남성이었는데, 이처럼 여성이 남성의 절반밖에 되지 않았던 것은 하청업체에서 일하는 이주노동자들이 주로 홀로 와서 임금을 벌었기 때문이다. 외국인 등록을 하지 않은 일시 체류자들도 많아서 실제 수는 2만 명이 넘을 것이라는 이야기가 나온 적도 있었다.[6] 거제 인구의 10%가량을 차지할 정도였으니 말이다.

유럽이나 호주 등지에서 온 외국인들은 아내와 아이 등 가족을 데려오는 경우가 많다. 그 덕택에 그들과 관련된 교육·서비스 계통 산업이 함께 팽창했다. 거제 옥포국제학교는 2002년에 14개 학급 240명 정원으로 설립되었는데, 수요가 폭증해 2013년에 20개 학급 370명 정원으로 확장 이전했다.[7] 거제국제학교는 외국인 학생과 학부모들이 함께하는 '인터내셔널 데이'를 2009년부터 개최하고 있다.[8] 이뿐만 아니라 옥포의 외국인 거리에도 카페, 주점, 클럽 등이 성행했다. 2013년에는 거제국제교류센터가 세워지기도 했다. 외국인들이 주로 방문하는 휴양지인 덕포 해변에도 '거제 영어마을'이 세워졌다. 회사에서 영어를 강의하는 원어민 교사들과 주변에 정

---

6   〈거제는 '외국인 해방구' …… 삼성중·대우조선 주재원 덕〉, 《연합뉴스》, 2015년 7월 13일.
7   〈거제 옥포국제학교 내년 연말 확장 이전〉, 《뉴시스》, 2012년 10월 27일; 〈확장 이전 거제 옥포국제학교 기공식〉, 《연합뉴스》, 2013년 2월 6일.
8   〈거제외국인학교, 43개국 학생 참가 '인터내셔널 데이'〉, 《부산일보》, 2016년 6월 6일.

착한 외국인들의 인재풀이 확보됐기 때문에 가능한 일이다.[9]
영어마을은 2011년부터 내외국인 모두가 참여할 수 있는 자선바자회를 여는 등 거제라는 지역에 화합하기 위해 노력해왔다.[10] 국내 노동자들이 보유한 다양한 지역성에, 외국인 노동자들에게서 비롯된 '글로벌함'이 덧입혀진 셈이다.

산업도시 거제의 기적을 만든 또 다른 주인공은 노동운동이다. 1987년 8월 10일, 대우조선에 초대 노동조합 집행부가 결성되었다. 노동자들은 조회나 두발 단속같이 신변을 단속하는 행위나, 정해진 근무시간 외에 조기 출근을 하는 것, 수당을 제대로 지급하지 않는 것 등 작업장에서 벌어지는 모든 일들에 대해 시정을 요구했다. 또한 단결권 인정을 이끌어내기 위해 집회를 열기 시작했다. 이승만, 박정희, 전두환 등 연이은 권위주의 정권하에서 성장한 기업이 민주노조 운동을 탐탁지 않게 여기는 것은 당연한 일이었다. 대우조선도 마찬가지였다. 대우조선의 노조 탄압은 이석규, 박진석이라는 노동자들의 희생으로 이어졌다. (당시 노동조합 담당 변호사는 16대 대통령 노무현이었고, 진상규명위원회의 변호사는 19대 대통령 문재인이었다.)

대우조선의 민주노조 운동은 1987년 8~10월에 걸쳐

---

9 〈거제 영어마을 개원…… 6일부터 정규교육〉,《뉴시스》, 2009년 7월 2일.
10 〈거제시 영어마을 제5회 자선바자회 성황리 개최〉,《헤럴드경제》, 2015년 10월 29일.

일어난 노동자대투쟁에 커다란 비중을 차지했고, 향후 금속노조에서도 상당한 역할을 맡게 된다. 모든 대공장 노동조합의 형성이 그러했겠지만, 조선소 역시 수만 명의 노동자가 밀집해 일하는 곳이었기 때문에 그 파급력이 상당했다. 같은 시기 삼성중공업에서도 역시 노동조합을 설립하려는 시도가 있었다. 하지만 삼성그룹의 무노조 방침에 의해 결국 실패했고, 대신 노동자협의회가 설립되었다. 이를 통해 삼성중공업 노동자들은 다른 삼성그룹의 계열사 노동자들처럼 좀 더 높은 임금과 좀 더 나은 복리후생을 지급받을 수 있었다. 그럼에도 삼성중공업 노동자협의회는 이후 쟁의 권한을 갖고 있지 않은 상태에서 교섭에 나서거나, 심지어 농성을 벌이기도 했다. 대우와 삼성이라는 재벌그룹의 기업문화보다 조선업의 특성이 노동자들의 대응 방식에 더 큰 영향을 미친 셈이다.

2. '중공업 가족'의 탄생

중산층 마르크스주의자의 노동자계급에 대한 관점은 종종 앞서 언급한 오류들을 모두 포함하곤 한다. 그들은 배신당하고 모독당하고 있는 노동자들을 동정하며, 노동자들의 잘못은 모두 그들을 통제하고 있는 학대 시스템의 결과라고 여긴다. 그들은 고결한 야만인의 잔재를 찬미하며 예술, 특히 시골의 전통 예술이나 순수한 도시 대중예술에 대한 향수를 지니고 있다. (……)
내가 알아보고자 하는 것은 이러한 사고방식과 생활양식이 얼마나 오랫동안 지금과 같은 힘을 유지할 수 있을 것인가, 그리고 어떤 방식으로 이것이 변할 것인가이다.

—리처드 호가트, 《교양의 효용》, 오월의봄.

산업도시 거제를 이해하기 위해, 또한 영남권의 제조업 도시를 이해하기 위해서는 먼저 '중공업 가족'을 살펴볼 필요가 있다. 앞에서 살펴봤듯이 거제는 이주민들의 도시이다. 도시에 정착한 자본가들이 조선소를 세운 것이 아니라, 국가의 필요에 따라 조선소가 지어진 후에 도시가 탄생한 경우에 해당한다. 조선소에 노동자들이 몰려들자 주택과 위락 시설들이 생겨났고, 그 후 노동자들이 결혼해 가족을 꾸리기 시작하고, 이주가 이어지며 다양한 문화 시설과 교육기관이 활성화되었다. 산업도시의 이러한 성장은 이주민들의 막막함이 성취로 전환되는 순간과 맞닿아 있다. 조선소가 몸집을 키우고 있을 때, 그들은 가족을 형성하고 있었다.

하지만 중공업 가족의 '가족'이 단순히 부부와 자녀로 구성된 가족만을 뜻하는 것은 아니다. 여기서 '가족'이란 노동자 공동체와 직원 공동체를 의미하기도 한다. 1987년 노동자 대투쟁 이후 지속된 노동조합의 전통은 노동자 공동체를 가족으로 만들어냈다. 덩달아 회사도 직원들을 하나로 엮기 위해 가족이라는 이름을 많이 활용했다. 회사는 '대우 가족' 또는 '또 하나의 가족, 삼성'이라는 말로 직원들을 부르곤 한다. 다시 말해 중공업 가족은 회사에 다니는 노동자의 가족을 의미하는 한편, 회사 내의 공동체를 칭하는 말이 될 수도 있다. 노동자들이 '우리는 한 가족' 혹은 '우리는 한 식구'라고 이야기할 때 '가족' '식구'는 실제 가족보다는 회사-가족 공동체를 의미하는 경우가 많다.

이렇듯 이중적인 함의를 지닌 중공업 가족을 통해 무엇을 읽을 수 있을까? 먼저 남성이 임금노동을 하고 여성이 가사노동을 하며 생계를 꾸리는 가정, 즉 남성 생계 부양자 모델이라는 것이 어떻게 움직여왔는지부터 살펴봐야 할 것이다. 가족이 어떻게 만들어지고 어떻게 돌아가며, 또한 앞으로 어떤 방향으로 변화할지에 대해 면밀히 분석해볼 필요가 있다. 그다음으로 노동자들 사이에 형성된 사내 공동체를 추적해봐야 한다.

중공업이 만들어낸 가족 모델을 살피지 않고서는 조선산업의 과거와 현재, 미래를 이해하기 어렵다. 경기 동향에 따라 도시가 다시 활기를 띠거나 침체될 것이라는 다수의 산업 컨설턴트들이 내리는 단순한 결론을 넘어서기 어려운 것이다. 10만 명 내외의 선주민을 보유하고 있던 거제도에 1973~1974년 대우조선과 삼성중공업이 세워진 이래로 인구는 25만 명(2010년대)으로 늘어났다. 그렇게 인구가 늘어나는 사이, 좁게는 동남권(영남), 넓게는 전국 단위에서 사람들이 모여들었다. 대우조선 옥포조선소가 준공되어 선박 건조를 시작한 1978년 이후 인구는 더욱 급증했다. 남성 위주의 노동 인구가 증가하자 여성들의 결혼 이주 역시 촉발되었다. 채용된 노동자들의 학력과 직무 형태, 출신 지역의 영향에 따라 결혼 이주자의 구성은 달라진다. 예컨대 대졸 사무직 부부와 고졸 생산직 부부의 출신지는 다를 확률이 크다.

노동자들이 산업도시 거제로 이주해 낳고 기른 자녀들은 또 어떨까. 대학 등록금 지원 등 회사 복지와 높은 소득 수준에 따라 형성된 높은 교육열로 키워낸 자녀들이 고등교육

혹은 중등교육을 마친 후 어느 도시에 자리를 잡는지, 또 그들이 거제라는 도시에 대해 어떻게 생각하는지를 따져볼 필요가 있다. 동시에 자녀들의 성별에 따른 노동시장 진입 양상도 살펴봐야 할 것이다.

거제의 중공업 가족은 오랜 시간에 걸쳐 끊임없이 변해왔다. 사무직 위주로 정규직을 공개 채용해왔던 2000년대 이후부터는 전통적인 가족 형태가 도전받기 시작했다. 다수의 가족들이 4~5인 내외의 핵가족 형태를 이루고 살아가지만 최근에는 주말 부부는 물론 조직문화와 지역문화 모두에 편입되지 않으려고 하는 청년들이 대거 등장했다. 주말에는 '서울 사람'으로 지내면서 학원에 다니거나 스터디 모임에 참여하는 청년, 또는 서울에서 일하고 있는 여성과 소개팅 등을 통해 끊임없이 결혼을 타진하면서도 거제에서의 '외벌이'는 기피하는 사무직 등 다양한 사람들이 있다.

말하자면 하나의 공동체로서 '중공업 가족'의 외연이 무척 넓다는 것을 감안해야 한다. 또한 실제 부부 위주로 구성된 가족이 어떻게 재편되고 있는지도 고려해야 한다. 물론 이들 가족을 만들어내는 데 지대한 역할을 한 두 조선 회사의 전략과 도시의 정책에 대해서도 마찬가지로 면밀한 검토가 요구된다.

하루 종일 작업복을 입고 있는 이유

작업복은 '중공업 가족'의 자부심을 드러내는 상징이었다. 언젠가 상사에게 물었다. "왜 퇴근하고도 작업복을 입나요? 현대(중공업) 다니는 친구는 퇴근하면 다들 사복 입는 다던데?" 그 상사는 "야, 나가면 다 우리 식구고 얼마나 좋냐?" 하고 답했다. 나도 곧 작업복이 더 편해졌다. 작업복을 입고 소개팅에 나갔고, 데이트를 할 때도 어색하게 느끼지 않게 됐다. 잦은 회식과 직원들을 '우리 식구'라고 부르는 문화에 저항했지만, 곧 '식구됨'에 뿌듯함을 느꼈다.[1]

평일 아침 혹은 저녁 즈음, 거제도에서는 작업복의 물결을 흔히 목격할 수 있다. 삼성(중공업)과 대우(조선), 두 회사의 작업복을 입은 사람들이 시내를 누비고 다닌다. 작업복에는 직원들의 소속과 이름이 쓰여 있다. '가공부 홍길동' 혹은 '산청기업 김철수'와 같은 식이다. 삼성의 사무직들은 퇴근할 때 작업복을 잘 입지 않지만, 대우 사람들은 사장부터 용접공 신입사원까지 직군 직책 상관없이 작업복을 입고 다닌다. 조선소 사람들은 작업복을 입고 어디든 다닌다. 술집에 가고, 상갓집에 가고, 결혼식에 가고, 돌잔치에 간다. 미혼인 직원들은

---

[1] 양승훈, 〈특별기고: 저물어 가는 '거제도 중공업 가족' 영광의 30년〉, 《주간경향》, 2017년 5월 27일.

소개팅 자리에도 작업복을 입고 나간다.[2]

　작업복은 조선소 사람들이 자부심을 드러내는 수단인 동시에, 거제도에서 작업복이 차지하는 지위를 상징한다. 작업복에는 작은 어촌 마을에서 세계 최대의 조선산업을 일궈낸 도시로 성장했다는 자부심이 묻어 있다. 조선소 노동자들은 작업복을 통해 자신의 노동에 대한 자부심을 드러내고, 노동을 통해 일궈낸 삶에 대한 자신감을 표현한다. 하지만 작업복이 평상복이 된 이유를 이 자부심과 자신감에 한정하기에는 어딘가 부족하다. 군인의 경우를 생각해보면 좀 더 이해하기 쉬울 것이다.

　군인들, 특히 사병들은 휴가를 나갈 때 가장 깨끗한 외출용 전투복에 줄을 잡고 전투화에 광을 내지만, 밖에서는 그래 봐야 군인일 따름이다. 냄새 나고 어딘가 추레한 행색으로 취급받기 일쑤다. 그러나 계룡대, 파주, 진해, 혹은 진주 같은 군사도시에서 군복은 전혀 다른 대접을 받는다. 장교들이나 부사관들은 운동을 하러 가지 않는 이상 퇴근을 하고도 군복을 잘 갈아입지 않는다. 집에 들어가기 전까지 군복을 입고 다

2　서울에서 나고 자라 교복과 군복을 벗고 나서는 늘 '사복'을 입고 다녔던 내게 이런 작업복 문화는 충격 그 자체였다. 어릴 때 들었던 이야기가 생각났다. 구로공단 부근을 지날 때 아버지는 내게 "공부 못하면 작업복 입고 평생 저렇게 살게 된다"고 말했다. 무지막지한 경쟁을 뚫고 대기업에 들어갔는데 작업복이라니 "이 동네는 옷으로 사람을 강등시키네" 하는 생각이 들었다. 할머니의 장례식이 있었을 때 한 무리의 '작업복 부대'가 몰려왔다. 조문객들은 한참을 쳐다보곤 했지만, 회사 사람들은 하나도 어색해하지 않았다.

니는 것이다. 군복이 징집병이 아닌 직업군인의 상징으로 이해되기 때문에 그러하다. 군복을 입은 군인이 군사도시가 아닌 서울 시내 한복판에서 돌아다니게 되면, 사정은 달라진다. 그들은 그저 '군인 아저씨'일 따름이다. 조선소 사람들도 마찬가지다. 거제도에서 전문적인 직업인이자, 돈 잘 버는 직장인으로 대접을 받기 때문에 작업복을 더욱 자랑스러워하는 것이다.[3]

즉 작업복이 지금과 같은 위상을 얻을 수 있었던 것은 일차적으로 그들의 벌이 때문이다. 조선산업 활황기(~2014)의 거제시의 생산직 정규직 평균 소득은 대략 7,000만 원 혹은 그 이상이었다. 게다가 반장이 된 사람은 연봉이 1억 원 정도 되었다. 여느 대공장의 정규직 생산직 노동자들이 그렇듯, 기본급은 적고 수당이 많은 구조이다. 대의원들과 반장들은 특근과 잔업을 해야 그 소득을 맞출 수 있다. 특근을 하지 않으려는 게 요즘 젊은 인력들의 추세이지만, 집에서 아내와 아이들과 있는 것보다 일하는 것을 선호하는 40대 이상 노동자들은 특근을 많이 하려고 한다. 사무직은 대리 이상 직급에서 연봉제를 채택하는 경우가 대다수인데, 2015년 이전까지는 특근 없이도 연봉 5,000만 원 이상을 안정적으로 받을 수 있었다.

---

3 언젠가 가까운 부장과 함께 서울 출장을 간 적이 있다. 그는 작업복을 입은 채 당당하게 서울로 향했다. 그런데 서울에 도착하고 얼마 지나지 않아 옷을 갈아입겠다고 했다. 주변 사람들이 쳐다보는 시선에 주눅이 들었기 때문이다.

차장과 부장급 이상의 사무직 중간 관리자들에게는 퇴직하기 몇 년 전부터 임금이 순차적으로 줄어드는 임금피크가 적용되지만, 부서장 이상의 '보임'을 맡으면 임금피크를 면제받을 수 있다. 부장으로 승진하게 되면 1억 원을 받을 수도 있었다. 20년차 이상의 생산직들은 간접생산직[4] 자리의 반장을 맡기 위해 이러저러한 '작업'들을 벌인다.[5] 어떤 공정과 임무를 맡든지 간에 높은 임금을 받을 수 있기 때문이다. 물론 거제에도 요식업과 여행 관련 산업 등 서비스산업이 있지만, 거기에서 발생하는 소득은 미미하다. 생산 가능 인구의 절반 이상을 조선업 종사자가 차지하고 있다. 적어도 거제에서는 벌이 면에서 조선소 직원들과 어깨를 나란히 할 만한 직업은 드물다.

물론 조선소 사람들이 단순히 벌이 때문에 작업복에 애착을 갖게 된 것은 아니다. 노동운동의 경험, 1990년대 이후 진행되었던 노무 활동 그리고 기업문화 활동이 역사적으로 축적되면서 자연스레 나타난 결과이기도 하다.

우선 노동운동의 경험을 살펴보면, 1987년 민주화운동, 그리고 연이어 열린 노동조합 운동의 주축에 조선산업이

4 　가공, 조립, 탑재, 의장, 도장 등의 주요 생산 공정을 제외한 나머지 공정 중, 직접 생산 공정을 지원하기 위한 직종이다. 크레인 운전, 신호수, 지게차 운전 등의 직종이 포함된다.

5 　실제 직접생산직 반장은 그 책임이 막중해 숙련된 생산직 노동자들이 기피하는 경향이 있다. 그에 반해 간접생산직은 공정에 직접적으로 영향을 미치지 않고 생산관리자의 평가에서도 비교적 자유롭기 때문에 선호하는 경향이 있는 것이다. 이 때문에 반장, 직장을 뽑을 때 이따금 잡음이 생기곤 한다.

있었다. 많은 학출 노동자[6]들이 야드로 들어와 '혁명적 노동조합 운동'을 위한 '조직화'를 시도했다. 이념이 그들을 온전히 혁명의 주체로 만들지는 못했으나, 야드에 밀집한 수만의 노동자들은 부조리한 노무 관행과 위험천만한 현장 실태를 바꾸는 쪽으로 노동조합을 조직해냈다. 특히 대우조선노동조합은 금속노조와 전노협(전국노동조합협의회), 민주노총이 조직되는 데 힘을 보탰다. 더불어 투쟁 경험이 그들을 엮어냈다. 노동자들은 폭력적인 사측과 대결하는 것을 두려워하지 않았고, 열사 투쟁은 노동자들의 투쟁의 연대의식을 높였다. 노동조합의 조직화 과정과 일터를 찾아 이주한 이방인의 외로움은 노동자들의 결집을 이끌어내는 충분한 동기가 되었다.

대부분의 제조 대기업들은 나름의 노무 매뉴얼을 가지고 있다. 예컨대 노동조합은 허용하지 않지만, 복리후생은 조금 더 후하게 해주는 '삼성'의 방식은 익히 알려져 있다. 그러나 시기나 분야로 볼 때 어느 정도의 공통점을 식별해볼 수 있다. 이른바 노무관리의 트렌드를 어느 정도 파악할 수 있는 것이다.

---

6   학생운동권 출신의 노동자를 의미한다. 이들은 민중민주주의 혁명(사회주의 혁명)의 주체로 노동자들의 의식화 또는 주체화를 이끌어내기 위해 대학을 휴학하거나 자퇴한 후 공장에 위장 취업을 시도했다. 이 중 다수는 현장을 떠나 다시 대학으로 돌아갔지만, 그대로 남아 현장 노동자가 된 사람들도 있었다. 이범연의 《위장 취업자에서 늙은 노동자로 어언 30년》(레디앙, 2018)을 보면, 당시의 학출 노동자들이 어떤 마음을 가지고 현장에 들어갔으며, 그들의 이념과 행동 방식이 수십 년 세월 동안 어떻게 변해왔는지가 잘 드러나 있다.

1990년대는 노동조합을 파괴하는 대신, 조합원인 개별 노동자들을 '울타리 안'으로 진입시키기 위한 활동들이 증가하던 시기였다. 물론 그 이전에도 사보를 만들거나, 경영진의 의사를 전달하는 채널은 운영되고 있었다. 아침 점호와 구보, 두발 검사등의 병영식 '통제'를 내세우던 시기를 지나 조금 더 '부드러운' 방식의 '관리'가 시작되었다는 점이 차이라면 차이였다.

다시 말해 노무관리는 노조 탄압 대신 자신이 맡은 부서의 생산직들을 촘촘하게 관리하는 것으로 그 성격이 변화했다. 쇳가루와 기름밥을 먹는 사람들의 음주 문화에 개입해 회식을 주선하게 된 것이다. 조합원들이 겪게 되는 다양한 '민원'을 처리해줌으로써 그들로 하여금 '염치'라는 것을 떠올리게 했다.

생산직 노동자들은 많은 경우 회사를 '우리 회사'라고 부르지 않고 '대우조선' 혹은 '삼중' 등과 같이 3인칭으로 호명하곤 한다. '회사 대 조합'이라는 구도를 익혀왔기 때문이다. 이는 노동조합의 활동을 탄압하던 시절의 경험에서 비롯된 인식이다. 따라서 이런 이들을 어떻게 회사 공동체의 '울타리 안'으로 들어오게 할 것인지가 노무관리의 핵심 과제가 된다. 이를 위한 부드러운 관리를 기업문화 활동이라는 말로 정리할 수 있다. 개념상 기업문화 활동은 회사의 경영철학, 핵심 가치, 비전, 전략과 같은 방향성을 직원의 생각과 행동에 동화

시키기 위한 것으로 정의된다.

1990년대의 기업문화 활동은 특히 '가족'을 강조했다. 대우그룹의 '대우 가족'과 이를 만들어내는 활동인 '패밀리 트레이닝', 삼성이 슬로건으로 삼았던 '또 하나의 가족' 등이 그 예이다. 회사들은 4박 5일 정도의 결코 짧지 않은 기간을 투자해 전 직원에게 자회사나 그룹사의 사업장을 견학하도록 했고 멤버십 트레이닝에도 참여시켰다. 멤버십 트레이닝의 대상은 직원에게만 한정되지 않고 그 가족들까지 참여하는 프로그램으로 확장되기도 했다. 기업문화 프로그램은 사내에서 '우리가 남이가' 정서를 만드는 데 적지 않은 공을 세웠다.

이처럼 '대우 가족' '현대 가족' '삼성 가족'은 어느 날 갑자기 생겨난 것이 아니다. 이 '가족'들은 공동체에 대한 노동자들의 생각과 더불어 회사의 적극적인 기업문화 활동을 통해 주조되었다. 비슷하게 벌고 정년을 보장받는 모든 직원들은 사택이나 근처 아파트에 살고, 그룹의 계열사가 생산하는 비슷한 자가용을 비슷한 시기에 굴리기 시작했다. 그렇게 직원들은 일련의 동질성을 공유하면서 하나의 중공업 가족이 되어갔다. 대우조선이 운영하는 대우초등학교, 거제중학교, 거제고등학교 학생들은 매일 아빠와 똑같은 식단으로 식사한다. 웰리브라는 자회사가 야드와 학교에 동시에 급식을 제공하기 때문이다.[7]

적지 않은 조선소 생산직 노동자들은 야드 안에서 입

는 작업복과 출퇴근할 때 입는 작업복을 구분한다. 안에서 입는 헌 작업복은 회사 안의 세탁소에 맡기고, 출퇴근할 때는 군복처럼 빳빳하게 줄을 잡아 다린 새 작업복을 입는다. 작업복을 새것으로 깨끗이 차려입고 밖에 나서는 이유는 작업복이 자신감을 표출하는 상징적인 수단이기 때문이다. 가족과 지역 주민들에게 드러내는 자신감 말이다. 회사가 지급한 작업복의 가슴팍에는 회사의 마크와 부서 이름이 박혀 있다. 노동자들은 퇴근해서도 그 옷을 입고 다닌다. 거제에서 노동자들의 '사회생활'은 그렇게 작업복을 입은 채 이루어진다. '대우 가족' '삼성 가족'과 같이 회사가 지어준 이름을 굳이 들먹이지 않더라도, 30년 넘게 동고동락한 노동자 동료들 사이에 형성된 유대감과 자신들의 노동에 대한 자부심은 이들을 치켜세우기 충분하다. 거제에서 떵떵거리며 부를 과시할 수 있게 된 것도 다 작업복 덕택이 아니겠는가.

엄마와 아빠의 이중 회로

보통 거제도에서는 남자가 혼자 벌어 네 식구를 먹여 살린다. 여자는 아이 둘이 대학교를 마칠 때까지 양육을 담당

---

7   (주)웰리브는 2017년 5월 사모투자 전문 회사에 매각됐다. 〈대우조선 자회사 웰리브 650억 매각〉, 《경남도민일보》, 2017년 5월 26일.

한다. 이렇게 남편은 조직 생활을 하고 아내는 살림살이를 한다. 남성은 공적 영역에서 활동하고 여성은 사적 영역에서 활동한다.

많은 여성주의자들이 가부장 경제 시스템의 요체로 규탄하는 남성 생계 부양자 모델이다. 비정규직이 전체 임노동자의 절반을 넘기고, 40대면 언제든 잘릴 수 있다고 믿게 된 지금, 남자 혼자 벌어서는 안정적인 가계 유지를 확신할 수 없는 상황이다. 여차하면 매월 당장 쓸 수 있는 돈인 가처분 소득에 문제가 생길 수도 있다. 이제 맞벌이, 즉 여성의 임금노동 참여는 필수가 됐다. '육아'와 '가사노동'이 첨예한 사회적 쟁점으로 등장한 이유다.

그런데 이런 모양새는 서울이나 부산 등 대도시에서만 주로 타당한 듯하다. 다수의 산업도시가 여전히 남성 생계 부양자라는 물질적 토대와 그에 따른 가부장적 가족 모델을 중심으로 돌아가고 있기 때문이다. 정년과 고임금이 보장되는 정규직 노동자들 덕택이다. 거제시 역시 그렇다. 울산도 비슷한 상황이지만, 이미 훨씬 다양한 종류의 산업이 진입해서 2차 산업 위주라고만 볼 수 없는 특징들을 띠고 있다(특히 울산 남구가 그러하다).

제1 회로: 그 남자들의 '가족'

조선소는 완벽한 남초 직장이다. 생산직의 99%가 남성이고, 사무직을 포함해도 남성 비율이 95%에 달한다.[8] 조선업 외에 산업도시 거제에서 도드라지는 다른 제조업은 없다. 대부분의 남자들은 조선소에서 일을 한다.

조선소 남자들은 주로 술과 레저 활동에 많은 소비를 한다. 부서 회식(반이나 팀)은 지금도 일주일에 한 번씩 상례적으로 이루어진다. 서울에 근무하는 사무직들과는 분명히 차별화된 패턴이다. 그들의 레저 활동은 주로 '동호회'를 중심으로 이루어진다. 부서별, 반별로 '부부 동반'이 늘어나고는 있지만 대개의 경우 회사에서 맺은 유사 가족 관계(형님-동생)가 중심이 된다. 동일한 이유에서 부서 내 레저 활동도 많다. 직원들끼리 쓰는 '식구'라는 말은 실제로 매일 세 끼를 함께 먹는다는 사실로 미루어볼 때, 정직한 진실이라는 느낌마저 들게 한다. 회사 식당에서 아침과 점심을 함께 먹고 퇴근 후에도 술집에 가서 저녁을 함께 먹는다. 정작 함께 사는 가족들과는 특별한 일이 없다면 하루에 한 끼도 함께 먹지 못할 때가 많다. 주말에나 간신히 하루에 한두 끼를 함께할 따름이다. 아이가 열 살이 넘으면 놀아주는 재미도 시들해져서, 대화는 한 마디도 하지 않고 성적에만 관심을 갖는 경우도 적지 않다. 남자

---

8   사무동에 근무하는 여성은 체감상 20~30% 정도 되지만, 현장 사무실이나 작업 구역에서는 여성을 아예 찾아볼 수 없다. 물론 도장 공장에서는 여성 노동자를 찾아볼 수 있는데, 이곳이 유일한 '여성 작업장'으로 분류되는 곳이기 때문이다. 〈30대 그룹 평균 재직자 남녀 성비 '8 대 2' …… 남초 1위 '동국제강', 여초 1위 '신세계'〉, 《한국경제》, 2016년 4월 26일.

들에게 정말로 가족 같은 관계는 회사 조직이다. 그들에게 회사는 일뿐 아니라 삶, 즉 전부이다. '저녁이 있는 삶'으로 대표되는 가족과의 식사 그리고 회사에서 벗어나 온전히 혼자가 될 수 있는 저녁 시간이라는 모델은 거제에서 모호해진다. 즉 일과 삶의 균형(work-life balance, '워-라-밸')이 흐릿해진다.

제2 회로: 그 여자들의 '네트워크'

조선소에서 벌어지는 95% 이상의 노동을 남성들이 맡았다면, 여성들은 나머지 5% 업무, 사무보조('서무')로 취직해 20대를 보내고 정규직 남성을 소개받아 결혼을 하는 것이 보통이었다. 이들은 출산과 더불어 퇴직을 했다. 그렇게 여성들은 전업주부가 되곤 한다. 4인 가족을 지탱할 수 있는 경제적 여건을 갖추고 있다는 전제하에 이야기해보면, 거제도에서는 가정주부의 삶이 육아와 가사노동 시간의 문제를 의외로 쉽게 해결해주는 경우도 발견된다. 서울에서 중산층 남자의 집 안에 '취집'한 여자가 누릴 수 있다고 가정되는 것을 거제시에서는 정규직 남편을 두면 할 수 있다.[9]

아이를 어린이집에 보내고 자신은 남편의 회사에서 마련한 '열정주부 아카데미' 등 문화센터에 간다. 거기서 꽃꽂

---

9   이에 대해 박해천은 '노동계급 중산층'이라는 표현을 쓴다. 박해천, 〈동남권 공업 벨트의 노동자-중산층 모델〉, 《경향신문》, 2016년 7월 12일.

이, 바리스타 기술, 기타, 수영, 서예, 요가를 배운다. 문화센터에서 만난 서울에서 엔지니어 남편을 따라 내려온 '서울 언니'와 요새 '핫'하다는 아주동이나 지세포의 카페에서 커피를 마시고 케이크를 먹는다. '문화센터' 타임은 아이가 어린이집을 마치는 시간과 남편의 퇴근 시간까지 고려해 진행된다. 하지만 보통 남편의 퇴근 시간은 고려할 필요가 없다. 남편이 술자리를 마치고 돌아오는 시간은 대개 10시가 넘기 때문이다.

거제도의 여성들이 누릴 수 있는 여유는 많은 경우 교육비와 부동산에 들어가는 비용이 상대적으로 적기 때문에 가능한 것들이기도 하다. 자녀 교육에 대한 '매니징'이 서울에서는 특화된 어떤 '코스'에 대한 정보를 교류하고 타이트한 관리로 진행되는 방식으로 이루어진다면, 거제시에서는 그보다는 좀 더 느슨하고 투박한 형태의 입시 전쟁이 벌어진다. 서울말을 쓰며 서울의 명문대를 나온 강사 정도면 된다는 이야기도 돈다.[10] 거제나 인근 지역 출신 학원 강사들 중 몇몇이 학력을 위조해 영업하다가 문제가 발생한 적도 있다. 정보를 갈구하기는 하지만 드물게 고학력이고, 정보력이 부족한 여성들은 '학원 셔틀' 정도를 성실히 시키는 수준에서 타협한다. 교

---

10 삼성중공업이 있는 장평-중곡-고현 일대와 대우조선이 있는 장승포-아주-옥포의 입시 시장은 다소 차이가 있다는 주장을 직원들에게서 많이 들을 수 있다. '삼성 가족'이 더 입시 결과가 좋고, '대우 가족'이 그에 좀 더 못 미친다는 식의 이야기이다. 물론 좀 더 면밀한 검증이 필요하다.

육비를 많이 지출하기는 하지만, 전반적인 '매니징'이 촘촘하지는 않은 것이다.[11] 사무직에 한정해 이야기해보면, 여성의 '육아 매니징'이 매우 높은 수준으로 형성되어 있지 않기 때문에 남편들이 아이들을 관리하는 일에 대한 아내의 전문성을 잘 인정하지 않고 자신이 직접 아이들을 가르치려고 하는 경우도 적지 않다. 고학력 엔지니어나 관리직 남성이 거제시에서 전문대나 주변 사립대를 나온 여성을 만나 결혼할 경우에는 더욱 그러하다. 남편의 권위는 일차적으로는 소득에서 발생하지만 '지식'의 측면에서도 발생한다.

여성들은 남편들에게 '시달리지' 않을 수 있는 시간을 제법 가지고 있는 편이다. 보통 그런 여유 시간을 오롯이 자녀 교육에 쏟기보다는 다른 여성들과의 교류에 할애한다. 서울 위주로 구성되어 있는 정보가 온라인에 범람하는 상황에서, 그 외 지역에 대한 정보는 결국 발품을 팔거나 구전을 통해 획득할 수밖에 없다. 그렇기에 문화센터에서 만난 인맥은 중요하다. 특히나 소득이 늘어나 돈을 '어디에' 소비하고 투자해야 하는지에 대한 정보를 획득하는 것이 더욱 중요해진 마당이라, 부동산에 '촉'이 좋은 여성들의 구전이 여기저기 떠돌아다

---

11 2010년과 2013년에 실시한 경남사회조사에 따르면 거제는 2010년도와 2013년도 경상남도에서 가장 높은 사교육비를 지출하는 도시 중 하나로 밝혀졌다. 2010년에는 월평균 27.6만 원(16개 시군 중 1위), 2013년에는 22.7만 원(7개 시군 중 4위)을 지출했다. 2013년의 하락에 대해서는 별도의 분석이 필요하다. 국가통계포털 참조.

닌다. 인근 쇼핑센터와 맛집에 대한 정보도 대개 이렇게 얻는 경우가 많다.[12] 더불어 남편을 (전통적인 의미에서) '내조'하기 위해서도 정보 공유는 중요하다. 회사의 공지가 뜨기 전부터 아내들 사이에 이미 진급 소식이나 구조조정 등의 이슈가 돌기 시작한다. 그런 정보에 기민하게 개입할 수 있다면 진짜 '내조의 달인'이 되는 셈이다. 다소 보수적인 경상도 남자들인 남편에게 인정받게 된다. 이처럼 문화센터와 '언니들'의 커뮤니티는 여가 생활일 뿐 아니라 비즈니스이자 가정 경제와 관련된 일이기도 하다. 가족의 일과 여성들의 커뮤니티는 분리되지 않는다.

산업도시 거제에서 남성과 여성의 일은 구분되어 있고, 서로의 역할을 침범하지 않은 채 유지되어왔다. 여성은 확실한 소득을 집으로 전달하는 남편의 권위를 흔들지 않는다. 남편은 '회사일'에 대한 권위를 인정받는다. 어느 순간 그 '회사일'은 사실상 '가족 대소사'의 지위에 올라와 있다. 대신 아내는 동성 커뮤니티를 통해 확인한 정보에 대한 권위를 인정받는다.

남성과 여성의 일이 칼같이 분리되고, 노동자 공동체가 조직되고, 회사가 직원들을 결속력 있게 엮어내는 일련의

---

12 '거사모'(https://cafe.naver.com/glove) 같은 온라인 커뮤니티가 정보의 주요한 원천이 되기도 한다.

과정은 어쩌면 산업도시 거제의 중공업 가족이 나름의 생태계를 구축하고 하나의 정체성이 됐다는 것을 의미한다. 조선산업이 호황을 누려 대다수 노동자들의 임금이 오르고, 질적으로 향상된 소비 생활을 향유하면서 겪게 되는 일이다. 그러나 그 세계는 수도권이나 다른 지역 사람들의 그것과는 사뭇 다르다. 거제에 뿌리를 내리고 사는 사람들에게는 당연한 세계가 다른 지역으로 나가는 사람과 다른 지역에서 온 사람들의 경험을 통해 점차 '낯설게' 드러나고 있다. 지속적인 호황으로 덮여 있던 문화적인 '낯섦'이라는 모순은 경기가 하강하기 시작하자 그 민낯을 드러내기 시작했다. 그 모순은 사실 내부에서 이미 싹트고 있었다.

거제도의 아파트

거제도의 부동산은 조선산업의 호황과 거의 일치하는 가격 상승을 누렸다. 〈그림 1〉처럼 조선산업이 호황기를 누리던 2000년대 초반에 폭등해서 2011년에 고점을 찍었고, 잠시 주춤하다가 2014년에 최고점에 올랐다. 조선산업의 호황기가 저묾과 동시에 가격은 추락했다. 1990년대에 옥포, 장승포 인근의 아파트들이 개발되었고, 2000년대에는 대우조선 주변 덕포, 능포, 옥수, 장승포에 아파트가 들어섰다. 삼성중공업 주변의 장평, 중곡, 수월 지구 역시 개발되기 시작했다. 2010년

비율(%) 〈그림 1〉 거제 아파트 가격 추이

출처: 통계청 e-지방지표

대에는 아주동과 상동에 대단지 아파트가 건축되었다. 그렇다면 거제도의 부동산 가격이 〈그림 1〉에서처럼 치솟은 이유는 무엇일까? 크게 세 가지 수요가 부동산 가격을 끌어 올린 것으로 보인다.

먼저 조선소 직원들의 결혼이 대규모로 이루어진 것이 부동산 가격에 영향을 미쳤을 수 있다. 조선소가 지어진 후 대량으로 채용된 노동자들은 대략 1980년대부터 1990년대 사이에 결혼을 했다. 대우조선과 삼성중공업은 대규모 사택을 조성하면서 직원들의 주거 공간을 확장했지만, 그 수요를 모두 채울 수는 없었다. 사택은 20평 이내의 소형 평수만 공급했기 때문에 높은 출산율로 4~5인 가족을 형성했던 중공업 가족에게는 그리 적합하지 않은 공간이었다. '아파트의 시대'인 1990년대에 소득이 상승하기 시작했던 중공업 가족은 주공아파트부터 시작해 적극적으로 아파트 매매에 나선다. 이후 2000년대까지는 조선소 주변에 중소형 단지들이 진출한다. 2000년대 중반 이후 설계 엔지니어를 필두로 대규모 공채를 진행하면서부터는 대단지의 '브랜드' 아파트가 조성되었다. 수월 '자이'나 아주 'e편한 세상' 등 전국 시장에서 인기를 누리는 아파트들이 조성된 것이다. 건설사들은 이러한 수요를 바탕으로 조선산업에 대한 낙관적인 전망을 품게 되었고, 이런 전망은 2010년대 '아이파크'(아주동), '힐스테이트'(상동), '푸르지오'(아주동), '엘크루'(옥포동) 등에 대단지가 세워지는 원동력이 되었다.[13]

두 번째로는 해양플랜트 바람과 함께 진행된 '외국인 렌트'[14] 열풍이 있다. 신축 브랜드 아파트는 주로 거제도 중공업 가족의 수요를 불러일으켰지만, 투자를 목적으로 한 부동산 매매도 발생시켰다. 조선소에는 한국인 노동자들 외에도

---

13 이와 같은 아파트 선호 및 대단지 건설은 기본적으로 울산, 거제 등의 산업도시에서 찾아볼 수 있는 현상이지만, 1990년대 즈음, 도시 재개발 사업 혹은 도시 재생 사업이 진행될 때 전국적으로 나타났다.

14 여기서 과연 누구를 '외국인'으로 볼 것인지는 사실 매우 민감한 사안이다. 수천 명 이상의 외국인 노동자들이 거제의 조선소에서 일하고 있기 때문이다. 더불어 유흥가에서 일하는 필리핀 등지의 여성들도 분명히 존재한다. 단, 여기서 외국인은 선주·파트너사·선급에 고용된 서구 출신 직원들을 주로 지칭한다. 이는 부동산 시장을 설명하기 위해서이다.

고객사(선주, 오일 메이저 등)나 파트너사(설계 엔지니어링 회사), 또는 선급 회사의 외국인 직원들이 많았다. 이들을 파견하거나 채용한 회사는 이들이 묵을 수 있는 숙소를 제공했다. 물론 호텔이나 오피스텔, 코업^{Co-op} 레지던스를 마련해줄 수도 있었지만, 조선산업이 가지고 있는 선박이나 해양플랜트는 한 프로젝트가 수년이 걸리는 경우가 다반수여서 안정된 주거 공간이 필요했다. 상황이 이렇다 보니 고객사, 파트너사, 선급 회사의 외국인들은 점차 아파트를 선호하게 되었다. 아파트를 통해 모던한 생활양식을 구현할 수 있었기 때문이다. 부동산 흐름에 밝은 거제 사람들은 보증금은 없지만 높은 월세를 받을 수 있는 외국인 렌트를 투자의 한 방식으로 활용하기도 했다.

외국인 렌트는 2000년대 초반까지는 규모가 그리 크지 않았던 것으로 추정된다. 선박의 특성상 외국인 이해관계자의 숫자가 그리 많지 않았기 때문이다. 정보가 빠른 소수의 사람들만 외국인 렌트를 운용했다. 그러나 2008년 이후 급증한 해양플랜트 공사는 기본적으로 플랜트 한 기를 수행할 때마다 따라오는 인원이 많은 작업으로, 아파트 수요가 크게 늘어날 수밖에 없었다. 이 상황을 활용해 아파트를 추가 매입하는 경우가 적지 않았다. 게다가 이명박 정부와 박근혜 정부가 다주택 소유자에 대한 과세를 축소했기 때문에(이를테면 종부세) 금융·세제 부담이 꽤나 사라진 상황이었다. 그러자 외국인 렌트를 알선하는 대행사들도 생겨났다. 조선소와 인접한 대단지 브랜드 아파트 혹은 프리미엄 아파트 소유자는 조선소 노동자들이었지만, 실거주자는 외국인 이해 당사자인 경우가 많았다. 더불어 아파트의 청소나 가사노동을 담당하는 도우미들도 늘어났고, 조선소 노동자 남편을 둔 기혼 여성들도 이런 일을 주요한 부수입으로 삼는 경우가 생겨났다.

세 번째로는, 사내하청 노동자들이 늘어나면서 생겨난 합숙소들이 있다. 해양플랜트 건조로 조선소당 3만~5만 명 수준의 사내하청 노동자들이 거제에 유입되었고, 이들의 거주 수요도 크게 늘어났다. 애초에는 원룸이나 투룸으로 지어진 빌라들이 노동자들의 합숙소로 변형되어 운영되었다. 이런 합숙소들이 부동산 가격 상승의 원동력이었다고 할 수 있다. 보통 사내하청 회사가 빌라 한 동을 매입하거나 임차해 자기 회사의 노동자, 특히 물량팀의 합숙소로 운용하는 경우가 많았다. 빌라 주인들은 합숙소에서 나오는 임대 수입으로 담보 대출 원리금을 상쇄하고도 적지 않은 수입을 올릴 수 있었다. 원청 조선사들은 사내하청 대표단의 요청에 따라 사내하청 노동자들이 묵을 수 있는 기숙사를 마련하려고 했지만, 일단 부지 확보가 쉽지 않았고 임대업자들과 이해관계도 충돌하기 때문에 진척은 더뎠다.

신규 아파트 분양이 절정에 치달은 시기는 2014년쯤이다. 내 주변에도 이번 기회를 놓치면 아파트를 살 수 없으니 당장 분양을 받아야 한다고 권유하는 사람들이 많았다. 조선소 출입문 앞에서는 사람들이 아파트 분양 대행사의 광고 전단을 뿌리고 있었다. 모델하우스가 여기저기에 세워지고 다녀온 사람들의 경험담이 사무실과 현장을 채웠다. 부동산 투자로 '재미'를 본 직원들의 '강의'가 동료들에게 전해졌다. 결혼을 앞두고 있던 젊은 직원들은 주변 아파트를 미리 분양받아 사원 기숙사를 비우고 입주하기도 했다. 조선소 시니어들 중 몇몇은 아파트 한 채를 자녀가 결혼할 때 물려주기 위해 매입하기도 했고, 자녀의 유학 동선에 따라 서울의 아파트나 오피스텔 등에 투자하기도 했다. 월급보다 자산 소득이 많은 사람들도 있었다. 이렇듯 고소득의 안정적인 직장과 부동산 가격 상승이 맞물린 이런저런 '갭 투자'가 성행할 수 있는 모든 조건이 잘 형성되어 있었던 셈이다.[15] 그러나 어찌 되었든 부동산 시장의 모든 활황은 조선소가 주는 높은 임금과 안정적인 고용 환경 탓에 가능한 것이었다.

---

15 부동산 문제를 면밀히 진단하기 위해서는 등기부등본 등을 광범위하게 찾아서 분석하거나, 데이터베이스를 통해 실거래들이 건별로 분석되어야 한다. 이 책은 거시적인 차원에서 부동산의 흐름만을 언급해두고자 한다. 더 치밀한 분석은 차후 진행되어야 할 과제이다.

'땐뽀걸즈', 돌아오지 않는 딸

이제부터는 노동자들의 '진짜 가족', 즉 피붙이 가족의 이야기에 귀를 기울여보려고 한다. 30년의 역사가 노동자 공동체를 한 가족으로 엮어낸 그 효과는 노동자의 실제 가족에게 어떠한 영향을 끼쳤을까? 딸의 시선으로 이들의 가족사를 따라가보자. 딸의 이야기는 중공업 가족의 여러 모순들을 폭로한다.

딸, 거제를 떠나다

스무 살이 넘은 딸들 다수가 섬을 떠난다. 대학 입학과 취업 때문이다. 물론 섬에 남는 경우도 적지 않다. 여기에서는 떠난 딸들의 이야기를 따라가보자.

2000년대 중반까지만 해도 대학 입학에서 중요한 변수 중 하나는 성별이었다. 아들과 딸이 모두 성적이 좋다고 가정할 때, 이들의 진학 선택에는 적지 않은 차이가 있었다. 아들은 성적이나 집안 형편에 따라 상경시켜 대학을 보낼 수 있었지만, 딸들은 집에서 통학이 가능한 학교에 보내는 경우가 많았다. 최대한 집과 가까운 권역으로 진학시키려는 경향이 강했던 것이다. 공부를 잘하는 거제도 중공업 가족의 딸이라면 보통 어떤 진학 계획을 세웠을까? 영남을 벗어나지 않는 권역에 있는 교대, 사대를 가는 것 정도가 안전한 선택이었을 것이다.

물론 거제도의 부모들도 전국적인 진학 트렌드의 변화와 높아진 소득 수준에 힘입어 성적이 좋은 딸을 상경시키기도 한다. 작업복을 입은 '회사 삼촌'들을 주로 보던 그들에게 대도시, 특히 서울은 지금까지와는 전혀 다른 경관으로 펼쳐졌다. 서울은 문화 체험이 가능한 공간이었다. 아빠가 '해준'(사돈) 오피스텔이나, 언니나 오빠, 동생과 함께 있으라고 마련해둔 아파트에 살며, 적당히 소비를 할 수 있는 물질적 기반을 갖춰놓은 상태에서 맞이하는 서울은 이들에게 더더욱 매력적인 도시로 다가왔다. 서울에서 만나게 되는 남성들 대부분이 가부장적인 '경상도 남자'들보다 훨씬 더 '자유주의'적인 태도를 가진 것도 사실이다.

거제의 일자리는 대개 남성에게 맞춰져 있다. 여성이 할 수 있는 일은 자영업을 제외하면 공무원, 교사, 의사, 간호사 정도가 전부이다. 그것도 아니면 엔지니어가 되는 길 정도를 생각해볼 수 있다. 고등교육을 받은 여성의 일자리는 턱없이 부족하다. 흔히 '여성직'으로 간주되는 교사, 공무원 등의 선택지를 감안한다 해도, 거제에 사는 여성들에게 정규직은 언감생심이다.

통계상으로도 이러한 경향을 확인할 수 있다. 행정안전부의 전출입 통계(2001~2016년)가 이를 잘 보여준다.[16]

20대 여성에 대한 세 개의 그래프가 있다. 〈그림 2〉는 거제시에서 전출하는 여성들을, 〈그림 3〉은 경상남도를 떠나는 여성들을, 〈그림 4〉는 경상남도 내에서 전출하는 여성들을 나타낸다. 주로 20대 여성들이 경상남도를 떠나고 있는 것이다. 경상남도 관내 이동은 매년 50~70명 정도로 관외 이동에 비해 상대적으로 미미하다(〈그림 4〉 참조). 30~40대는 전입의 경향이 더욱 두드러진다. 50대 이상의 여성은 2011년도를 제외하고는 거제시를 뜨는 경우가 많은 것으로 나타났다.

　　젊은 여성들의 이동을 좀 더 파악하기 위해 20~30대 여성들의 인구 이동에 주목해보려고 한다. 우선 20대 여성부터 살펴보자. 거제시를 떠나는 20대 여성들은 어디로 향할까? 5건 이상 전입이 들어온 구들만 분류해보면 〈그림 5〉와 같은 형태가 된다. 거제를 떠난 여성들은 부산과 서울로 향한다. 즉 부산이나 서울 소재 대학으로 향하는 두 가지 경로를 예상할 수 있다. 그 외에도 노량진(서울시 동작구), 신림동 고시촌(서울시 관악구 일부)으로 향하는 경우도 있을 것이다. 대학을 다니거나 고시, 각종 공무원 시험, 교원 임용고시를 보는 경우일 것이다. 수도권을 제외하면 사실 어디에서나 비슷하게 나타나는 추세이다.

　　하지만 〈그림 6〉을 통해 남성들과 비교해보면 단순히

16　본 데이터는 세대주 이동만을 참조했다는 한계가 있으나, 전체 추세를 살피는 데에는 무리가 없다고 판단되어 그대로 참조했다. 부모와 함께 이주하지 않고 자취나 기숙사 입주 등을 위해 전입신고를 할 경우 세대주 이동으로 분류되기 때문이다.

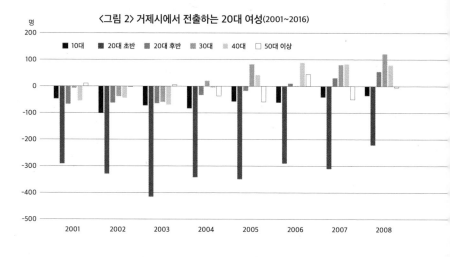

〈그림 2〉 거제시에서 전출하는 20대 여성(2001~2016)

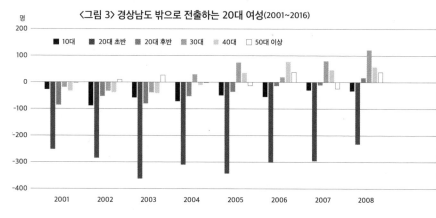

〈그림 3〉 경상남도 밖으로 전출하는 20대 여성(2001~2016)

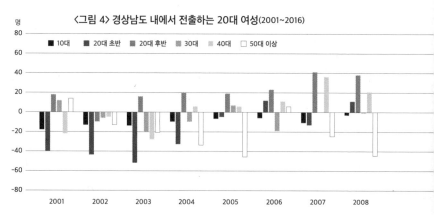

〈그림 4〉 경상남도 내에서 전출하는 20대 여성(2001~2016)

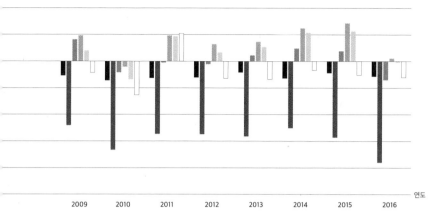

연도

2009 2010 2011 2012 2013 2014 2015 2016

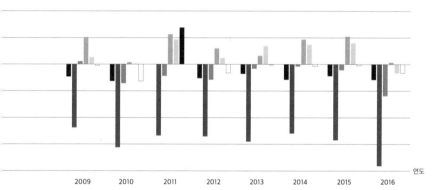

연도

2009 2010 2011 2012 2013 2014 2015 2016

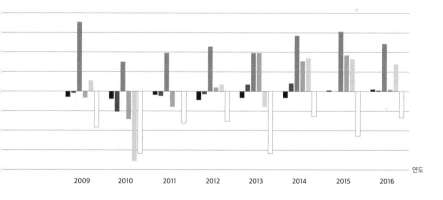

연도

2009 2010 2011 2012 2013 2014 2015 2016

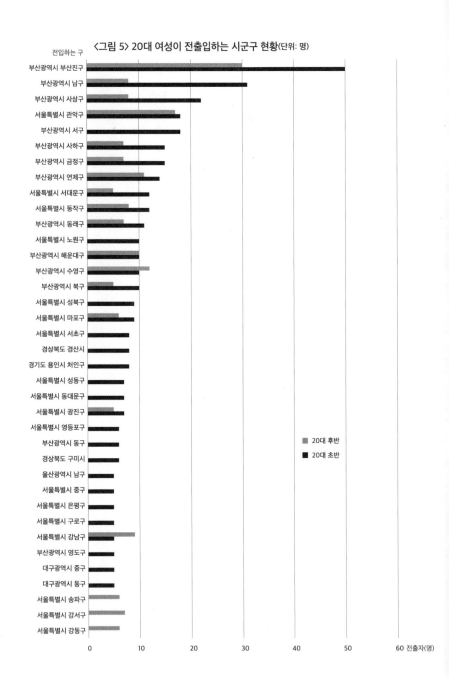

전입하는 구

〈그림 5〉 20대 여성이 전출입하는 시군구 현황(단위: 명)

20대 후반
20대 초반

0   10   20   30   40   50   60 전출자(명)

소멸하는 지방 도시가 아닌 산업도시 거제의 면모를 발견할 수 있다. 20대 초반에 거제를 떠나는 패턴은 여성들의 경우와 별반 다르지 않지만 20대 후반, 30대 남성들은 매년 1,000명 이상이 거제시로 전입했다. 대기업인 대우조선과 삼성중공업이 지속적으로 생산직, 사무직 공채 직원을 채용했고, 협력업체들도 꾸준히 직원을 뽑았기 때문이다. 조선산업의 호황기와 해양플랜트 건조기에 해당하는 2007~2009년에는 20대 초반 남성들도 거제에 전입했다. 생산직을 고용하고, 인력난의 한가운데에서 전문대 출신들을 채용했던 두 회사의 영향 탓일 것이다.

즉 공부를 목적으로 부산과 수도권으로 떠난 20대 초반 남성들보다 10배 많은 20대 후반~30대 초반 남성들이 거제도에 몰려들었다. 30대 여성의 전입 역시 20대 후반~30대 남성 전입과 함께 추론해볼 수 있다. 30대 여성은 전출보다 전입이 훨씬 많다. 이들은 결혼을 위해 이주한다. 자료를 통해 확인할 수 있는데, 바로 고용률 추이가 그 사실을 말해준다.

거제시의 남성 고용률은 2017년까지 80% 이상을 기록했다. 이는 전국 평균보다 10% 가까이 높은 수치이다. 반면 여성의 고용률은 45% 이상을 기록한 적이 거의 없다. 전국 평균(50.2%)보다 5%p 이상 처진다. 남성은 나가서 돈을 벌고 여성은 전업주부로 지내거나 자투리 시간을 활용해 부업을 하는 전형적인 '남성 생계 부양자 모델' 경제라고 말할 수 있다.

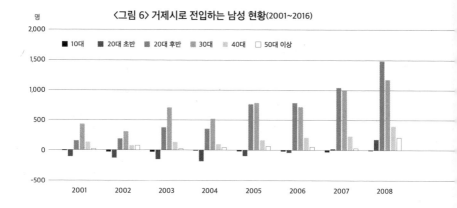

<그림 6> 거제시로 전입하는 남성 현황(2001~2016)

명

■ 10대　■ 20대 초반　■ 20대 후반　■ 30대　■ 40대　□ 50대 이상

거제에서 자라 대학에 진학하게 되는 딸들은 보통 스무 살이 되면 떠나는데, 결혼을 하지 않는 이상 거제로 잘 돌아오지 않는다. 아빠들은 딸들이 대학을 졸업하고 교사, 공무원이 되어 돌아오는 것을 가장 좋아하지만, 그렇지 않더라도 회사에서 사무보조 등으로 일하다가 적당한 때에 괜찮은 정규직 남자를 만나서 아빠가 준비해둔 아파트를 가지고 결혼하길 바란다. 하지만 아빠의 이런 꿈과 딸이 마주하게 되는 세계 사이에는 엄청난 괴리가 있다. 문화사회학이나 문화지리학의 연구를 참조해보면, 여성들이 대도시 생활을 지향한다는 것은 정설에 가깝다.[17] 하지만 이것을 단순히 문화생활 또는 여가의 문제로 치부하는 것은 어쩌면 여성 혐오를 부추기

17　도린 매시, 〈여성의 장소〉, 《공간, 장소, 젠더》, 정현주 옮김, 서울대학교출판문화원, 2015.

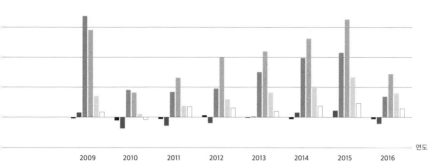

는 해석에 지나지 않는다. 그보다는 오히려, 거제가 여성들이 일할 수 있는 괜찮은 정규직 일자리가 턱없이 부족한 도시이기 때문에 여성들이 취업 자체를 꺼린다고 보는 것이 좀 더 적극적인 해석일 것이다(2부에서는 이들 중 여성 엔지니어에 대한 이야기를 다룬다). 또한 예전처럼 남편의 벌이 하나만을 믿고 가계를 꾸려나가기에는 조선산업의 사정이 어려워졌다. 다시 말해 젊은 남성들의 직영 정규직 되기가 더욱 힘들어졌다. 비정규직의 '뜨내기' 삶으로는 온전히 가계를 꾸려내기 어려워진 것이다.

'땐뽀걸즈'와 사무보조

그러나 모든 딸들이 거제도를 벗어나 타지에서 살아가는 것은 아니다. 중공업 가족의 테두리 안에 머무는 경우도 적지 않다. 2017년 개봉한 영화 〈땐뽀걸즈〉 역시 거제에서 머물

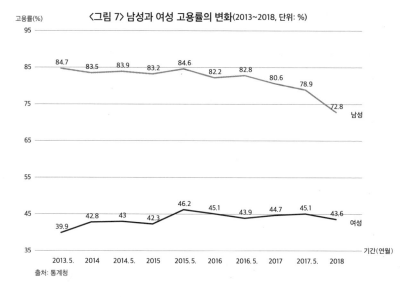

<그림 7> 남성과 여성 고용률의 변화(2013~2018, 단위: %)

출처: 통계청

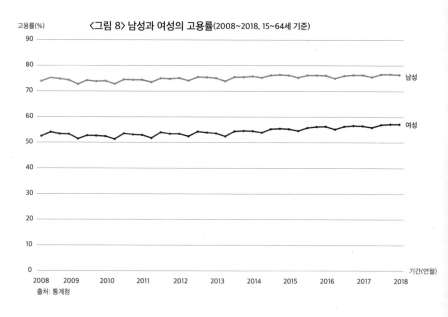

<그림 8> 남성과 여성의 고용률(2008~2018, 15~64세 기준)

출처: 통계청

며 조선소로 향하게 될 딸들의 이야기를 담고 있다. 조선소 취업이 어차피 정해진 마당에, 남은 학창 시절을 재미나게 보내기 위해 소녀들이 택한 것이 바로 댄스 동아리 '땐뽀걸즈'이다. 방과 후에 매일 모여서 댄스 스포츠를 배우고 1년에 한 번씩 돌아오는 전국 대회를 준비한다. 그녀들에게 댄스 스포츠는 어떤 의미일까? 영화를 봤던 주변 지인들은 결국 마지막으로 남은 '추억'이 아니겠냐고 이야기했다. 그것이 '마지막'이 된다는 것은, 커리어라는 측면에서 볼 때 그녀들이 그 이후로 각자의 이름을 가지고 살 기회를 거의 갖지 못하게 될 수도 있다는 문제의식과 연결된다.

거제시에는 4년제 대학이 없기 때문에 전문대학인 거제대학교를 다니거나, 상업고등학교를 졸업한 후 곧바로 조선소 취업을 하는 경우가 적지 않다. 몇 개의 취업 용역 회사를 통해 조선소 파견직으로 2년을 근무하는 게 그녀들 커리어의 시작이다. 2년이 지나면 내부 평가에 따라 계약 갱신을 하게 된다. 평가가 괜찮으면 직영 계약직이 되고, 운이 좋으면 '비서'나 몇 가지 직무를 맡다가 두세 차례의 재계약을 거쳐 무기계약직이 되는 경우도 있다. 조선업 경기가 호황을 향해 가던 시기, 회사는 특별한 문제가 없는 경우 다수의 여성 노동자들이 무기계약직까지 일할 수 있도록 제도적으로 보장했다. 특출한 성과를 보이는 몇몇 여성들은 정규직 노동자(사무직)로 전환시키기도 했다. 하지만 사무보조부터 시작하는 여성들의 일자리는 언제나 예외 혹은 '덤'으로 여겨지기 일쑤였다.

회사 안에서는 종종 '여직원'이라는 단어가 문제가 된다. 공채로 입사한 여성 사무직들과 이들 계약직이 공존하는 문제는 생각보다 간단하지 않다. 사무보조 업무로 입사해 똑같이 '사원'이라는 직위에 있더라도, 공채를 통해 남성들과 똑같은 포지션으로 입사한 여성 사무직 직원들은 같은 '여직원'으로 불리는 것을 꺼려 한다. 사원 이후에 '대리-과장-차장-부장'으로 이어지는 사무직의 진급 체계를 거칠 것이고, 혹여 부서의 업무분장 때문에 사무보조들이 하는 일을 하거나 부서 자체가 대관 업무나 사내 서비스를 제공하는 업무를 맡게 되더라도 스스로 일종의 전문직으로서 일을 한다고 생각하기 때문이다. 더불어 학력에서 적지 않은 차이가 나는 것이 보통이기 때문에 사무보조와 정규직 공채 사이에는 미묘하게 불편한 공기가 흐른다. 때로는 부서에서 오랫동안 행정 업무를 처리해 '빠꼼이'가 된 여성 사무보조 직원들과 공채 여직원 간의 알력 다툼이 벌어지기도 한다. 여기에 최저임금보다 조금 더 높은 임금을 간신히 받는 사무보조 직원들과, 남성들과 같은 임금을 받는 공채 여직원 간의 처우 차이까지 맞물리면 감정의 골은 더욱 깊어진다. 특히 공채로 입사한 여직원들은 오래된 사무보조 직원들보다 어린 경우가 많은데, 대개는 나이 위주로 관계를 맺는다. 사무보조 직원들을 '언니' 혹은 '선배'라 부르며 친하게 지내기도 하지만, '~씨' 같은 호칭으로 부르다가 갈등이 빚어지는 경우도 왕왕 발생한다. 반대로 공채로 입사한 여직원들 중에는 사무보조 직원이 '~야' 혹은 '~씨'로 부르는 것을 달가워하지 않는다. 결국 그들 사이에는 감정의 벽이 생기고 만다.

취업난이 극심한 상황에서 공채 취업에 실패해 용역회사에 인력을 공급하는 부산·경남권 4년제 대학 출신 '대우 아줌마' 혹은 '삼성 아줌마'를 통해 사무보조가 된 '여직원'들도 적지 않다. 처음에는 정규직이 될 수 있다는 희망을 가지고 입사했으나 입사 후 본인들의 '밴드'[18]와 본인의 직무 경로를 파악하고는 좌절해 퇴사하기도 한다. 몇 차례 재계약을 거치며 어쩌다 주어지는 전환 심사를 통해 사무직 정규직이 되려고 업무에 매진하려 애쓰지만, 인사 제도는 그녀들의 꿈을 쉽게 허락하지 않는다.

사실 여성 사무보조직은 거제가 아닌 다른 지역에도 많다. 대개의 사무실이 여전히 경리 업무나 자잘한 사무 업무를 처리할 여직원을 따로 뽑고 있기 때문이다. 1980~1990년대에는 워드프로세서로 문서를 만들어주는 '타이피스트'를 뽑았고, 그 이후에도 '서무'라는 이름의 여직원들을 뽑았다. 대개 최저임금 수준의 임금을 받으며 일하다가, 결혼해 출산을

---

18 직군을 구분하는 방식이다. 예컨대 사무직-기술직 밴드가 있고, 사무보조 밴드가 있다. 이 두 밴드는 전환이라는 과정을 거치지 않는 한 서로 만날 일이 없다.

하게 되면 그녀들은 자연스럽게 사무실의 자리를 비우곤 했다. 정리해고나 구조조정이 이슈가 될 때마다 그녀들의 존재는 수면 위로 드러나지도 않은 채 사라졌다.

2016년 거제, 그리고 그 몇 년 전 울산에 구조조정의 여파가 몰아닥쳤을 때 그녀들은 전체 인적 구조조정의 '숫자'를 맞추기 위한 희생양이 되어버렸다. 1,000명이 넘는 여성 사무보조직들은 부지불식간에 회사를 등지게 된다. 〈밥.꽃.양〉(2001)이라는 독립영화는 울산 현대자동차 노동자 파업 과정에서 해고된 식당 여성 노동자들의 이야기를 다룬 바 있다. 1998년 현대자동차 정리해고 사건이 벌어질 때 노동조합이 조합원들을 지키기 위한 대가로 당시까지 직영으로 운영하던 식당을 외주화하는 것에 동의한 것이다. 그 과정에서 식당 여성 노동자들은 해고당했다. 이들은 남성들처럼 '생계 부양자'가 아니라는 이유로 우선순위에서 밀렸다. '땐뽀걸즈'였다가 사무보조로 취업해 10년을 넘게 회사를 다닌 여성 노동자들도 같은 이유로 2015년 명예퇴직했다. 2000년대 초중반 농협에서도 부부가 직원이면 둘 중 여성 노동자가 명예퇴직으로 내몰렸다.

여성 사무보조직들은 조선소의 행정을 책임지고 있지만, 이후에는 중공업 가족의 재생산을 맡는 역할 안에 갇히게 된다. 사실 '땐뽀걸즈'의 20대는 중공업 가족의 아빠들이 나쁘지 않게 여기는 삶이라고 할 수 있다. 취업난이 심해진 지금 상경해 대학을 다닌 거제 출신 여성들 중에는 아버지가 중공업에 종사하며 직영이나 하청 사무보조직으로 근무하는 여성들을 이따금 부럽게 여기는 경우도 있다. 그럭저럭 일하고 퇴근해서 엄마와 함께 쇼핑하는 일상을 누리고, 아빠가 소개해주는 적당한 남자와 결혼해서 사니 '심 편하고' 좋지 않냐고 되묻곤 한다. 아들과 딸 모두에게 동등한 교육의 기회를 주고, 취업 시장에도 똑같이 진출하길 기대하는 2010년대 가족들에게 사무보조직의 삶은 어쩌면 너무 낡고 시대에 뒤떨어져 있다. 하지만 사무보조직도 괜찮다는 부모들의 말은 낡은 사고방식을 보여주기보다는, 그나마 안정적으로 살 수 있었던 예전의 상황에서 괜찮은 선택지를 탐색하며 나온 것이라고 할 수 있다. 그러나 이것이 바깥 세상과 큰 괴리가 있는 선택지라는 것도 하나의 엄연한 사실이다.

영화 〈땐뽀걸즈〉에서는 아빠들의 모습도 슬며시 등장한다. 사실 영화에서 댄스 동아리를 맡아 운영하는 것도 남자 선생님이다. 영화에 '여자 어른'의 모습은 등장하지 않는다. 거제도가 남성 위주로 돌아가는 도시라는 것을 은연중에 드러내는 셈이다. 선생님을 제외한 아빠들의 모습에서는 거제도의 무너진 경제 상황이 그대로 나타난다. 이른바 '가(부)장의 위기'. 삼성중공업에서 일하다가 석연찮은 이유로 그만두고 비스를 운전하는 아빠, 대우조선 1차 희망퇴직에서 사표를 던지고 횟집을 운영하겠다며 서울로 올라가는 아빠, 조선소에 일하러 온 남자와 '눈이 맞아' 덜컥 아이를 낳은 엄마와 아이를 두고 어디론가 일을 찾아 떠나간 아빠. 활황의 경제가 쇠락하고, 중공업 가족의 경제적 토대가 무너지면서 발생한 위기들이 영화 곳곳에서 적나라하게 드러난다. 한 가족을 건사하는 든든한 아빠의 모습은 물론이고, 남편의 월급을 받아 육아와 가사, 소비 생활에 전념하는 엄마들의 모습 또한 찾아볼수 없다. 아빠들은 불안정한 노동과 자영업으로 내몰렸고, 엄마들은 일자리를 찾아 떠났거나 아예 가족을 떠나버린 상태이다. 이렇듯 〈땐뽀걸즈〉에 중공업 가족의 위기와 관련되어있지 않은 장면은 없다.

영화 속 여고생들은 정작 덤덤하다. 위기를 몸으로 느끼며 우울해하지도 번민하지도 않는다. 부모 없이 친구와 보증금 240만 원에 60만 원 하는 집의 월세를 내며 아르바이트를 하는 현빈, 횟집에서 일하는 부모 대신 다섯 명의 동생을 돌보는 은정, 서울로 일을 배우러 떠난 아빠를 기다리는 시영 모두 현재의 고단함과 불안한 미래에 휩싸이는 대신 댄스가 주는 기쁨과 설렘에 집중한다. 어쩌면 '다른 꿈'을 꿀 만한 반전 요소를 찾을 수 없는 상황에서 '더 이상 나빠질 것'이 없다는 것을 달관했기에 가능한 태도일지도 모른다. 〈땐뽀걸즈〉의 여고생들은 지금까지 그러했듯 졸업을 하고 선배 사무보조직들이 떠난 자리를 채울 예정이다. 앞 절에서 살펴본 인구의 이동을 떠올려보면 그녀들은 20대 후반, 30대 초반 즈음 결혼을 해서 중공업 가족에 편입되는 경우가 가장 많을 것이다. 어떤 미래가 그녀들을 기다리고 있을까? 영화가 전하는 따뜻하고 발랄한 기운에도, 무거운 마음을 떨쳐내기는 쉽지 않다.

직영과 외주: 외주 도입의 계보

성인 남성이 거제도에서 가장 많이 듣게 되는 말은 다름 아닌 "대우 다니세요? 삼성 다니세요?"라는 질문이다. 대답을 하면 상대는 뜸을 들이다가 다시 묻는다. "직영이세요?" 다소 폭력적인 언사일 수 있지만, 거제도 사람들은 습관처럼 던지는 질문이다. 어쩌면 이런 사소한 습관들이 이미 울타리 안에 들어간 사람들에겐 잘 보이지 않고 들리지 않는 많은 것들을 말해주는지도 모르겠다.

2000년대 이후 확산된 외주 노동이라는 이슈를 살피기 위해서는, 조선산업에서 철저한 이중노동시장dual labour market화가 진행되었다는 사실을 이해할 필요가 있다. 1987년 이후 노동조합은 생산직의 '직영화'를 추진했다. 외부에서 조달하는 자재 제작 등을 제외하면, 야드에서 진행하는 모든 공정은 정규직 직원들이 하는 것이 원칙이었다.

이중노동시장이 다시금 전개되기 시작한 것은 1990년대 후반 무렵이다. 은수미(〈비정규직의 현황 및 대책〉, 2008)의 자료를 참조해보면, 1990년 전체 사내하청 인원은 7,300여 명에 지나지 않았다. 이는 같은 일을 하는 정규직 인원의 20% 수준이다. 그러나 〈그림 10〉에서 나타나듯 1992년부터 1995년 사이, 나아가 특히 1999년부터 사내하청은 급격히 증가했다. LNG선 호황기이자 일본의 조선산업을 앞서기 시작한 시기에 한국의 조선산업은 대량 수주로 인한 물량 처리라는 과제에 당면하게 되었는데, 이때 택한 것이 바로 사내하청화였다. 여기에는 노동조합의 교섭력을 약화하고 정규직 채용에 따른 비용 증가를 억제하려는 목적도 있었다. '고정비 부담을 줄여야 한다!'는 구호는 지금도 여전히 조선소 야드의 당면 과제로, 정규직 임금은 고정비에서 가장 큰 비중을 차지한다. 1990년대 후반 당시 도요타 자동차의 '린 시스템'[19]을 조선산업 현장에 적용해 '미세 작업관리'를 시작하고, 그 연장선상에서 생산기술에 막대한 자금을 투자했던 것도 같은 맥락이다.

　IMF 관리 체계로 인해 파견 노동 고용이 수월해지고, 다양한 분야에서 비정규직화가 전개된 1990년대 말부터 1 대 1 비율의 사내하청화는 하나의 관행이 되었다. 조선 3사에 있는 사내하청 가운데 '전통 있는' 회사들은 이때 설립되어 몇

19　제조업 생산에서 인력과 생산 설비 등을 포함하는 생산 능력을 필요한 만큼 딱 맞춰 유지하면서 생산 효율을 극대화하는 방식을 의미한다. 재고를 최소화하기 위해 필요한 만큼만 적기에 주문해서 쓰고, 인력도 공정에 필요한 만큼만 실제 투입해 효율을 극대화한다. 즉, 낭비를 최소화하기 위한 생산관리 방식이라고 할 수 있다. 어떤 제품을 제작하기 위한 리드타임(전체 공정에서 소요하는 시간), 노동력, 대기 시간을 최소화하는 것 등이 그 예이다.

번씩이나 업체 명을 바꿔가면서 명맥을 이어왔다.

2014~2015년, 가장 많은 선박과 해양플랜트 건조를 진행할 무렵에는 조선 3사의 경우 6,000~7,000명 직영 정규직 노동자와 3만~4만 명 사내하청 노동자들이 각 조선소에서 일했다. 80% 가까운 생산 공정을 사내하청 노동자들이 맡아온 것이다. 조선소의 전통 업무인 선박 생산 분야에는 직영 정규직들이 자리하고 있었지만, 새롭게 팽창하는 해양플랜트 분야는 생산관리자와 몇몇 감독자(반장)를 제외하면 아예 사내하청업체가 생산을 담당하는 경우가 많았다. 선박은 직영이 60%를, 해양플랜트는 외주가 90%를 담당한다고 할 수 있다.

요약하자면, 1) 노무관리의 편의를 위해 사내하청 노동자들이 도입된 초창기(1990년대), 2) LNG 물량 확대로 원·하청 비율이 1 대 1이 되어버린 중기(2000년대 초반), 3) 해양플랜트 물량 폭증과 위험 공정 증가를 감당하기 위해 사내하청 숫자를 늘린 후기(2000년대 말~2010년대)로 구분할 수 있을 것이다.

노동사회학의 관점에서 보면 노동자들이 고숙련 정규직과 저숙련 하청 노동 양극으로 분절되는 노동시장분절론[20]이 정설로 받아들여지고 있지만, 사실상 조선산업은 여기에 딱 들어맞지 않는다. '특수용접' 자격을 가진 고숙련 하청 노

---

20 신원철, 〈기업 내부 노동시장의 형성과 전개: 한국 조선산업에 관한 사례연구〉, 《동향과 전망》통권 제49호, 75~100쪽.

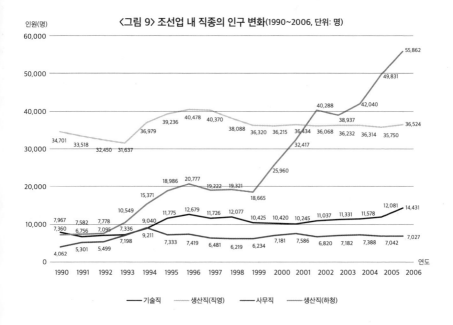

〈그림 9〉 조선업 내 직종의 인구 변화(1990~2006, 단위: 명)

〈그림 10〉 조선업 내 사내하청의 증가(1990~2006, 단위: %)

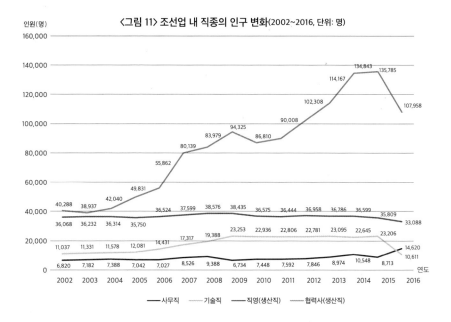

<그림 11> 조선업 내 직종의 인구 변화(2002~2016, 단위: 명)

인원(명)

사무직 / 기술직 / 직영(생산직) / 협력사(생산직)

<그림 12> 조선업 내 사내하청의 증가(2002~2016, 단위: 명)

비율(%)

2. '중공업 가족'의 탄생　　　99

동자가 '물량팀'으로 투입돼 몇 가지의 작업을 처리하고 일당 30~50만 원을 벌어가는 경우도 드물지 않다. 오래된 사내하청업체 노동자들의 평균적인 기량이 직영 정규직에 비해 특별히 떨어진다고 볼 수도 없다.

문제는 그들의 노동이 지니는 유연성이라는 특성이 그들을 직영 정규직이 될 수 없는 불안정노동에 노출시킨다는 점이다. 대우조선과 삼성중공업은 매년 하청업체 대표의 추천을 통해 신입사원을 충원하지만 그 규모는 각각 100명이 채 안 되며, 노무관리상의 편의를 이유로 30대 중반 이상이 되면 아예 그 대상에서조차 배제되기도 한다. 즉 사내하청업체에서 단기간에 뛰어난 기량을 선보이면 대표의 눈에 들어 사내하청 노동자 신분에 갇히게 되는 일이 일쑤다. 사내하청업체 중 오래되고 견실한 몇몇 회사에서 상용직으로 근무하는 노동자들은 그나마 원청의 명찰이 달린 옷을 입고 원청과 비슷한 벌이를 하면서 버틸 수 있다.

하지만 2000년대에 들어 여러 조선소들이 연이어 위기를 맞았다. 2007~2008년 한진중공업 영도조선소가 축소되고, 2013~2014년에는 STX 역시 위기에 빠졌으며, 성동조선해양이나 SPP 같은 통영과 고성 등의 중소형 조선소도 도산 위기를 겪게 되었다. 그때 실직한 노동자들은 그때그때 '품'을 파는 물량팀이나 물량을 처리하기 위해 임시로 세워진 작은 사내하청업체에서 불안한 고용 상태와 위험을 무릅쓰고 일해야 했다. 2016~2017년에 걸쳐 단행된 대규모 구조조정에서 직영 생산직 정규직 노동자들은 고용을 지켜낼 수 있었지만 사내하청업체들은 줄도산하거나 규모를 대폭 축소해야 했고, 결과적으로 이는 동남권에서 3만 명에 이르는 노동자들의 실직으로 이어졌다. 그 피해는 오롯이 하청 노동자들이 떠안게 되었다.

조선소의 카스트

앞서 정규직을 중심으로 형성된 '중공업 가족'과 '남성 생계 부양자' 모델을 언급한 바 있다. 이러한 '정상가족' 신화는 사실상 호황기에 하청 노동자 가족을 하위주체subaltern로 만들면서 이룩되었다. 쉽게 말해 소득 격차를 만들고 하청 노동자들과 그 가족을 은연중에 배제하고 발언권을 박탈하면서 만들어진 것이다. 비슷비슷한 벌이로 소비 생활을 이어가던 중산층 노동계급 가족은 수적으로 그 두 배 이상으로 추정되는 하청 노동자들과 한편으로는 현장에서의 위세로, 다른 한편으로는 중소 도시 내부의 좁은 사회에서 은연중에 발생하는 차별을 통해 구성되었다고 볼 수 있다.

삼성과 대우 두 조선소는 하청 직원들과 직영 직원들의 관계를 개선하기 위해 여러 활동들을 조직해왔다. 직원 가족을 대상으로 하는 문화 행사에 하청 직원들이 참여할 수 있도록 하고, 정기 상여금이나 여름과 겨울 두 번에 걸쳐 나오는 성과급도 직영 직원에 준하는 수준으로 받을 수 있도록 했다. 하청 관리 부서는 매년 하청업체와 계약할 때마다 관련 내용을 미세하게 조정한다. 노동조합은 단체협상 문구에 '사내하청 노동자 처우 개선'을 빼놓지 않고 걸어둔다. 단지 임단협이 실제로 전개되는 과정에서 그러한 요구가 직영 정규직의 처우라는 우선순위에 밀릴 따름이다. 노동조합은 많은 사내하청 노동자들이 직영으로 전환될 수 있게끔 쟁점을 걸지만, 회사는 '고정비 상승'을 명목으로 이를 최소한으로만 이행하려고 애쓴다. 물론 여기에는 노동조합의 힘을 견제하려는 의도가 들어 있다. 경기가 좋을 때조차 사내하청 노동자들은 끊임없는 불안에 내몰린다. 공정 실적이 좋은 하청 노동자들은 그런대로 벌이를 이어가며 직영과 큰 차이 없는 대우를 받지만, 신생 하청이나 큰 실적을 내기 어려운 하청 노동자들은 불리할 수밖에 없다.

　　이른바 '카스트'를 작업장 내에서 일상적으로 체험하게 되는 것이다. 하청 노동자들은 작업에 필요한 공구를 받기 위해 공구 창고에 갈 때, 창고에서 직영을 우선으로 챙겨준다는 이야기를 자주 하곤 한다. 이에 직영 담당자들은 하청 직원들이 공구를 헤프게 써서 그렇다고 응수한다. 또한 하청 노동자들은 작업 중에 안전관리자(HSE[21] 요원)들이 자신들에게만 험한 말투로 지적을 한다고 전한다. 이에 안전관리자들은 하청 노동자들이 안전 규정을 잘 지키지 않아 애를 먹는다고 호소하고, 가장 바쁘고 어려운 공정을 배정받아 인해전술로 처리하는 하청 노동자들은 다시 규정이 너무 빡빡하다고 반박한다. 실제로 하청 노동자들이 안전교육을 짧게 받고 곧바로 현장에 투입된다. 어쨌거나 누적된 불신은 힘의 문제로 귀결되곤 한다. 고용이 안정된 상태에서 현장의 주인이자 책임자를 자임하는 직영과, 업체 소속이라는 말로 자신들을 표현하는 하청 노동자들이 함께 현장에 있을 때 하청 노동자들이 왠지 모르게 주눅들게 된다는 것도 일리가 있는 말이다. 물론 하청 인력이 주류인 해양플랜트 공정에서는 이러한 차별 문제가 적게 발생할 수도 있다. 직영 현장 감독자들(반장, 직장)은 하청이 일하는 곳은 기초 질서가 엉망이라고 이야기한다. '주인의식'을 걸고 넘어지는 것이다. 그러나 '주인'이 아닌데 '주인의식'을 갖기란 쉽지 않다. 결국 고압적으로 소리를 지르는 직영 현장 감독자와 요리조리 빠져나가려는 하청 노동자들의 실랑이는 계속된다. 이런 과정이 반복되면서 하청 노동자들은 자신들이 현장에서 무시당한다고 호소하게 된다. 누군가를 지목해 책임을 단정할 수 없는 복잡한 문제다.

더불어 주말이나 휴무일, 명절에 쉬는 '직영'들과 달리 하청 노동자들은 여지없이 출근해야 한다. 휴일수당, 시간외

---

21 조선소에서 보건Health, 안전Security, 환경Environment을 담당하는 요원을 뜻한다. 현장에서는 HSE 요원들이 주로 안전 업무를 담당하기 때문에 노동자들은 이들을 안전관리 요원이라고 부르기도 한다.

수당 등을 챙기기 위한 것도 있지만 실제로는 힘들고 긴급한 일을 이들이 도맡아 해야 하기 때문이다. 이른바 '돌관 작업'을 해야 할 때가 많은 것이다. 여기서 '돌관'이란 공정이 지연되었을 때 밀린 일정을 만회하기 위해 '돌파해 관철'하는 것을 일컫는 준말이다. 이를테면 아래와 같은 상황을 그려볼 수 있다.

조선소의 가스운반선 2000호 공정에 비상이 걸렸다. 크레인 정비와 배관재 입고 지연으로 도크 마지막 공정이 3일 이상 지연된 것이다. 평소 같으면 10명이 투입되어야 하는 의장 작업이었지만, 그날은 평소 인원으로 해결할 수 없었다. 다음 날은 선박 계약 금액 가운데 20%가 지급되는 날이기 때문에 도크 공정을 반드시 완수해야 했다.

5시에 열린 일일 생산 회의에서 생산관리 임원은 더 이상 공정을 늦출 수 없으니 무슨 수를 써서라도 내일 아침까지 마치라며 담당자들을 일갈한다. 회의를 마친 생산관리 부문 김 부장은 의장팀 이 과장에게 돌관 작업이 필요하다고 전한다. 이 과장은 자신이 담당하는 직과 반의 생산 책임자(직장/반장)에게 당일 야근조의 인원을 확인한다. 8시 퇴근 3명, 10시 퇴근 2명. 다 해봐야 5명인데 이 정도로는 공정을 마칠 수 없다. 요즘 젊은 직영 생산직들은 야근수당보다는 가족과의 '저녁 있는 삶'이나 취미 활동을 더 원한다. 이들을 억지로 붙들어둘 방법이 없다. 행여 그랬다가는 노동조합 대의원에게 지적을 받을 수 있다.

그는 하청 회사 최 소장에게 연락해 돌관 작업을 해야 한다고 말한다. 최 소장은 일단 자신의 회사 상용직 전부에게 야근을 해야 한다고 양해를 구한다. 그 이후 '밴드'나 '카카오톡'을 통해 물량팀을 섭외한다. 물량팀은 조선소에 들어와 7시부터 조업을 진행할 채비를 한다. 순식간에 수백 명의 노동자들이 모인다. 물량팀 중 베테랑들과 하청 회사 소장, 직장, 반장 등은 생산 도면을 보고 집중적으로 처리할 업무를 나눠 정한다. 그렇게 밤을 새우면서 3일치의 일을 해낸다. 그날 밤과 새벽, 도크 안 작업 구역은 어김없이 노동자들의 작업 소리로 가득찬다.[22]

이처럼 하청 노동자들은 일이 몰릴 때마다 손쉽게 동원된다. 야근, 휴일 근무, 명절 근무 역시 언제나 하청 노동자들의 몫이다. 원청 회사에서 제공한 수십 대의 귀향 버스를 타고 고향으로 향하는 사람들을 뒤로하고 하청 노동자들은 자기들끼리 조를 정해 쉬는 날을 쪼개어 공정을 처리한다. 이런 날 조선소 근처의 식당가는 문을 닫기 일쑤여서, 이들은 원청에서 나눠준 빵이나 우유 등의 간식으로 끼니를 때우곤 한다.

---

22 이런 돌관 작업은 2012~2014년 해양플랜트 건조가 최대치에 육박했을 무렵 최고조에 이르렀다. 공정율은 그 어떤 공정에서도 달성되지 못했고, 특히 후행 공정(도크 이후)의 경우 조선 3사 모두가 공히 하루 목표치의 50%를 채 달성하지 못하는 경우가 많았다. 달성하지 못한 목표는 결국 야근과 철야와 휴일 근무를 통해 벌충되어야 했다. 이는 경영 측면에서는 엄청난 비용 손실로, 노동자들에게는 엄청난 과로로 다가왔다.

공구 창고에서 꼭 필요한 공구를 지급받지 못하는 경우도 다반사이다. 차별과 설움은 일하는 와중에 하청 노동자들의 뼛속 깊이 각인된다.

일터 밖의 차별은 현장보다 훨씬 더 적나라하다. 무엇보다 이들을 가장 쓰라리게 하는 것은 앞서 언급한 "직영이세요?"라는 질문이다. 원청 정규직인지 아닌지를 확인받는 일은 매우 빈번하게 발생한다. 특히 소개팅이나 미팅 자리에서 위의 질문을 가장 많이 받는다. 물론 직영이 아니라는 사실을 미리 밝히면 상대에게 진즉에 거절당한다. 만나는 자리에서 직영이 아니라는 사실이 드러나면 분위기는 곧바로 냉랭해진다. 어릴 적부터 성장 과정을 공유해온 연애가 아니고서야 장기적 소득이 보장되지 않는 상대에게 여성들은 쉽사리 미래를 약속하지 않는다. 부모의 후원이 없는 상황이라면 하청 노동자들의 결혼과 연애는 불가능에 가깝다. 그나마 호황기에는 열심히만 하면 직영으로 전환되거나 괜찮은 하청 회사의 '에이스'로 임금을 높일 기회라도 있었지만, 경기 침체 이후 하청 노동자들은 그 누구보다 가장 먼저 저평가되었다. 2010년대 중반부터 농촌에 널리 퍼진 국제 결혼 광고 열풍은 거제에도 예외 없이 불어닥쳤다. 하청 직원들이 거제라는 도시에서 어떻게 자리매김하고 있는지 그 단면을 잘 보여주는 하나의 사례라 할 수 있다.

게다가 임금 격차는 본인뿐 아니라 노동자 가족들 사이

의 문화적 격차로까지 이어진다. 평균적으로 7,000만 원~1억 원의 연봉을 수령하며 1년에 한 번 꼴로 해외여행을 나가는 직영 '정상가족'과, 1년에 5,000만 원 이하의 연봉을 수령하면서 비교적 '빠듯하게' 생활하는 하청 노동자 가족의 너무도 다른 문화 감각은 자녀들 사이에서 은근한 소외감이나 위화감을 조성한다. 모든 노동자들이 함께 고생하면서 하나의 공동체를 만들어나가던 시기(2000년대 이전)의 면모들이 현실에서 묘하게 틀어지고 있는 것이다.

한편 해양플랜트 등으로 조선소의 물량이 증가하면서 외주 비율이 절정에 달한 2014~2015년, 물량팀이라는 이름의 '뜨내기'가 거제에 유입됐다. 이들 중 다수는 타지에 가족을 둔 채 거제에서 일하고 있었다. 사업 실패 혹은 금전적 이유로 곤란에 빠진 사람들은 조선소 '대기업' 현장에서 일하면 목돈을 만질 수 있다는 인력 시장 부근의 광고에 이끌렸다. 애초에 거제 자체가 전국에서 돈 없고 학벌 없는 사람들이 모여 성실함 하나로 조선산업을 일궈낸 결과 탄생한 도시라는 것을 감안하면 '조선소 드림'은 여전히 남아 있다고 할 수 있다. 이들은 낮에는 위험천만한 현장에서 푸대접을 받고, 퇴근해서는 편의점 도시락을 사다가 소주를 마시며 합숙소에서 잠을 청했다. 하지만 예전처럼 다음 기회는 잘 보이지 않는다.

무너지는 '중공업 가족 프로젝트'

안정적으로 고임금을 수령하는 정규직들이 주를 이루는 중공업 가족에 진입하지 못하는 사람들은 많다. 하지만 스스로 그런 가족에 편입되기를 원치 않는 사람들도 존재한다. 수도권 대학 출신 엔지니어들과 사무직들이 바로 그렇다. (생산직) 하청 노동자들과 더불어 수도권 출신 엔지니어들은 거제에서 '뜨내기'였다. 이들은 중공업 가족에 편입되어야 한다는 호출을 무시하고, '스스로' '노마드'의 길을 '선택해' 삶을 꾸려갔다. 회사는 하청 노동자들과 달리 그들을 회사의 '중추 인력'으로 간주했고, 조선업체 사무직 시니어들은 사무직 주니어들에게 애인이나 배우자를 거제에 정착시키라고 조언했다. 중공업 가족이 30년간 누려온 부와 성공에서 우러나온 조언이었다. 하지만 그들은 거제도에서 살 마음이 없었다. 2000년대 초반까지만 해도 배우자와 가족을 데려와 거제에 정착하는 경우가 많았지만, 2010년대에 접어들면서는 '주말 부부'를 선택하는 사람들이 급격히 증가했다.

주말 서울행 셔틀버스의 증편이 이 사실을 뒷받침한다. 2010년 당시 대우조선이 운행하는 서울행 주말 셔틀버스는 3~4대에 그쳤지만, 나중에는 10대 정도로 증가했다. 셔틀버스를 타는 사람들도 40대 이상 '기러기 아빠'에서 20~30대 '주말 부부' 또는 '주말 커플'로 바뀌었다. 서울뿐 아니라 부산, 대전, 대구행 셔틀버스도 급속히 늘었다. 회사는 차량 제공이라는 복지를 통해 외지에 거주하는 직원들을 붙들어두고자 했지만 이들의 마음을 온전히 얻을 수는 없었다. 젊은 공채 출신 사무직 여성들도 셔틀버스에 올라탔다. 여성들의 정규직 일자리 자체가 절대적으로 부족한 상황이었기에 회사를 그만두는 결정까지는 하지 않았지만, 그렇다고 거제도 생활을 선호하는 것은 결코 아니었다. '맞벌이'가 상식으로 자리 잡은 수도권에서 자라, 항상 수도권에서 살아갈 것이라고 생각해온 이들이다. 이들은 사내 공모를 통해 서울 근무를 하고자 했다. 단지 조선산업에 매력을 느꼈을 뿐, 산업도시 거제에 매력을 느낀 것은 아니었다.

안정된 고용, 높은 임금이 보장된 생활은 흔히 좋은 직장의 대표 조건으로 꼽힌다. 그러나 바로 여기에서 우리는 '살고 싶은 지역'에 대한 질문을 놓치게 된다. 통상 이주해 온 부부가 뿌리내리고 살 수 있는 조건에는 여러 가지가 있다. 그중 가장 전통적인 것은 '학군'이다. 강남의 집값이 높은 것도 바로 이것 때문이다. 대우초등학교, 거제중학교, 거제고등학교, 해성고등학교와 같은 대우조선 직원들의 자녀들이 다니는 학교의 진학률은 큰 문제가 없다. 진학 지역을 조금 더 넓게 잡으면 지역의 외국어고등학교, 과학고등학교 등도 고려할 수 있다. 거제에 뿌리내린 중공업 가족에게는 자녀의 대학 진학이 그리 중대한 문제도 아니었다. 아들들에게는 생산직, 전문대 공채, 사무기술직 공채라는 선택지들이 있고, 딸들에게도 사무보조직이나 사무기술직 공채라는 선택지가 있기 때문이다. 나름대로 괜찮은 이런 선택지는 사람들로 하여금 거제를 그런대로 '살 만한 곳'으로 생각하게끔 했다. 적어도 2000년대까지는 말이다. 이것들은 조선산업이 흔들리기 시작하면 삽시간에 사라질 수 있는 선택지에 지나지 않는다.

중공업 가족 중심의 사고방식은 결혼하지 않은 청년들이 살고 싶어 하는 환경을 완전히 간과하고 있다. 청년들은 학부모들과 원하는 바가 전혀 다르다. 옥포-아주-장승포로 이어지는 대우조선 사람들이 주로 사는 지역과, 고현-장평-중곡으로 이어지는 삼성중공업 사람들이 주로 사는 지역을 이야기할 때 가장 먼저 떠오르는 것은 주택가와 식당, 유흥 시설이다. 일터를 중심으로 식당과 술집이 모여 있고, 거기서 조금 떨어진 곳에 주택가가 있다. 조선소 가까이에는 '합숙소'로 쓰이는 빌라들도 보인다. 일하고 먹고 마시는 것 외에 다른 것들은 찾아보기 힘들다. 물론 25만 인구가 소비할 만한 공간도 있다. 고현에는 디큐브백화점과 홈플러스가, 옥포에는 롯데마트가 있다. 상업지구 근처에는 전국 어디에서나 볼 수 있는 등산복을 필두로 하는 중저가 브랜드 의류 매장, 로드샵 화장품 매장 등도 들어서 있다. '노르웨이 마을'로 불리는 외국인들의 집단 주거 구역은 물론 다도해 해상공원을 중심으로 아름다운 관광지가 펼쳐져 있다. 대부분 소비 중심적인 공간이다.

1950년대 영국 노동자계급의 생활양식을 다룬 리처

드 호가트의 《교양의 효용》은 노동자들이 가지고 있는 '단순한 삶'을 예찬한다. 한 상 가득 차려진 고기 위주의 식단, 왁자지껄한 주점에서 남자들이 벌이는 대화 같은 것들을 말이다. 주점에서 단출하게 맥주 한 잔씩을 마시며 귀가하던 1950년대의 소박한 노동자 문화에 비하면, 회식과 2차 3차 노래방까지 이어지는 한국의 노동자 문화는 그야말로 대량 소비에 가깝다. 그럼에도 '일하고 먹고 마시고'의 단조로운 패턴만은 변함이 없다. 다양한 연고와 회사의 동료 관계를 통해 노동자들끼리 '형님 동생'을 맺고, 일이 끝나고도 술을 마시거나 주말에 산행, 낚시, 골프 등의 레저를 함께하며 견고하게 구축되는 '남자들의 공동체'가 일터에서 도움을 주고받는 선순환으로 이어진다.

하지만 개인주의자로 자란 젊은 세대의 청년들은 그런 문화가 낯설기만 하다. 언젠가 "거리에 나가면 다 우리 식구들인데 얼마나 좋냐?"는 이야기를 들은 적이 있다. 사람들을 피해 숨을 데 하나 없이, 하루를 온전히 회사 사람들과 보내는 것도 모자라 퇴근 후 늦은 밤까지 함께 있어야 하는 문화. 퇴근하고 혼자 커피 한잔을 하며 책을 읽거나 노트북으로 이런저런 공부를 하는 '샐러던트'[23]의 자리는 없고, 회사 상사에

---

23   saladent. '공부하는 직장인'이라는 뜻을 가진 신조어. 직장인을 의미하는 'salary-man'과 학생을 의미하는 'student'의 합성어.

게서 벗어나 다른 직장을 다니는 친구들과 편하게 '뒷담화'를 할 수 있는 소박한 술자리도 갖기 어렵다. 서울에서 어렵지 않게 누릴 수 있었던 익명성이 사라진 상황에서 답답함을 느끼는 것은 어쩌면 자연스럽다. 본인의 의지로 그런 '단순한 삶'을 받아들인다고 해도, 그런 삶에 함께 동참할 사람, 즉 중공업 가족의 반려자가 될 상대를 찾기 어렵다는 또 다른 난관이 기다리고 있다.

조선산업에서 구조조정이 본격적으로 시작된 때는 2015년 이후이다. 이때 가장 먼저 이탈한 사람들은 구조조정이 목표물로 삼은 근속 20년 이상의 사무직 시니어들이 아니라, 근속 10년 이내의 대리·과장 이하 직급의 사무직 주니어 층이었다. 특히 수도권(정확히는 '인-서울') 대학을 나온, 그중에서도 수도권 출신의 직원들은 기회가 날 때마다 회사를 그만뒀다. 임금이 삭감되고 고용 안정성이 무너지는 상황에서 이들은 발 빠르게 '이직'과 '전직'을 선택했다. 조선산업에 대한 특별한 애착이 있거나, 조선공학과 같은 업종 특화 전공이 아닌 경우 수도권 회사로 이직을 하는 경우가 훨씬 더 잦았다. 조선산업의 전망이 밝지 않은 상황에서 군이 '지방 근무'를 할 필요가 없다고 판단한 것이다.

수도권 대학 출신의 젊은 직원들이 이탈하자, 사무직 시니어 계층 외에도 동년배 동남권 소재 대학을 나온 '젊은 토박이'들의 마음도 심난해졌다. 2대가 함께 회사를 다니거나,

동남권에서 살면서 '좋은 직장'을 꿈꾸며 입사한 직원들에게 함께 일했던 동료의 이탈은 허탈감을 안겨줬다. 또한 토박이들은 회사의 사정이 나빠지자 갑자기 제삼자의 눈으로 '회사 비난'을 하는 동료를 참기 힘들었다. 동남권 출신 직원들은 보통 회사와 자신을 쉽게 동일시하기 때문이다. 애초에 가족과 가족으로 서로 연결되어 있다고 믿었던 이들이었지만, 서로 같은 감정을 공유하는 것은 실제로 거의 불가능하다는 사실이 드러나는 순간이었다. 산업도시 기업들이 추구해온 '기업 문화 활동'의 최종 목표였던 중공업 가족 프로젝트는 이렇게 젊은 직원들 간의 감정적 간극 앞에서 여지없이 무너졌다. 유능한 동료가 이탈하고 난 후 '젊은 토박이'들은 '지방 회사'에 다닌다는 '열등감'에 휩싸였다.

'중공업 가족 프로젝트'는 애초에 배제와 포섭을 전제로 한 프로젝트였다. 이 프로젝트는 거제로 이주한 정규직(사무직/생산직)들이 회사 공동체의 이름으로 가족을 형성함으로써 타향살이의 외로움을 극복하고, 결혼과 출산을 통해 직계 가족을 구성하면서 절정에 이르렀다. 하지만 중공업 가족은 하청 노동자들을 배제했고, 여성들과 딸들의 공간을 결혼 생활의 영역에 한정 지었다. 무엇보다도 중공업 가족은 그들과 전혀 다른 세계관을 가진 젊은 세대들에게 그 약점을 남김없이 드러냈다. 젊은 세대는 셔틀버스로 출퇴근을 하는 쪽을 택함으로써 중공업 가족이라는 틀을 거부하고, 경기에 따라 이직을 선호하는 등 확실히 다름을 표방했다. 딸들은 거제를 떠나 돌아오지 않음으로써 아빠들의 믿음을 저버렸다. 노동자들의 '단순한 삶'은 나름대로 예찬받을 만한 가치가 있는 것이었으나, 가족 안에 머무르기를 꺼리는 이들에게 그것은 한낱 보수적인 삶의 형태에 지나지 않았다. 그렇게 중공업 가족은 빈축을 샀다. 조선산업의 경기가 위축되면서 중공업 가족 내부의 모순과 긴장들이 본격적으로 터져 나오기 시작한 것이다.

2부

오래된 습관, 복잡해진 세계

1. 중공업 엔지니어의 배움과 성장

이번 장에서는 조선 엔지니어의 이야기를 다루려고 한다.[1] 한국 조선산업이 이 정도로 자리매김하기까지 이들이 한 기여는 상당하다. 한편에 제대로 된 안전 장구조차 없던 시절부터 고군분투하던 노동자들이 있었다면, 다른 한편에는 도면 하나 없이 시작해 한국만의 표준 선형[2]을 만들어낸 엔지니어들이 있었다.

작업장 엔지니어의 청춘: 공고 출신 엔지니어들의 분투

조금 연배가 있는 독자라면, '기능올림픽'이라는 것을 어렵지 않게 기억할 것이다. 기능올림픽은 공업고등학교(이하 공고)나 전문대학의 재학생 혹은 갓 졸업한 노동자들이 경합하는 대회이다. 올림픽 종목은 미장, 목공 같은 전통적인 기능

---

1   조선 엔지니어는 설계원과 생산관리원을 지칭한다.
2   선박의 기능, 형태, 구역별 특징 등을 정의하는 기본 설계 도면을 의미한다.

분야부터 기계 설계, 정보 기술, 로보틱스 등 최신예의 기술을 다루는 분야까지 넓게 형성되어 있다. 한국은 1966년 15회 대회부터 참가하기 시작했고, 1977년 23회 대회부터 가장 최근 대회인 2017년 44회 대회까지 모두 19회 우승했다. 이 정도면 우승을 거의 독차지한 것과 다름없다. 신문 기사들은 기능올림픽에서 금메달을 딴 이들의 이야기를 종종 조명하곤 했는데, 가난에서 벗어나기 위해 기술을 연마한 우승자들의 노력이 언제나 단골 소재였다.

조선산업은 1972년 현대중공업 설립, 1973년 대우조선(당시 대한조선공사 옥포조선소) 설립, 1974년 삼성중공업 설립으로 시작되었다. 이때 조선산업의 설계를 담당했던 세대와 기능올림픽의 황금기를 누린 세대는 일치한다. 1960년대 이후 공고와 전문대학을 졸업해 조선소에 입사한 젊은 엔지니어들이 바로 그들이다. 이들은 조선 강국 한국을 만든 주역들 중 하나였다.

이 장에서 나는 '작업장 엔지니어'라는 개념을 제시해보려고 한다. 이들은 학교에서 기초 기술 정도를 익히고 회사에 들어왔지만, 대부분의 공학 기술을 학교가 아닌 '현장'에서 습득한 사람들이다. 이들의 맞은편에는 '랩실 엔지니어'라고 할 수 있을 사람들이 있다. 대학교 랩실에서 공학 기술을 익히고 입사해 주로 엔지니어링 센터(설계동)에서 근무하는 이들을 말한다.

1부에서 언급했듯, 1970년대 박정희 정부의 중화학공업 육성 방침에 힘입어 조선산업 외에도 기계공업, 자동차공업 단지들이 '부울경'(부산, 울산, 경남) 지역에 들어섰다. 박정희 정권 초기였던 1960년대의 산업 정책은 경공업 활성화를 통해 자립 경제를 수립하는 것을 방향으로 삼았다. 이른바 수입 대체 산업화로, 삼성이 초창기에 영위했던 비료, 섬유 등의 산업이 당시 주력 산업이었다. 국내 수요를 수입이 아닌 국산품 제조를 통해 맞추면서 산업을 발전시키는 방식이다. 하지만 IMF나 IBRD(국제부흥개발은행) 등을 통해 자금을 원조받다가 상업 '차관'을 받아야 하는 상황을 맞게 되면서 외화 자금으로 원리금을 상환해야 하는 문제가 발생했다. 또한 경공업은 해외에서 자재를 수입해야만 했기 때문에 외화 유출이 많았다. 국민국가의 재정 측면에서도 외환보유고를 늘리기 위해 좀 더 적극적으로 수출을 해야만 하는 상황이 되었다. 게다가 닉슨 독트린 등으로 인해 더 이상 미국의 지원을 받는 것도 어려워져 새로운 길을 개척해야 했다. 그 돌파구로 마련한 것이 바로 1973년의 중화학공업화 선언이었다.[3] 정부는 철강·비철금속·기계·조선·전자·화학 산업 등 총 6개 산업을 통해 중화학공업 중심의 수출 주도형 경제를 수립해 수출액 연간 100억

---

3 중화학공업화에 대한 역사적 맥락은 박기주 외,《한국 중화학공업화와 사회의 변화》, 대한민국역사박물관, 2014를 참조하라.

달러 달성을 목표하겠다고 선언했다.

다양한 산업에 막대한 투자가 이어지자, 다수의 기업들이 기능 인력 확보에 사활을 걸고 나섰다. 공고생들에게는 대기업 취업의 문이 열린 셈이었다. 특히 막대한 노동력이 필요한 조선산업이 많은 기능 인력과 기술 인력을 필요로 했다.

과학기술처는 중공업 분야에서 1981년까지 3만 5,000명가량이, 1991년까지 예측하면 35만 명가량이 부족할 것으로 보았다. 생산직 노동자들에게 최소한의 기술을 가르칠 학교 자체가 부족한 상황에서, 정부는 조선업을 비롯한 중공업에 진출한 기업들에게 직업훈련소를 만들어 인력을 자체 충원할 것을 권고했다(사실상 의무였다). 권고안이 처음 발표되었을 때의 기준으로는 고등학교 이상의 학력을 갖춰야만 직업훈련소에 들어갈 수 있었지만, 1980년대까지는 인력난이 심해 중졸과 초졸(당시 국졸) 이하가 절반을 넘는 경우도 부지기수였다. 언젠가 현장에서 만났던 노동자들은 도면과 작업 지시서를 읽기 위해 한글을 배웠다는 말을 내게 한 적이 있었는데, 그런 일이 실제로 드물지 않았던 것이다.

직업훈련소를 통해 기능직, 즉 생산직 문제를 해결했으나, 인력난 자체가 해결된 것은 아니었다. 대한조선공사(현 한진중공업)를 제외한 신진 대형 조선소들은 '설계'의 측면에서 또 다른 인력 문제와 맞닥뜨려야 했다. 처음 대형 선박을 건조하기 시작한 현대중공업의 다음과 같은 에피소드는 조선업에서 설계가 얼마나 중요한지를 시사한다.

아이구 정주영 회장 말이 그래요. 우리는 설계 도면은 이 땅에서 안 되니까 다 수입해오고, 선주들이 좋아하니까. 그러면 말만 설계부지. 그 수입해온 도면을 복사하는 사람들에게 복사시켜서 이렇게 편찬해서 생산 공장에 내려주면 되니까 설계실에는 사람 다섯 명만 있으면 된다.(웃음) 정주영 회장이 처음에는 그러다가 역시 해보니까 설계하는 사람이 더 있어야 되겠다. 그래서 이제 그러면 조선공학 전공한 사람들은 다 설계로 모아라. 그래서 동경에 있다가 다시 호출을 받아서 울산에 가서 설계라는 것을 하게 되었습니다.

— 현대중공업 기술자 P씨 인터뷰(2006년 9월 22일)[4]

1960~1970년대 당시 건설업에서는 해외의 도면을 가져다가 그대로 시공한 경우가 많았다. 위의 에피소드는 당시 국내 최고 건설사였던 현대건설을 이끈 정주영이 시공 노하우를 그대로 활용해 배를 지으면 되는 줄 알았다가, 실제로 조선업의 공정이 만만치 않음을 느끼고 설계원들을 보강했다는

---

4   배성만, 〈조선산업의 성장과 수출 전문 산업화〉,《한국 중화학공업화와 사회의 변화》, 대한민국역사박물관, 2014에서 재인용.

사실을 전한다. 당시 현대중공업은 기본 설계는 영국의 스콧리스고 조선소에서 가져오고, 생산 프로세스는 덴마크 오덴세 조선소의 엔지니어들을 불러와 배우는 식으로 이루어졌는데, 결국 설계의 중요성을 체감하고 일본 조선소(가와사키)에서 생산 설계 자문을 받고서야 제대로 된 선박을 건조할 수 있었다. 그때가 1973~1974년 무렵이다.

좀 더 명확한 이해를 위해 조선업에서 설계가 어떻게 이루어는지 간략한 설명을 덧붙이자면, 선박 설계는 설계하는 순서에 따라 기본 설계, 상세 설계, 생산 설계로 구분된다. 기능에 따라서는 선체 설계(선각 설계), 의장 설계로 구분된다.

우선 설계 순서에 따른 구분부터 살펴보자. 기본 설계는 배의 목적 및 기능을 정의하고 이에 따른 자재량 등을 산정하는 작업이다. 목적과 기능이 정의되면 배의 가장 추상적인 형상을 추정할 수 있게 된다. 그러면 배 한 척을 짓는 데 필요한 가격도 대략 확인할 수 있다. 기본 설계에서 낸 견적을 토대로 조선 회사들은 선박을 구매할 고객(선주사)과 가격 및 최종 생산까지 단계별로 걸릴 시간과 노동량을 가지고 협상에 들어간다. 기본 설계 단계는 세부적으로 '개념 설계'와 '견적 설계'로 나뉘는데, 그럴 때에는 10명 내외의 '파트' 정도 규모의 조직으로 구분되기도 한다.

상세 설계는 배의 구역을 나누고 통로를 지정하는 작업이다. 이 과정을 거치고 나면 배의 형체를 자세하게 확인할 수 있다. 생산 설계는 상세 설계를 통해 나오게 된 도면을 현장의 노동자가 작업할 수 있도록 좀 더 세밀하게 만드는 과정이라고 할 수 있다.[5]

기능에 따라 구분해보면, 크게 선체 설계와 의장 설계가 있다. 선체 설계는 쉽게 말해 배의 껍데기를 설계하는 작업이다. 의장 설계에서는 선체 내부에 들어가는 엔진, 항법 장치 등 의장품을 설계한다.

1970년대 이후 한국 조선소는 주로 선박을 수주해서 건조했다. 1980년대 초반에 대우조선이 해양플랜트의 일종인 반잠수식 리그선을 건조한 적이 있었지만, 이는 굉장히 드문 일이었고 대부분의 조선소들은 선박을 건조했다. 이때 현장 작업자가 주요 장비(메인엔진, 발전기, 보일러 등)를 배관으로 연결(체결 및 용접)하고, 도장을 하기 위해서는 생산 설계 도면이 필요했다.

이 질문에 대한 해답은 1940~1950년대생 '작업장 엔지니어들'에게서 찾을 수 있다. 다수의 제조업이 그렇듯 한국의 초창기 제조업은 설계와 생산기술을 독일이나 미국, 일본

---

5   1960년대까지 영국과 북유럽의 설계는 기본-상세 설계의 도면 정도만 설계팀에서 나오고, 실제 생산은 숙련된 노동자들에게 의존하는 방식이었다. 반면 일본에서 시작된 생산 설계는 앞서 언급한 대로 노동자의 숙련도에 의존할 필요 없이 세밀한 표준 도면에 따라 작업할 수 있도록 한 것으로, 한국의 조선업은 일본의 이러한 방식을 도입함으로써 생산성의 일대 혁신을 꾀할 수 있었다. 다른 한편으로 이는 노동자에 대한 관리가 훨씬 더 촘촘해졌음을 의미한다. 이와 관련해서는 3부를 참조하라.

등지에서 '기술 연수'를 통해 익혀오거나 재일교포를 회사의
기술 자문으로 영입해오는 방식으로 해결했다. 조선산업도
마찬가지였다. 노동자들을 기술 연수를 보내 해외의 기술자
에게 어깨너머로 배워오게 하는 것이 그들의 기술 습득법이
었다.

서두에 언급했던 기능올림픽 이야기로 잠시 돌아가보
자. 한국의 엔지니어들이 기능올림픽에서 계속 선두를 달렸
다는 사실은 과연 무엇을 의미할까? 삭업상 엔지니어들의 말
에 따르면, 그 이유는 '눈썰미'가 남달라서란다. 영국이나 일
본으로 산업 시찰을 갔을 때, 그쪽에서 모든 공정을 다 보여주
기는 했지만 도면이나 문서 자체를 그대로 내주는 경우는 드
물었다. 그로 인한 어려움을 극복한 원동력으로 엔지니어들
이 꼽는 것이 바로 그들 특유의 '눈썰미'이다. 당일 일정이 끝
나고 숙소에 들어가면 직원들 모두가 모여 내용을 복기하고
넓은 종이에 핵심적인 것들을 기록했다고 한다. 3일이 지나면
3일치의 기술이 정리되는 셈이다. 귀국해서 그렇게 기록한 내
용을 응용해 도면에 반영하는 식이었다. 물론 이러한 '주먹구
구식' 도면이 모든 것을 해결해주지는 못했다. 그럼에도 그들
은 야근과 철야를 무릅쓰고 수많은 오작을 만들어내며 '시도
와 실패trial and error'를 반복한 끝에 결국 선박을 설계해냈다.

한국의 조선소 엔지니어들은 처음에는 생산 설계 도면
정도를 커버할 수 있는 수준이었다면, 1980년대를 지나면서

는 유럽이나 일본에서 사와야 했던 상세 설계 도면을 직접 그리고, 나아가 한국만의 '표준 선형'을 담은 선박 기본 설계를 만들어내는 수준으로까지 성장하게 된다. 1990년대가 되자 일본에서는 대부분의 조선공학과 입학 정원이 미달되기 시작한다. 대학생들이 도시와 먼 조선소에서 근무하기를 꺼렸기 때문이다.[6] 이때 일본은 설계를 최소화하는 선택을 했다. 선주가 원하는 배를 짓는 것이 아니라, 자신들이 만들어놓은 표준 선형 설계를 활용하고 자동화를 통해 빠르게 선박을 건조하는 방식이었다. 같은 시기, 한국에서는 작업장 엔지니어들의 전성기가 꽃을 피웠다. 그들은 공학 전문가라기보다는 특정한 분야의 '기능'만을 배운 이들이었지만, 기능올림픽 선두를 달린 끈기와 집념으로 선박 설계를 통합해서 수행할 수 있는 능력을 발휘해냈다. 그리고 그 능력으로 세계 최고의 자리에 서게 되었다. 작업장 엔지니어들의 끝없는 시도와 실패가 조선산업을 청춘으로 이끈 셈이다.

종이배를 짓지 않겠다: 작업장 엔지니어 문화

주니어 엔지니어들이 시니어 엔지니어들에게 이따금 듣게 되는 이야기 중에 다음과 같은 말이 있다. "종이배를 지

---

6   박승엽·이경묵,《한국 조선산업의 성공 요인》, 서울대학교출판부, 2013, 187쪽.

어서는 안 된다." 이 말은 작업장 엔지니어들이 만들어놓은 '현장 중심의 기풍'을 단적으로 드러낸다. 이는 곧 작업장 엔지니어들이 현장 관리자와 현장 노동자들의 눈을 통해 자신의 도면을 바라본다는 이야기와 다름없다. 좀 더 구체적으로 말하자면, 이는 현장과 소통을 자주 한다는 이야기이고, 더 직접적으로 말하면 도면이 어떻게 구현되는지 살펴보기 위해 야드에 자주 나간다는 말이다. 현장 사람들과 그만큼 '끈끈한' 관계를 맺고 있다는 뜻이다.

신입사원 연수 때, 한 생산직 반장에게 강의를 들은 적이 있다. 그 강사는 현장이 얼마나 중요한지를 역설하는 에피소드 하나를 들려주었다. 서울에서 공대를 나온 생산관리 신입사원이 하나 있었는데, 말 그대로 'FM'[7]인 사람이었다고 한다. 그는 매일같이 현장에 나가 공정 실적을 점검하고 직장, 반장, 반원들을 심하게 질책하곤 했다. 하지만 아무리 질책을 해도 공정 일정은 맞춰지지 않았다. 하루가 가고 이틀이 지나자 속이 탄 생산관리자는 선배에게 하소연한다. 선배는 이야기를 가만히 듣다가 씩 웃더니 법인카드 한 장을 주며 함께 회식을 하라고 했단다. 그날 그렇게 '흉허물 없이' 대화를 나눈 뒤부터 생산 속도는 무섭게 올라갔고, 결국 기한보다 더 빠른

---

7   본래 군의 야전 교범Field Manual의 약어이지만, 이제는 원리원칙을 고수하는 약간 고리타분한 사람을 가리키는 말이 됐다.

시간에 공정을 마칠 수 있었다고 한다.

이와 유사한 에피소드는 수없이 다양한 버전으로 떠돌아다닌다. 예를 들면 오작이 나서(도면대로 했는데 설치가 안 되거나 문제가 발생하는 경우) 현장에 불려갔을 때 현장 노동자들과 한바탕 싸우는 설계 엔지니어 이야기도 있다. 처음에 설계 엔지니어는 자기가 틀렸을 리 없다고, 계산도 맞고, CAD(Computer Aided Design, 컴퓨터 지원 설계)에서도 (도면이) 정확히 구현됐다고 확신하며 노동자들과 싸우고 돌아갔다고 한다. 그러나 다음 날에도 또 문제가 발생해 불려가고, 그다음 날에도 또 불려가고…… 그래서 설계원은 머리를 썼다고 한다. 음료수 몇 병을 사 들고 가서 사정을 이야기하고, 방법이 없겠냐고 고참 생산직 노동자에게 사정하듯 물은 것이다. 그러자 노동자들은 기다렸다는 듯이 그들이 만들어놓은 해법을 보여주면서 "다 됐다. 얼른 가서 일 봐라"면서 그를 돌려보냈다. 그 이후로 그런 소통의 문제는 잘 발생하지 않았다.

강사가 하고 싶었던 말은 노련한 생산직을 깔보지 말라는 것이었으리라. 하지만 그런 단순한 메시지를 넘어 여기에는 생산직들이 생각하는 가장 이상적인 '설계원'의 모습이 담겨 있다. 그건 바로 현장에 자주 나가 현장 사람들의 애환을 들어주고, 회식 자리도 자주 가지면서 '소통'하려고 애쓰는 엔지니어의 모습이다. 실제로 1990년대에 직능 전환으로 설계 엔지니어가 '사무직'이 되기 전까지, 설계원과 생산직 사이에는 '사무직-생산직' 같은 직군의 분리가 형성되어 있지 않았다. 설계 사무실은 항상 야드에서 가까운 곳에 있었고, 설계원들은 어렵지 않게 현장에 가서 자신들이 만든 도면의 성패를 판단할 수 있었다. 도면을 아무리 잘 설계해도 그것이 실제로 구현되는 과정에서 실패할 수 있다는 인식을 항상 가지고 있었던 것이다.[8]

맥가이버 세대에서 빌 게이츠 세대로

1980년대의 대학 입학자 수는 고등학교를 졸업하는 동년배의 25%가량이었다. 소수인 대학생이 사회에서 '지성인'으로 불리고 한국 사회의 민주화를 이끌던 시절이었다. 조선소에서는 당시에 입사한 대부분의 신입사원들이 높은 학력을 바탕으로 무난하게 부장으로 승진했고, 그들 중 적지 않은 사람들이 임원이 됐다.

1990년대에 이르면 대학생 비율이 동년배의 50%에 달하게 된다. 조선소 현장 사정으로 보면 1990년대는 조선공학을 필두로 기계공학, 전기공학, 전자공학, 산업공학 등을 전공한 엔지니어들이 대거 조선소로 입사하기 시작한 시기,[9] 즉 조선산업이 1위로 도약하며 많은 엔지니어 인력을 필요로 한 시

---

8   다른 한편으로는 노동자들의 작업 수행에 대해 불안감을 가지고 있었을 수도 있다.

기이다. 대학에서 공학을 전공한 신입사원들은 CAD를 배워 입사하는 경우가 많았다. 그리고 전공에 따라 이미 많은 공학적 실험을 연구실(랩실)에서 수행하고 온 경우도 많았다. 석사 이상의 연구직 엔지니어들도 회사에 입사하기 시작했다.[10]

작업장 엔지니어들이 제도 용구를 가지고 도면을 그렸다면, 이 새로운 세대는 컴퓨터로 도면을 그리기 시작했다. 마우스와 키보드 사용에 익숙해지면 3D 화면 구현이 가능하기에 선체 곳곳을 탐색하면서 입체적으로 도면을 그릴 수 있었다. 이런 작업 방식은 '컴맹'으로 살던 작업장 엔지니어들의 방식과는 분명히 다른 것이었다. 엔지니어링의 주도권이 맥가이버 세대에서 빌게이츠의 세대로 넘어가고 있었다.

사실 학교에서 공학을 배우고 온 엔지니어들도 초창기에는 OJT(On-the-Job-Training, 직장 내 실무교육)를 받는 동안 부지런히 현장을 다니며 현장 생산직 노동자들과의 스킨십을 익혔다. 현장을 깔보지 않고, 자신들의 지식을 내세우기보다는 선배들의 말을 따르려 했다. 학교에서 학문으로 배운 엔지니어링을 선배들의 눈썰미와 경험을 덧입혀 구현하고 있

---

9 더불어 1993년에 입사한 어떤 차장의 말을 빌리면, 공대 출신들이 부족해 문과 출신을 설계팀으로 발령한 일도 있었다고 한다. 공학적 지식을 빨리 숙지하는 것보다 선배의 노하우를 잘 이해해 수행하는 것이 더 중요했던 시기였기에 가능한 일이었다.
10 이전에는 학사 졸업 후 입사하는 경우가 많았는데, 회사에서 석사·박사 과정으로 교육 파견을 보내주는 경우가 많았다.

었고, 작업장의 암묵지tacit knowledge를 능가할 만큼 자신들이 랩실에서 배운 지식(이때의 지식은 암묵지와 대비되는 형식지explicit knowledge를 말한다)이 딱히 우월하지도 않았기 때문이다.[11] 학교에서 배운 것을 내세워 토론하는 것이 실제 생산 현장에서 뜻대로 되지 않는다는 것을 이들은 시시각각 느끼곤 했다. 일본이나 독일 같은 선진국의 합리적인 자동화 시스템을 떠올리며 한국 조선산업의 인력·수공업 중심적인 문화를 견디기 힘들어하다가 회사를 등진 경우도 물론 있었다. 하지만 대다수의 엔지니어들은 조선소의 '가족'이 되는 편을 택했다.

작업장의 시니어 엔지니어와 랩실의 주니어 엔지니어가 본격적으로 충돌하기 시작한 시점은 2000년대 초중반쯤이다. 이때를 기점으로 삼는 것은 당시 해양플랜트 시장에 진출하려고 했던 조선 3사가 해양 설계 엔지니어를 대거 채용했기 때문이다. 해양플랜트 시장에 진출하기로 결정한 조선산업계는 매년 수백 명이 넘는 학사 이상의 엔지니어를 채용했다(빅 3 기업 기준). 해양플랜트를 거쳐 심해 산업에 진출하겠다는 목소리도 들려왔다. 이에 따라 2007년부터 2016년까

---

11 암묵지와 형식지는 과학철학자 마이클 폴라니가 고안한 개념이다. 암묵지는 문자로는 표현되지 않지만 경험을 통해 몸과 두뇌에 체화된 기억으로 저장되어 있는 지식을 의미한다. 즉 구전이나 함께 머리를 맞대고 일을 하면서만 전수될 수 있는 지식이다. 그에 반해 형식지는 문서나 데이터로 기록되어 학교 같은 기관이나 책을 통해 익힐 수 있는 객관적이고 이성적인 지식을 의미한다. 관련 내용은 마이클 폴라니,《개인적 지식》, 표재명·김봉미 옮김, 아카넷, 2001을 참조하라.

지 해양 설계의 비중은 지속적으로 증가했다. 〈그림 1〉과 〈표 1〉에서 볼 수 있듯 설계원들의 절대 숫자가 10년 동안 증가했고(2002년 1만 1,037명 → 2015년 2만 3,206명),[12] 그중 해양 설계 비중이 야금야금 늘어나(2007년 14.2% → 2015년 22.8% → 2016년 32.8%) 30%를 넘기기도 했다. 기존 선박 설계 엔지니어들 중 의장 설계를 맡던 이들이 해양플랜트로 담당을 전환한 경우도 있었지만, 대량 인력에 대한 수요는 결국 신규 채용으로 메울 수밖에 없었다. 해양 설계 부문은 점차 젊은 엔지니어들로 채워졌다.

바로 이때부터 설계원들 간의 갈등들이 조금씩 수면 위로 드러나기 시작한다. 어떤 갈등들이었을까? 잠시 예를 들어 1980년대에 태어난 설계 파트원[13] 김 대리가 엔지니어링 센터에 있는 자기 자리에 앉아 있는 모습을 상상해보자. 그는 컴퓨터를 다루기 시작한 10대 시절부터 수많은 컴퓨터 게임을 접해왔으며, 대학 때 배운 것을 활용해 간단한 프로그래밍 정도는 수행할 수 있다. 그는 모든 작업을 되도록 '온라인'으로 처리한다. 동료와는 '카카오톡'이나 사내 메신저를 활용해

---

12 2016년에 기술직 숫자가 줄어든 것은 정규직 원청 기술직에 대한 구조조정 여파 때문이기도 하지만, 동시에 사내하청으로 입주해 있던 생산 설계 하청 엔지니어들의 급격한 감소가 크게 작용했다. 하청 노동자들은 생산뿐만 아니라 설계 엔지니어링 분야에서도 많이 활용됐다.

13 조직 편성 방식에는 회사마다 차이가 있지만 대체로 팀-파트, 혹은 부서-팀-파트 같은 방식으로 편성되어 있다. 파트는 엔지니어 조직의 최소 단위라고 볼 수 있다.

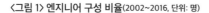

인원(명)

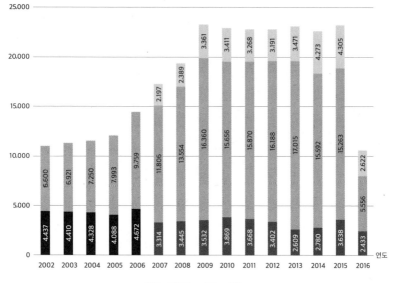

〈그림 1〉 엔지니어 구성 비율(2002~2016, 단위: 명)

■기타 ■비조선 ■조선 ■해양

〈표 1〉 조선업계 인력 현황(기술직)

연도	조선	해양	비조선	기타	해양 비중	합계	총 증감	해양 증감	해양 상대증감
2002	6,600	-	4,437	-		11,037			
2003	6,921	-	4,410	-		11,331	2.7%		
2004	7,250	-	4,328	-		11,578	2.2%		
2005	7,993	-	4,088	-		12,081	4.3%		
2006	9,759	-	4,672	-		14,431	19.5%		
2007	11,806	2,197	-	3,314	14.5%	17,317	20.0%		
2008	13,554	2,389	-	3,445	14.1%	19,388	12.0%	8.7%	73.1%
2009	16,360	3,361	-	3,532	16.9%	23,253	19.9%	40.7%	204.1%
2010	15,656	3,411	-	3,869	17.5%	22,936	-1.4%	1.5%	-109.1%
2011	15,870	3,268	-	3,668	16.7%	22,806	-0.6%	-4.2%	739.7%
2012	16,188	3,191	-	3,402	16.3%	22,781	-0.1%	-2.4%	2,149.4%
2013	17,015	3,471	-	2,609	17.7%	23,095	1.4%	8.8%	636.6%
2014	15,592	4,273	-	2,780	23.3%	22,645	-1.9%	23.1%	-1,185.8%
2015	15,263	4,305	-	3,638	22.8%	23,206	2.5%	0.7%	30.2%
2016	5,556	2,622	-	2,433	32.8%	10,611	-54.3%	-39.1%	72.0%

대화를 나눈다. 설계는? 회사에서 쓰고 있는 T(가칭)라는 툴을 쓴다. T를 쓰면 자신이 설계하는 구역을 3D로 돌려가며 살펴볼 수 있고, 거기에서 필요하다고 입력한 자재는 그대로 SAP나 오라클ORACLE사가 만든 ERP(Enterprise Resource Planning, 전사자원관리시스템)[14]에 실시간으로 구매 요청을 할 수 있다. 생산직들이 보내는 요청 사항도 '통지'라는 문서 형태로 나타난다. 즉 자리에 앉아서 대부분의 업무를 수행할 수 있다. 이따금 시간이 나면 풀리지 않는 문제를 해결하기 위해 '구글링'으로 논문을 찾아보거나 선급이나 선주사의 사양이나 규정[15]도 찾아서 읽어본다.

하지만 자신이 만든 도면에 대한 검토를 상사에게 결재 올릴 때부터 '온라인'은 '오프라인'으로 바뀐다. 클라우드

---

14 회사 전체(전사)의 자원을 처리하는 시스템을 말한다. 예컨대 생산과 관련된 자재가 창고에 입고되었을 때, 이것을 운송해달라는 요청을 이 시스템을 통해 넣을 수 있다. 아주 사소한 차원의 각 부서에서 구매하는 다과류에 대한 예산 계획, 편성 등도 모두 ERP를 통해 수행된다. ERP는 기업뿐 아니라 주요 대학교나 관공서에도 설치되어 있다.

15 선급 규정은 재료나 용접, 선체 구조, 선체 의장, 기관 장치, 전기 설비 및 제어 시스템, 선박의 용도, 방화 및 소화, 추가 설비, 화물선의 공통 규칙 등 선박과 관련해 전 세계에서 통용되는 모든 규칙을 각 나라의 선급 회사에서 정해놓은 것을 의미한다. 선박 운행과 마찬가지로 선박 건조에서도 이러한 사항들을 빠짐없이 지켜야 한다. 선박 건조 중에는 선급 회사에서 나온 요원들이 각 항목을 체크해 판정을 내린다. 결격 사유가 있으면 공정을 다시 작업하거나 설계를 변경해야 한다. 특히 해양 구조물의 경우 선박에 비해 규칙이 더 복잡하고 엄격하기 때문에 2010년대 초반 다수의 엔지니어들이 스터디 모임을 만들어 각 선급 회사(영국 로이드, 한국 KR선급 등)의 규칙을 공부하곤 했다. 이와 관련된 내용은 한국 선급 홈페이지 (http://www.krs.co.kr/)에서 확인할 수 있다.

컴퓨팅을 통해 모두가 실시간으로 함께 도면을 그리고 있어서 상사에게 실시간 코치를 받을 수 있지만, 김 대리는 자신이 만든 구역의 도면을 출력한다. 파트장이나 팀장은 빨간 펜을 들고 와 그의 도면에 이런저런 코멘트를 한다. 그는 여기저기 빨간 펜으로 표시된 도면을 확인하면서 그 내용을 온라인으로 입력한다.

　이렇게 온라인과 오프라인이 오가는 이유는 선배에게서 "현장에서 현물을 보고 현상을 파악해야 한다"는 규범을 듣고 성장한 작업장 엔지니어들이 후배들의 이런 사무실·온라인 위주의 업무 스타일을 불편해하기 때문이다. 주로 컴퓨터로 작업을 한다고 하더라도, 보고와 결재는 '면 대 면'으로 해야 한다는 규범은 여전하다. 20년 가까이 근무해오면서 굳어진 습관 때문이다. 깃^{GIT}[16] 등을 통해 서로 업무에 대해 실시간으로 코멘트하고 문제들을 해결해가는 이른바 해커들의 최첨단 방식과는 꽤나 거리가 있다. 이런 순간을 생각해볼 수 있을 것이다. 보고할 사항에 대해 전자 결재를 올린 후, 그 결재 내용과 그것을 정리한 파워포인트 보고서를 함께 출력해 파

16　"프로그램 등의 소스 코드 관리를 위한 분산 버전 관리 시스템이다. 기하학적 불변 이론을 바탕으로 설계됐고, 빠른 수행 속도에 중점을 두고 있는 것이 특징이다. 최초에는 리누스 토르발스가 리눅스 커널 개발에 이용하려고 개발하였으며, 현재는 다른 곳에도 널리 사용되고 있다. 깃의 작업 폴더는 모두, 전체 기록과 각 기록을 추적할 수 있는 정보를 포함하고 있으며, 완전한 형태의 저장소이다. 네트워크에 접근하거나 중앙 서버에 의존하지 않는다.", 위키백과 항목 참조.

트장에게 들고 가는 젊은 엔지니어의 모습. 수많은 엔지니어들이 이 '페이퍼워크'를 줄여달라고 요구하고 있다. '페이퍼워크'를 줄여달라는 것은 '본업' 외의 다른 것들을 하지 않겠다는 의사 표시인 동시에, 보고 방식을 전산화해달라는 요구이기도 하다.

　젊은 엔지니어들의 이런 문화는 생산직들과의 감정적인 마찰로도 이어진다. 엔지니어링 센터, 즉 설계원들이 근무하는 건물은 야드 바깥에 있는 경우가 많다. 근무동이 야드 안에 있지 않기 때문에 회사 '바깥'으로의 출입도 자유로운 편이다. 또한 엔지니어링 센터에는 카페가 있다. 엔지니어들은 여기에서 테이크아웃 커피를 주문해 사무실로 가져와 마시기도 하고, 아예 카페에서 부서별 혹은 파트별로 티타임을 갖기도 한다. 이를 두고 노동조합 등에 '형평성' 문제를 제기한 생산직들이 있었다. 자신들은 2시간 노동하고 10~15분 쉬고 다시 2시간을 노동하는데, 저들은 아무렇지도 않게 돌아다니면서 근무 기강을 흐트러뜨린다는 것이다. 각기 추구하는 노동 윤리와 문화가 달라 발생하는 일이다. 회사는 이런 갈등을 수습하기 위해 별별 시도를 다 해보다가 결국 몇 시부터 몇 시까지를 '집중 근무시간'으로 정해 엔지니어들에게 자리를 뜨지 말 것을 권고하기에 이른다. 다소 냉소적인 젊은 엔지니어들은 그래서 모든 설계원들은 생산직의 눈에 띄지 않는 곳에서 근무해야 한다고 이야기하기도 한다. 생산직들과 선배 엔지니어들이 비슷한 눈으로 젊은 엔지니어들을 바라보고 있는 것이다.

하지만 일하는 방식에서의 견해차가 단순히 엔지니어들 간의 '감정' 문제 때문에 발생하는 것은 아니다. 더 근본적인 수준에서, 설계 도면이 있어야만 기계 장치와 다양한 의장품의 구매와 조달이 진행될 수 있고, 생산이 전적으로 설계에 의존할 수밖에 없는 상황인 탓이 크다. 특히 해양플랜트 작업이 본격화되면서부터 설계 엔지니어들의 악전고투가 시작된다.

해양플랜트의 벽: 무너지기 시작한 엔지니어들

대졸 엔지니어를 수백 명씩 뽑던 2000년대 중반부터 후반까지는 소위 낙관론의 시대였다. 배를 잘 지었으니 플랜트도 잘할 것이라는 기대가 있었다. 하지만 작업장 사람들과 소통하는 것이 설계의 중요한 과정이었던 선박과 해양플랜트의 상황은 판이하게 달랐다. 선배들이 선박에서 길어 올린 경험은 해양플랜트에는 좀처럼 먹히지 않았다.

선박은 보통 한 척이 아닌 열 척 가까이를 한꺼번에 수주한다. 첫 번째 배를 설계하고 이에 맞춰 선박을 건조한다. 첫 번째 배에서 발생했던 설계 문제를 해결해 다음 배에 반영하면 뒤의 공정에서는 특별히 할 일이 없다. 선박이 맞춤형 제품의 특성과 양산형 제품의 특성을 동시에 갖는다는 것을 알

수 있는 부분이다. 시행착오를 잘 극복하기만 하면 다음 배부
터는 손쉽게 건조 작업에 들어갈 수 있고, 남는 일은 야드를
효율적으로 재편해 자재 등의 물류를 최적화하는 일 정도가
된다. 생산 노동자 입장에서도 똑같은 공정을 반복하는 일이
기 때문에 더 높은 효율과 품질로 공정을 마칠 수 있게 된다.

해양플랜트는 그런 '시행착오' 자체를 순수하게 '비용'
으로 만들어버린다. 바다에 잘 떠서 연비를 잘 내고 풍랑을 헤
치는 일반적인 기능을 갖고 있는 선박의 경우, 해운사에서 열
척씩 한꺼번에 발주 내는 것이 얼마든지 가능하다. 하지만 해
양플랜트의 기능은 선박의 일반적인 기능과는 거리가 멀다.
플랜트가 놓이게 될 바다의 상황에 맞는 딱 한 기만이 요구된
다. 모든 해양플랜트들은 서로 공통점이 거의 없다. 북해에 놓
이는 원유 시추 설비와 멕시코만에 놓이는 원유 정제 설비 간
에는 해양플랜트라는 이름 말고는 특별한 공통점이 없다.

그렇다면 매번 달라지는 상황에 대응할 수 있는 방법
은 무엇일까? 두 가지 정도를 생각해볼 수 있다. 우선 정말 많
은 경험(100회 이상)을 누적하고 그것들을 기록으로 남겨, 다양
한 상황들에 대응할 수 있도록 하는 방법이다. 또 다른 방법은
공학적인 시뮬레이션을 통해 문제 소지를 사전에 파악해 손
실을 최소화하는 것이다. 첫 번째 방법을 적용하기에 한국 조
선 3사의 해양플랜트 경험은 일천했다. '맨 땅에 헤딩'할 수밖
에 없는 조건이었다. 마찬가지로 두 번째 방법도 쓰기 어려웠

다. 작업장 엔지니어와 랩실 엔지니어의 생각과 작업 방식이 달랐기 때문에 문제를 극복하는 게 쉽지 않았다.

　해양플랜트의 수주는 계속 늘어났지만, 해양플랜트 설계를 맡은 엔지니어들은 본래 선박을 설계하던 엔지니어들이었다. 세대상 1980년대에 입사한 공고 출신의 작업장 엔지니어들이 부장급 관리직을 맡고, 1990년대에 입사한 공대 출신이 각각의 플랜트 프로젝트를 '키퍼슨keyperson'으로서 끌고 가던 시기였다. 2000년대에 해양플랜트의 미래와 심해저 플랜트 사업의 꿈을 안고 입사한 공대 출신들은 막 일을 배우면서 작업을 수행하고 있었다.

　2000년대 중반 이후 조선산업이 외친 구호 중 하나는 "선각 중심에서 의장 중심으로"였다. 선박을 설계하고 실제 건조할 때 고려되어야 하는 것은 '배'라는 외형적인 특징이다. 일단 잘 떠야 하고, 충격을 받아 배가 쪼개지는 일을 방지하는 것이 중요하다. 나무로 배를 짓던 시절이나, 리벳으로 쇠를 엮어 짓던 시절이나, 강판을 용접하는 지금이나 공통적인 것은 '배'는 '배'라는 점이다. 배의 껍데기, 즉 선각을 중시했던 것은 배의 틀을 잘 잡아야만 배가 물에 뜨고 나아갈 수 있다는 기본적인 생각 때문이었다. 기본 설계를 할 때도 배를 '미끈하게' 잘 만들면 나머지 일은 부차적인 것에 가까웠다. 또한 선박은 대체로 '운송 수단'으로 쓰이기 때문에 선체 내부는 많은 공간을 창고로 활용해야 한다. 배를 운항하기 위한 항법 장비를 제외하면 복잡한 전자 설비랄 것은 별로 없다. LNG선이 가스를 액화하는 장비를 갖추고 군함이 무장을 탑재하기는 하지만, 어쨌거나 배를 지을 때는 모양을 잘 잡고 속을 잘 비워두는 것이 중요하다. 1990년대부터 한국이 조선산업을 제패할 수 있었던 것도 선각 위주의 '표준 선형'(선박 기본 설계)을 잘 만들었기 때문이다.[17]

그런데 해양플랜트는 그 구조부터 다르다. 선각보다 의장의 비중이 막대하게 크다. 애초 해양플랜트는 물에 잘 떠서 움직이는 것이 아니라, 어떤 특정한 장소에 설치해 원유 시추나 정제를 잘하는 게 중요하다.[18] 따라서 플랜트를 통해 원유나 가스를 시추할 수 있게 하는 '장비'가 중요하다. 내부를 텅텅 비우던 선박과 달리 해양플랜트의 내부는 장비와 전선과 배관으로 가득하다. 다른 말로 하면 '복잡도'가 현저하게 높아진 것이다. 예전처럼 틀을 잘 잡고 속을 '비우는' 데서 끝나는 게 아니라, 내부를 빼곡하면서도 어떻게 합리적으로 '채우느냐'가 관건이 됐다.

그러나 해양플랜트 수주가 증가한 상황에서도 작업장

---

17 물론 탑재 기술(크레인 중량의 비약적인 향상)과 조립 역량(블록의 대형화)을 통해서 생산 효율을 극대화한 것이 수익 차원에서 짚고 넘어가야 할 장점이었다. 일본은 블록의 대형화 단계에 대한 대응이 늦어 한국에 패권을 넘겨줬다.

18 예외적인 경우로 드릴십을 들 수 있다. 드릴십은 심해저에서 시추를 하기 위한 장비로 선박 모양을 갖추고 있다. 그러나 드릴십도 해양플랜트이기 때문에 의장의 중요성을 결코 간과할 수 없다.

엔지니어의 '하면 된다' 그리고 '현장 중심'의 기풍은 쉽게 바뀌지 않았다. 설계 부문에서 문제가 발생했을 때 현장에서 극복할 수 있다는 자신감을 갖고 있는 노련한 생산직 노동자들도 있었다. 이러한 자신감은 공정이 엉켜가고 지연되면서 점차 바닥으로 치닫게 된다. 모든 조선소에서 벌어졌던 해양플랜트 공정 지연 상황을 가상적으로 그려보자.

Q 안벽에서 건조 중인 리그선 한 기가 공정 지연 문제에 봉착했다. 진수가 끝났고 최종 안벽 공정만이 남았는데 전체 완성률이 70%에 그친다. 대부분의 문제는 의장 설치에서 발생한 것이다. 전선 포설이 다 끝나 결선을 하려는 찰나 주문주가 검사 중 '펀치'[19]를 수도 없이 날렸다. 다 뜯어내야 하는 상황이다. 펀치를 받은 이유를 추적해보자면 며칠 전 시추 장비에 들어갈 배관을 설치할 때 전선 포설[20] 작업을 같이 하다가[21] 배관이 전선을 건드려 전선 파손이 나왔기 때문이다. 결국 전장(전기전자 장치) 작업을 하기 위해 기존의 직영 인력 50명 외에 추가로 '물량팀' 100명을 동원해 돌관 작업을 개시했다.

---

19 불량이 난 부분에 대해 지적하는 것. 공정에 문제가 생겼을 때 다시 알리는 절차.
20 전선을 설치하는 일.
21 함께 진행하면 안 되는 작업을 한꺼번에 하는 것을 현장에서는 '혼재 작업'이라고 부른다.

이 가상 에피소드에 나타난 문제를 현장의 관점에서 재구성해보면 다음과 같을 것이다. 영업 설계에서 견적을 낼 때 자재량과 작업 시수(투입되어야 할 노동력의 양) 계산을 잘 못했다. 애초 기본 설계는 한국이 담당하지 않고 프랑스의 T사가 작업했다. 그렇기에 해양 기본 설계팀에서 파견 나간 'FEED(기본 설계) 검수' 엔지니어들은 물량, 일량 산정이 현장의 실정을 반영한 것인지 잘 살폈어야 했다. 예컨대 용접을 해야 할 범위가 기준에 맞는지, 실제로 설계에서 계획한 시간에 달성할 수 있는지를 꼼꼼하게 검토해야 했다. 또한 납기 지연이 거의 없고, 품질 문제나 파손이 생겼을 때 빨리 재입고하거나 수리해줄 국산 부품-자재 회사를 확보해야 했다. 그런데 T사 FEED 검증팀에 합류한 이들은 입사한 지 2~3년 정도밖에 되지 않은 신입사원들이었다. (영어를 잘했기 때문이다.) 자재는 외국 자재들로 가득 차 악천후 발생 및 품질 문제로 입고가 지연된다. (주문주가 요청한 품목들이었기 때문에 국산 자재로 바꾸기 힘들었다.) 실제 내업 단계에서부터 의장 설치를 최대한 마치려고 했지만 자재가 없었다. 선각의 외형만 맞춰놓은 탓에 후행에 부담을 주는 상황이 벌어진다. 마지막 공정 단계인 안벽 단계에 이르러 그것들을 해소하려다보니 일정은 밀리고 인건비가 추가로 들 뿐만 아니라 훨씬 더 위험해지고 품질도 떨어지게 된다.

산업공학을 공부해본 이들은 잘 알 수 있는데, 제조업

이든 건설업이든 선행 단계에서의 공정 지연은 후행 단계로 갈수록 풀기 어려워진다. 모터 펌프 하나를 강판으로 된 블록에 설치하는 작업을 생각해보자. 첫 번째 단계인 내업 공정에서는 가장 쉽게 문제를 풀 수 있다. 보통 공장 안에서 이루어지는 공정인 데다가 아직 강판 껍데기 정도만 있는 단계이기 때문이다. 용접도 쉽다. 위로 트여 있는 공간에서 용접공이 아래를 보며 용접을 하면 된다. 대량으로 자동화하는 것 역시 어느 정도 가능하다. 그런데 이 단계를 벗어나면 난이도는 몇 배로 증가한다. 그다음 선행 의장 단계로 가게 되면 복잡도는 훨씬 더 높아진다. 내업 공장에서 진행하는 작업에 1시간이 소요된다면, 이제는 2~4시간이 들어간다. 다른 의장품이 붙어 있을 경우 그것을 간섭하지 않고 설치할 방법을 찾아야 하고, 때때로 용접하는 자세가 옆이나 위로 바뀔 수도 있기 때문이다. 외업 단계에 가서는 작업 시간이 또 2~4배 늘어난다. 블록이 닫혀 있을 경우 블록을 뜯은 다음에 의장품을 설치하고 열어놓은 블록을 다시 닫아야 한다. 간섭도 훨씬 많아지고 용접 자세도 더욱 어려워지는 것은 말할 필요도 없다. 그렇기 때문에 내부를 구성하는 의장품을 선행 단계에서 마칠 수 있느냐가 모든 공정 문제를 풀 수 있는 관건이 된다. 설치해야 할 자재가 제때 도착하지 않거나, 설치 방법이 서툴러 버벅거리기 시작하면 곧바로 재앙의 문이 열리게 된다. 현장 용어로 '돌관 작업'이 펼쳐지고 잔업과 철야를 밥 먹듯 하는 상황이 벌어지는 것이다. 생산이 스케줄대로 돌아가지 않는 상황에서 내업의 생산관리자는 작업을 조금 지연시키더라도 설치를 마치고 다음 단계로 보낼 것인지, 설치를 마치지 못하더라도 공정 일정을 지키기 위해 다음 단계로 블록을 보낼지를 매일 고민할 수밖에 없다. 해양플랜트 작업을 하는 데 어려움을 겪던 시절, 대개의 결정은 후자로 기울곤 했다. '선후행 간의 소통'이 조선소 사람들의 화두일 수밖에 없었던 시절이다.[22]

이와 비슷한 일들은 어쩌면 선박을 주로 건조하던 시기에도 비일비재했을 것이다. 그럼에도 유독 해양플랜트 작업이 어려움을 겪은 건, 선박과 근본적으로 다른 해양플랜트의 특성 탓이다. 앞서 언급했듯 선박과 플랜트는 구조부터 현저히 다르다. 선박 작업을 할 때 현장에서 문제를 발견해 숙련된 노동자의 노력으로 자체 수정하거나, 설계원이 빠르게 도면을 개정할 수 있었던 것은 선박이 해양플랜트에 비해 훨씬 단순하기 때문이다. 하지만 해양플랜트의 경우, 모든 기계 장비나 배관의 특성을 이해하지 않은 채 손댈 수 있는 것이 없어서 현장 자체의 개선 활동이 어려워진다. 설계원들은 레고 문제를 풀듯 다른 요소들을 건들지 않는 작업을 궁리해야 하므로 도면 개정의 속도는 늦어질 수밖에 없다. 또 다른 원인으로

---

22 해양플랜트 물량 비중이 절반을 넘던 시기, 조선 3사는 항상 90% 이상의 내업 공정률을 달성했다. 그에 비해 외업 공정률은 늘 50% 미만을 기록하며 부진에 허덕였다.

는 해양플랜트 공정이 한창 진행되던 시기에 나타난 노동력의 숙련 문제가 있다. 예전처럼 수십 년 관록을 쌓아온 생산직 노동자들이 사라지고 없었다. 대부분의 공정이 하청에 떠넘겨졌기 때문이다. 관록 있는 정규직 노동자들 대신 사내하청 노동자들, 혹은 급할 때는 물량팀이 동원된 것이다. 사내하청 업체에도 숙련 노동자들이 있었지만, 근속연수 5년이 채 되지 않는 인력들은 그저 자신이 맡은 업무만을 수행할 수 있을 따름이었다. 급할 때 불러다 쓰는 '물량팀' 중 다수는 그 역할마저도 제대로 해내지 못했다.

조선소에서 공정이 꼬였을 때 결국 욕먹는 이는 설계 엔지니어이다. 이때 회사에서는 다수의 직원들이 참석하는 회의가 열린다. 문제를 추적해 올라가보면 결국 설계의 문제라는 지적이 나온다. 기본 설계 도면을 제대로 검수하고, 상세 설계와 생산 설계가 도면을 제대로 냈다면 자재도 제때 들어오고 공정도 제대로 진행되었으리라는 식의 이야기가 주를 이룬다.

공정이 꼬일 때, 현장에서는 흔히 이런 말을 한다. "설계원들이 현장을 너무 모른다." 이런 인식은 작업장 엔지니어 시절의 기풍과 조응하는 것이다. 작업장 엔지니어들과 직영 생산직의 질서에 익숙한 경영진은 '현장 중심' 기풍에 기대 손쉽게 판단을 내리곤 한다. 숱한 해양 설계 엔지니어들이 공정이 끝날 때까지 현장으로 파견을 나가 진을 치면서 '현장지원 업무'를 수행하기도 했지만 그렇게 한다고 문제가 해결된다는 보장은 없다. 해양플랜트 공정 지연은 표면적으로는 설계 실력의 문제 때문에 발생하는 듯 보이지만, 그 근본 원인은 사실 다른 데 있다. 해양플랜트는 궁극적으로 엔지니어들이 익숙하게 느끼는 작업 방식 자체를 질문하고 문제 삼는 작업이었던 것이다.

어떻게 하면 기본 설계를 잘할 수 있는지를 다시 한 번 상기해보자. 그러려면 경험이 많든가, 이론적으로 시뮬레이션을 잘해야 한다. 2010년대 조선산업의 사정상 존재하지 않는 경험을 갑자기 만들어낼 수는 없는 노릇이다. 해양플랜트의 기본 설계를 맡았던 유럽과 미국의 엔지니어링 회사들은 대개 예전에 수백 회에 이르는 건조 경험을 보유하고 있었다. 기껏해야 10여 기에 불과한 경험으로 그러한 노련함을 급조할 수는 없었다. 모든 시행착오가 '학습 비용'이 되리라는 점은 처음부터 분명했다. 하지만 어디에서 어떻게 '학습'을 할지의 문제가 그보다 더 중요하게 다뤄졌어야 한다.

앞서 '암묵지'와 '형식지'에 대해 잠시 이야기했다. 작업장 엔지니어의 설계와 선박에 대한 지식은 주로 '암묵지', 즉 선배에게 전수받은 노하우에 가까웠다. 사내 교육훈련을 통해 도면을 그리는 방법, 배의 특성에 대해 배웠지만 그것들을 자신의 새로운 지식으로 축적하고 이론적으로 검증하는 것보다는, 선배가 하는 방식을 보고 따라 하는 것이 안전하다고 여겨졌다. 그것이 하나의 문화였던 셈이다. 하지만 랩실 엔지니어들은 공학 지식을 기반으로 하는 설계를 생각했다. 비록 맨땅에 헤딩하는 방법으로 해양플랜트 설계를 익히고 있었지만, 그들은 프로젝트를 마칠 때마다 정확한 '히스토리'를 구축해 '백서'로 만들고 싶어 했다. 백서를 토대로 다음번에는 시행착오를 방지하고자 했다. 모든 지식을 사내에 축적할 수 있는 인프라가 충분히 갖추어져 있었음에도 실제 기록 작업은 겉고 쉽지 않았다. 이를테면 후배들은 MSP$^{MS\ Project}$나 프리마베라^{Primavera} 등의 스케줄링 프로그램을 통한 촘촘한 관리를 기대했으나, 그런 관리 방식은 모든 직무와 계층에 전파되기 힘들었다.

해양플랜트 프로젝트 한 기가 끝나갈 때가 되면 엔지니어들은 또 다른 프로젝트에 복수로 투입되었다. A 드릴십 공정이 90% 정도 완료될 때쯤에, B 리그선 담당자로 프로젝트에 참여하기 시작하는 것이다. 모든 호선의 일정이 촉박하기 때문에 어쩔 수 없지만, 이런 방침은 엔지니어들을 이전 작업에서 익힌 모든 것들을 잊어버릴 수밖에 없는 악순환으로 몰아넣었다. 기록화는 흐지부지되기 일쑤였고, 신입사원이 다시 의지할 수 있는 것은 결국 선배의 경험이라는 암묵지뿐이었다.

조선 3사가 서울로 진격한 이유

이쯤에서 잠시 서울로 가는 셔틀버스에 올라탄 젊은 직원들의 이야기로 돌아가보자.

2010년대에 들어 조선 3사는 수도권에 전략적으로 '엔지니어링 센터'를 짓겠다고 공언했다. 삼성중공업은 2014년 판교 테크노밸리에 연면적 5만 7,460평방미터에 1,500여 명을 수용할 수 있는 '판교 연구개발 센터'를 지었다. 대우조선 또한 엔지니어링 센터를 조성하기 위해 2014년 서울시와 강서구 마곡 부지를 계약했다.[23] 현대중공업도 설계 인력을 서울 계동 사옥으로 대거 발령했다. 이처럼 조선 3사는 '우수 설계 인력 확보'에 사활을 걸었다면서 자신들의 서울 진출을 홍보하고 나섰다.

조선 3사는 그전에도 서울에 사무소를 운용한 적이 있다. 대우조선은 독립 기업이 된 이후에는 다동에 서울 사무소를 운영해왔고, 삼성중공업 역시 서울 서초 사옥에 일정 인력을 배치했다. 현대중공업도 마찬가지이다. 보통 서울에서 근무하는 조직은 해외 출장이 잦은 영업, 대외 업무가 많은 홍보나 자금 조달, 주주들을 상대해야 하는 재무 등의 부문에 속해 있었다. 하지만 2010년대 조선 3사의 '서울 진격'은 사실상 설계 엔지니어들을 향한 '구애'에 가까웠다. 탁월한 인재를 뽑으

---

23 그 이후 경영난으로 2016년 계약을 취소하게 된다.

면 해양플랜트라는 미지의 영역을 극복하고 새로운 사업 영역에서 막대한 부를 축적할 수 있으리라는 낙관적인 분위기가 업계에 있었던 것이다.

이들은 바로 '기본 설계 엔지니어'들과 '연구개발 엔지니어'들로 이제 회사의 키플레이어가 되었다. 약간의 과장을 보태 이들의 특성을 요약하자면, 이들은 서울 소재 4년제 대학이나 포항공대, 카이스트 등 유수의 공과대학에서 공학을 전공한 수도권 출신이다. 공학 인증이 한창 트렌드일 때는 공학 인증을 받고, 공대생도 영어를 열심히 공부해야 했던 시기에는 영어 실력까지 갖추고 조선소에 입사한 '인재'들이다. 그중에는 석사 학위 이상을 갖춘 경우도 많다.

조선 3사의 서울 진출은 바로 이런 '인재'들을 데려오기 위한 것으로, '인력 유출'에 대한 선제적이고 적극적인 방지책 정도로 볼 수 있다.[24] 거제도 근무를 시켜도 거제도 사람이 되지 않고 기어이 셔틀버스를 타고 매주 상경하는 일만 없었어도 이런 방법까지 쓰지는 않았을 것이다. 사실 선박 설계 전성기, 특히나 중형 선박 전성기 때만 해도 딱히 그렇게 할 필요는 없었다. 현장에서 기술을 숙련하는 것이 학교에서 배운 지식보다 중요했던 시기였으니 말이다. 하지만 LNGC 같

---

24 당시 조선업계 중역들은 "앞으로는 구태여 야드 근무만을 강요할 필요가 없다. 시스템이 있으니 엔지니어들은 자신의 거주지에서 가장 가까운 엔지니어링 센터에서 근무하면 된다"는 발언을 언론 인터뷰에서 공공연히 하곤 했다.

은 고부가가치 선박처럼 연구개발과 정교한 기본 설계가 필요한 선박이 등장하면서부터 '똑똑한 엔지니어'에 대한 수요는 점점 증가했다. 해양플랜트에 집중하던 시절에는 아예 조선 3사 사이에 우수한 공대 출신을 '입도선매'하려는 경쟁이 불붙을 지경이었다.

엔지니어, 성장을 꿈꾸다

그렇다면 엔지니어는 어떻게 성장할까? 이 질문을 다루기에 앞서 잠시 오픈소스 운동과 해커문화에 대한 이야기를 해보자. 보통 해커를 떠올리게 되면 흔히 분산 서비스 거부(DDoS, Distributed Denial of Service) 같은 서버 공격, 혹은 은행 전산망을 마비시켜 돈을 훔쳐가는 범죄자 유형을 먼저 생각하기 쉽다. 하지만 해커는 1970년대 초중반 우리가 비교적 잘 알고 있는 애플의 창업자 스티브 잡스와 스티브 워즈니악이 미국 캘리포니아주 실리콘밸리에서 '수제 맥주 마시는 컴퓨터 애호가 모임Homebrew Computer Club'을 하던 시절부터 프로그래밍을 천재적으로 하는 사람들을 칭하던 말이었다.[25] 1970년대 이후로 해커 문화는 해커들이 자신이 만든 코드와 프로

---

25   스티븐 레비,《해커스: 세상을 바꾼 컴퓨터 천재들》, 이해영·박재호 옮김, 2013; 에릭 레이먼드,《성당과 시장: 우연한 혁명으로 일어난 리눅스와 오픈소스에 대한 생각》, 최준호 외 옮김, 한빛미디어, 2015.

그램을 서로 보여주고 코멘트하면서 자신들의 프로그래밍과 수학 지식을 자랑하는 특유의 문화를 뜻했다. 그러나 애호가로 시작한 잡스와 워즈니악, 또는 빌 게이츠가 이러한 프로그램을 상업화하면서 애초 해커들이 가지고 있던 '공유' 그리고 '무상'의 의미는 해체되었다.

　오픈소스 운동은 리누스 토르발스를 필두로 다시금 공유의 정신으로 돌아간 해커들의 운동이라 할 수 있다. 오픈소스 운동은 상업용 프로그램의 필요성을 인정하지만, 그 이선 베타 버전으로 대표되는 시제품 단계에서 다양한 해커들의 참여를 유치한다. 그들은 깃/깃허브^{Github}로 대표되는 작업 공유 방식을 통해 자신들이 만들려는 웹페이지, 프로그램, 데이터 분석 코드 등을 공유하고 자신들의 작업 품질을 높였다. 때로는 우리가 '창의적'이라고 말하는 탁월한 코드가 추가되고 '문제 해결'을 위한 의견들도 자유롭게 교류된다. 누가 당장 돈을 주는 건 아니지만, 미래 실리콘밸리에 '유니콘'[26] 회사를 창업하고 싶어 하는 해커들은 어려운 문제를 풀어냄으로써 자신들의 진가를 '그 바닥'에 널리 소문 내고자 한다. 미국의 《테크 크런치$^{Tech\ Crunch}$》 같은 잡지가 쓰는 괴짜스럽고 과도한 표현은 해커들이 표방하는 이러한 문화를 잘 보여준다. 프로젝트의 로고가 새겨져 있는 티셔츠를 입고 프로그램 경진대

26　대규모 벤처 투자를 받는 실리콘밸리의 기대주 스타트업 회사를 뜻한다.

《테크 크런치》가 주도하는 창업 행사로, 리누스 토르발스를 필두로 다시금 공유의 정신으로 돌아간 해커들의 문화를 엿볼 수 있다.

회에서 로커처럼 소리를 지르는 모습 등이 아주 전형적인 예이다.

　　2017년 말~2018년 초에 사회적으로 큰 이슈를 일으킨 비트코인 논쟁도 오픈소스 운동과 궤를 함께한다. 비트코인이라는 암호 화폐는 블록체인이라는 기술을 기반으로 생성된다. 그런데 이 암호 화폐를 쓰기 위해서는 '거래transit'에 대한 분산화된 승인이 필요하다. 쉽게 말하면 내가 누군가에게 1비트코인을 넘겼을 때, 온라인에만 있는 화폐가 거래되었다는 것을 누군가가 승인해주어야만 하는 것이다. 암호 화폐는 해커들의 바람대로 국가나 중앙은행이 아닌 해커들의 승인을 통해 이 거래를 인정했다. 이 거래 승인을 채굴mining이라고 한다. 채굴은 복잡한 비밀번호를 풀어낼 때 달성되는데, 암호 화폐라는 이름처럼 이를 풀기 위해서는 수학 지식과 프로그래밍 지식, 그리고 뛰어난 컴퓨터 연산 능력이 필요하다. 적지 않은 공이 드는 셈이다. 그렇다면 이러한 채굴을 어떻게 보상해줄 것인가? 이때 바로 비트코인을 보상으로 지급해주는 것이다. 결국 비트코인에는 '열정 노동'[27]으로 일하는 사람에게 보상을 해야 하는지 말아야 하는지에 대한 경제학적인 문제가 내제되어 있다.

　　다시 엔지니어의 성장에 대한 질문으로 돌아와보면, 예나 지금이나 엔지니어의 배움과 성장은 산업을 끌고 가는 중요한 원동력이다. 하지만 이제는 배움과 성장의 양식이 달라졌다. 산업 보국을 위해 뛰었던 작업장 엔지니어들의 방식이 '현장 중심' 기풍과 이른바 '쟁이 근성'에 기초하고 있었다면, 지금의 우수한 랩실 엔지니어들은 오픈소스판에서 뛰노는 해커처럼 끊임없이 새로운 무언가를 배워 일을 해내려고 한다. 분산화된 방식으로 자기 구역을 온라인상에서 코딩하듯 해결하려 하고, 실시간 온라인 피드백을 통해 문제를 해결하려 한다. 현장을 유심히 관찰하면서 문제를 푸는 것도 중요하게 여기지만, 그 방법이 막혔을 때는 다양한 원천들에서 정보를 습득하려 한다. 기술 문서도 읽고, 커뮤니티에 질문도 해보고,

---

27　한윤형 외,《열정은 어떻게 노동이 되었는가》, 웅진지식하우스, 2010.

학회나 토론회도 가본다. 때로는 피자 몇 판을 시켜놓고 최고의 엔지니어들과 함께 새로운 기술을 캐주얼하게 토론하는 밋업meet-up의 분위기를 원하기도 한다. 실제로 내가 학부를 다니던 2000년대에도 '벤처' 프로젝트를 하는 사람들이 많았다.

조선소 현장을 제외하고 제조업의 가장 첨단 기술을 경험하고 토론할 수 있는 곳은 어디일까? 아마 판교나 서울대학교 근처를 꼽을 수 있을 것이다. 혹은 최소한 카이스트까지는 가야 할 것이다. 옥포조선소에서 판교까지의 거리는 차로 388킬로미터, 서울대학교까지는 400킬로미터, 카이스트까지는 257킬로미터다. 모두 3시간이 넘는 거리다. 조선소들 역시 이런 문제를 인지하고는 있다. 야드가 있는 거제의 두 조선소든 울산의 현대중공업이든 조선 회사들은 설계 엔지니어들의 학습을 위한 프로그램들을 끊임없이 기획하고 참여를 독려하고 있다. 내부적인 학습이나 세미나를 통해 해결되지 않는 부분들을 해결하기 위해 외부 전문가를 초빙하거나, 이따금 소수 인원을 추려 외부 교육을 보내기도 한다. 물론 해양플랜트 설계가 한창이던 2013~2014년까지는 바쁜 공정 상황 때문에 이러한 교육 과정에 참여조차 못했던 엔지니어들이 더 많았다. 하지만 항상 외부 전문가에 대한 만족도가 내부 세미나보다 높았고, 외부 교육에 대한 만족도가 이 둘보다 더 높게 나타났다. 바로 여기에서 딜레마가 발생한다.

외부 세미나를 어떤 기준으로 보내야 할까? 상식적으

로 생각하면 해당 지식이 필요한 직무를 수행하는 사람들, 좀 더 넓게는 인접 직무의 모든 사람들이 다녀오는 것이 최적일 것이다. 하지만 공정 상황에 쫓겨서 아무도 보낼 수 없을 때는 어떻게 해야 할까? 이때 누군가가 꼭 선발되어야 하는 문제가 발생한다. 이런 상황에서는 항상 보내는 사람과 가는 사람의 입장 차가 발생하기 마련이다. 조직을 보전하고자 하는 사람의 입장에서 보면 배워서 내부에서 오래 일할 수 있는 사람이 가는 것이 낫다. 그런데 실제로 참여를 원하는 사람들은 내부에서 오래 일할 사람이 아니라 최신 기술에 대한 열망이 높은 이들이다. 이들의 입장에서 보면 '회사에 충성하는 사람' 위주로 보내는 게 아니냐는 볼멘소리가 나올 법하다.

사실 젊은 엔지니어들은 자비를 들여서라도 외부 세미나나 밋업 등에 참여할 의사가 있다. 하지만 거제와 울산 등지에는 그런 기회 자체가 절대적으로 부족하다. 다양한 분야의 엔지니어들이 모여서 신기술을 소개하고 이런저런 토론을 할 수 있는 장소가 되기에 거제는 여러 모로 불리하다. 결국 '서울'로 가게 되는 것은 너무나 당연한 현상이다. 엔지니어들은 서울 근무를 원할 수밖에 없다. 셔틀버스를 타고 상경하는 사람들 중에는 아내와 애인을 만나러 가는 사람들도 있지만, '지적 퇴행'을 겁내며 '배움'을 찾아가는 사람들도 적지 않다.

서울 유수 대학의 '똑똑한 공대생'을 영입하려는 조선 회사들의 노력 및 기본 설계원들의 서울 진출은 바로 이런 맥락에서 시작되었다. 경영진의 지시에 따라 이따금 거제도로 내려오는 경우도 있었지만, 결국에는 다시 서울로 복귀하곤 했다. 기본 설계 엔지니어는 영업에 필요한 견적을 낸다는 이유로 서울 근무가 프로토콜이 됐다. 이 내용을 야드에 상주하는 상세 설계 엔지니어가 공유하면, 생산 설계 엔지니어는 현장에 보낼 도면을 만들어낸다.

그렇다면 기본 설계 엔지니어에게는 따로 현장 경험이 필요하지 않은 것일까? 전혀 그렇지 않다. 앞서 작업장 엔지니어들이 언급한 '종이배'를 굳이 다시 운운하지 않더라도, 실제 자신들의 작업이 어떻게 구현되는지를 눈으로 확인하는 과정 자체는 매우 중요하다. 심지어 그들 스스로도 그렇게 생각한다. 그러나 이들, 특히 젊은 엔지니어들은 그런 의견을 쉽게 개진하지 않는다. 한 번 파견 갔다가 주저앉아 '옥포 사람'이 되어버리는 경우를 적지 않게 봐왔기 때문이다. 또는 옥포에서 서울로 간신히 상경했는데 다시 내려가려고 하니 가족 문제부터 여러 가지가 걸린다. 보통 회사의 시스템은 순환 보직을 권장하기 때문에, 한 번 내려간 사람을 다시 올라올 수 있게 하는 제도를 만드는 것은 충분히 가능하다. 하지만 이러한 순환 보직을 신뢰하는 사람들은 많지 않다. 경영진이 바뀌면 그 제도가 손쉽게 뒤집힐 것이라는 사실을 간파하고 있기 때문이다. 때때로 '임원집 애들'이 '빽'을 써서 상경했다는 소문이 조선소 모든 직원들의 채팅방에 하루가 채 되지 않아 퍼질 때도 있다. 그만큼 서울 근무는 예민한 문제이다.

서울에 근무하는 기본 설계 엔지니어와 지방의 야드 상세 설계·생산 설계 엔지니어들 사이에는 통화가 끊임없이 계속된다. 서로의 입장이 다르고 생각하는 방식이 달라 고생하는 것은 하루이틀 일이 아니다. 옥포에서 서울로 올라온 차장~부장급 시니어 엔지니어들은 '현장'을 무시하지 말라고 후배들을 가르치지만, 주니어들의 눈에 이들은 그저 거칠고 투박해 '무식하다'는 소리를 듣는 선배들일 따름이나. 이들과의 업무 소통은 쉽지 않다. 서로의 오해는 좁혀질 수 있을까. 각자의 분노가 쌓여가고 있는 상황이다. 조선사의 경영난이 심해지자 야드 기피 현상은 더욱 심해졌다. '돈'까지 적게 주는 '시골' 근무가 싫다는 목소리가 커진 것이다. 실제로 바뀐 발령지 때문에 퇴사하는 경우도 적지 않다.[28]

그런데 이 순간에조차 소외되는 이들이 있다. 부산·경남권 4년제 공대를 졸업한 엔지니어들이 바로 그들이다. 이들은 부산대학교를 위시한 지역 공대의 조선공학과, 기계공학과, 전기전자공학과 출신 대졸자들이다. 산업 확장기였던 1980년대부터 2000년대 중후반까지 엔지니어 특채나 공채를 통해 조선소에 대거 입사할 수 있었다. 수도권 인문사회 계

---

28 비교적 이직하기 쉬운 낮은 연차의 사무직(3~10년차)들은 야드로 발령이 날 때 이직을 선택하는 경우가 많았다.

열과 상경 계열 대학생들이 토익 900점대와 토익 스피킹 점수를 따내고 수백 대 1의 경쟁률을 뚫어야만 대기업에 진입할 수 있었던 시절, 부산·경남권 대학의 졸업 예정자들은 토익 500점대를 상회하는 점수와 전공 공부를 '펑크' 내지 않는 수준만 갖추면 생산관리자 정도의 직위로 손쉽게 입사할 수 있었다. 전공 성적과 영어 점수가 위의 기준을 좀 더 상회할 경우 품질관리 담당자나 설계 엔지니어가 되는 것도 어렵지 않았다.

90% 이상이 서울 소재 상위권 대학 출신으로 구성된 10%의 문과 출신 신입사원들에게 부산·경남권 공대 출신들은 낯설고 이질적인 존재였다. "내가 이런 사람들과 같이 근무하려고 그렇게 공부했나" 하는 푸념을 내뱉는 경우도 있다. 반대로 부산·경남권 공대 출신들은 "와, 저 사람들이 내 동기야?"라며 감탄한다. 물론 수도권 '대도시' 출신들의 '젠체'에 대해 빈정대는 이들도 있다. 이런 이질감은 오리엔테이션을 통해 상당 부분 완화된다. (하지만 부서 배치 이후에는 동문회를 통해 다시 '다른 가치'[29]를 주입받는다.)

부산·경남권 공대 출신들은 조선업을 떠나지 않고 안

---

29 예컨대 서울 소재 상위권 대학의 동문회는 자신들의 '엘리트 의식'을 고양하면서 회사의 주요 이슈에 대한 정보를 자유롭게 공유한다. 하지만 중역이 많이 배출되지 않는 대학 동문회에서는 주로 선후배 간의 애착을 강조한다. 선배들은 '무난한 직장 생활'을 위한 처세술을 강조하기 일쑤다.

정적으로 자리를 지켜주는 완충판 역할을 한다. 경영 위기로 인한 임금 삭감이나 수도권 근무라는 메리트로 스카웃을 제안하는 타사의 제의에 잘 흔들리지 않기 때문이다. 임금이 반납되거나 성과급이 지급되지 않아 벌이가 줄어들어도 이들은 "이 정도면 그냥 다닐랍니다"라고 대답한다. 부산·경남권을 벗어나는 것도, 조선산업을 제외한 다른 산업에 취직하는 것도 쉽지 않기 때문이다. 울산의 현대자동차그룹만 해도 (몇몇 학교를 제외하면) 조선 회사처럼 다양한 학교에 잘 눈을 열어주지 않는다는 것을 이들은 잘 알고 있다. 결국 이들은 죽으나 사나 '조선소 귀신'이 되려 한다. (물론 이들 중 자기계발에 열심이거나 영어를 잘하는 직원들은 고객사나 선급의 계약직 등 고연봉을 받는 직종으로 이직하기도 한다. 하지만 고용 상태가 불안하기 때문에 일반적으로는 선호하지 않는다. 이는 지역 내에서 조선소가 '안정적'인 직장이라는 이야기를 들으며 자랐기 때문이기도 하다.) 맡은 일을 묵묵히 해내는 부산·경남권 공대 출신 직원들에게 공정 과부하에 따른 과중한 업무가 몰릴 수밖에 없다.

최근 들어 채용 자체가 힘들어진 조선산업의 상황은 애초에 조선 3사를 '돈 많이 주는 대기업 중 하나'로 생각했던 수도권 대학 출신 엔지니어들에게는 별로 맘 쓰이는 일은 아니다. 다른 업종을 찾으면 된다고 보기 때문이다. 하지만, 조선 3사를 '꼭 가야 하는 대기업 중 하나'로 생각했던 부산·경남권 공대생들은 낙담하지 않을 수 없다. 어쩌면 조선업계는 가장 충실히 업무를 수행할 수 있는 핵심 인력을 잘 '모시지' 못하고 있는지도 모른다. 과연 이들은 '서울' 혹은 더 처우가 좋은 서울의 다른 회사를 찾고 있는 엔지니어들과 소통하고 교류할 수 있을까. 단순히 서울과 거제라는 공간의 문제만은 아니다. 급변하는 메트로폴리스의 삶과 상대적으로 느리게 변화하는 산업도시의 삶, 할아버지-아버지-아들 3대가 같은 직장을 다니면서 안정적으로 일가를 이루는 가족과 맞벌이를 하면서 지속적으로 일터와 삶터를 옮기는 가족. 양자의 세계관은 너무도 다르다. "어차피 일이니까" 함께하지만 서로를 이해하기란 쉽지 않다.

러스트 벨트로 갈 것인가, 실리콘밸리가 될 것인가

2015년 서울대 공과대학 교수들이 모여 《축적의 시간》이라는 책을 출간했다. 기계공학, 전자공학, 조선공학, 화학공학, 컴퓨터공학 등의 분야를 망라하는 교수들이 모여 집필한 이 책은 '개념 설계' 역량, 즉 기본 설계 역량을 쌓지 못한 탓에 한국 산업의 미래가 위태로워졌다고 주장한다.

한국의 제조업은 지금까지 서구의 원천 기술과 기본 설계를 받아들여 그것들을 양산 체제로 만들어냈으며, 저렴한 인건비와 생산기술 최적화에 초점을 맞춰 서구를 성공적으로 추격했다. 삼성전자와 현대자동차와 조선 3사가 이루어낸 것이다. 그런데 제조업의 핵심 동력이자 이익률이 높은 기본 설계 역량은 여전히 답보 상태에 있다. 저자들은 제조업을 이러한 양산 체제의 완성품 위주 전략으로 계속 끌고 나갈 경우 결국 중국에게 추격당할 수밖에 없다고 주장하며 지금 당장 산학연계를 강화해야 한다고 말한다. 나아가 기본 설계를 해낼 수 있는 엔지니어를 육성해야 한다고도 이야기한다.

모두 맞는 말인 듯하다. 해양플랜트를 건조하던 경험에 대입해보더라도 대체적으로 맞는 신난이다. 해외에서 원천 기술(선형)을 들여와 개량해서 성공한 선박 건조의 경험만으로 원천 기술 없이 건조하다 어려움에 처한 상황이 딱 그렇다. 그러나 실천적 차원에서 보면 이 책의 주장은 공허하다.

우선 배움이라는 관점에서 문제를 들여다볼 필요가 있다. 산학연계를 강화하면 과연 산업이 요구하는 엔지니어를 배출해낼 수 있을까? 랩실 엔지니어의 지식이 작업장 엔지니어의 노하우를 온전히 대체하지 못했던 것은 선배들이 랩실 엔지니어들을 무시하고 '현장' 스타일로 조련했기 때문만은 아니다. 달리 말하면 이는 랩실 엔지니어들의 지식이 '현장'의 노하우를 대체할 정도로 압도적이지 않았다는 이야기가 된다. 앞서 예를 든 오픈소스 운동에서 당장 완성형의 소프트웨어나 IT 기술이 나올 수 있었던 것은, 오픈소스가 '현장'이라는 필드를 딱히 필요로 하지 않는 분야였기 때문이다. 즉 린-스타트업Lean-Startup 방식[30] 등의 혁신 프로세스와 3D 프린터 등을 활용한 생산기술로 시제품이 나오고 빠른 양산으로 제품화할 수 있는 것은 자동화가 가능한 산업에 그치는 이야기이다. 반면 랩실 엔지니어들의 지식은 조선소에서 자신이 맡은 해양플랜트 등 실제 '프로젝트'라는 경험을 통할 때 비로소 실천적인 '프로세스'로 완성된다. 작업장 엔지니어들의 일하는 방식을 문제 삼는 것은 꼭 필요한 과제이지만, 실천적으로 더 중요한 일은 따로 있다. 이제 막 새로운 프로젝트에 진입한 랩실 엔지니어들은 그 내용을 모두가 이해할 수 있는 방식으로 '형식지' 또는 데이터베이스에서 쉽게 이용 가능한 지식을 만들어낼 수 있도록 병목 현상을 제거해야 한다. '최적화'라는 관점에서 보더라도, 중복 없이 모든 것을 커버하는(MECE: Mutually Exclusive, Collectively Exhaustive) 지식들이 누적되어 그 양이 방대해져야 해양플랜트 공정에서 발생하는 문제들도 해결할 수 있다.

이 책의 주장이 공허한 또 다른 이유는 배우는 곳은 학교이고, 일하는 곳은 일터라는 틀에 박힌 이분법을 묵인한다는 데 있다. 물론 산학협력 기간 동안 조선소의 이런저런 프로젝트에 참여하는 대학원생이나 학부생들은 일을 하면서 쌓은

---

30 린 스타트업은 어떤 제품을 개발할 때 빠르게 시제품을 만들어 고객의 반응을 최대한 많이 확보한 후 제품을 개발해 낭비 요소, 즉 고객 니즈와의 괴리를 줄이는 제품 개발 방식을 의미한다. 자세한 내용은 애시 모리아, 《린 스타트업》, 위선주 옮김, 한빛미디어, 2012 참조.

경험을 자신의 지식으로 만들 것이다. 하지만 산학협력 기관에서 한 일은 앞으로 자신이 맡게 될 일과 연계되지 않을 확률이 높다. 조선산업을 비롯한 한국의 다양한 제조업계는 개인들의 기술이나 논문을 넘어 산업 차원에서 축적된 원천 지식을 생산해내야 한다. 일하는 엔지니어들이 끊임없는 학습을 통해 자신의 공학 능력을 발전시켜야 하는 것이다. 이러한 성장을 발판 삼을 때 비로소 산업 지식이 누적될 수 있다.

이처럼 문제의식을 바꾸면 실천적인 과제도 다시 구성할 수 있을 것이다. 엔지니어들이 일터 안팎에서 일하면서 배울 수 있는 시스템은 어떻게 조직될 수 있을까? (여기서 '착취'나 이른바 '열정페이'의 문제가 먼저 검토되어야 할 것이다.) 이제는 업무 시간이 끝나고 난 뒤 프로그래밍이나 수학 공부를 하는 개발자들을 판교, 강남, 신림, 가산 디지털 단지 등지에서 어렵지 않게 찾아볼 수 있다. 이들은 주말이나 저녁 시간에 모여 '스터디'를 하기도 한다. 국가나 지자체 같은 공적 영역이나 기업은 여기에 어떤 보상을 해줄 수 있는가? 또한 안정적인 직장에 머무르려고 하는 부산·경남권 공대 출신 엔지니어와 더 처우가 좋거나 엔지니어의 가치를 좀 더 높게 쳐주는 곳으로 언제든 떠날 준비가 되어 있는 수도권 출신 엔지니어들은 과연 교류할 수 있을까?

총체적인 지식을 축적하기 위해서는 다양한 인력을 충원해야 한다. 이와 관련해 여성 엔지니어 채용은 특히 중요한 화두이다. 산업도시를 재생산하고 엔지니어의 인적 다양성을 향상시킬 수 있는 가장 좋은 방법은 남초 집단인 중공업 현장에 여성 엔지니어를 충분히 채용하는 것이다. 2016년 산업기술 인력 수급 실태조사 결과에 따르면 조선·석유화학·자동차·기계 등의 산업을 보유한 경남, 울산, 전남의 여성 인력 채용 비율이 10%에도 미치지 못했다. '미래'가 창창한 20대 여성의 고용률도 7% 이내에 그쳤다. 공대 신입생의 4분의 1가량이 여학생이고, 고등학교 자연계에도 여학생의 비율이 절반이 넘지만 기업은 여전히 '제조업은 남자'라는 편견으로 일관하고 있다. '남성 공대생'의 안전한 전공 선택지로 간주되는 '전화기'(전기전자, 화학, 기계)를 선택한 여학생들은 동기 남학생보다 더 높은 취업의 벽 앞에서 망연자실한다. 여성들이 지방 근무를 기피한다고 단정할 수 없는 부분이다. 지방 근무를 '회사가 막고' 있는 경우도 적지 않다.[31]

다양한 인력과 관용적인 제도를 겸비한 조직에서 더 높은 생산성과 혁신을 기대할 수 있다는 것은 조직론의 상식이다. 설계 엔지니어 직군의 성별 편향성은 합리적인 평가를 통해 나온 결과가 아니라, 생산직 노동자들의 성별에서 추론된 빗나간 성 역할 담론이 역사적으로 축적되어 발생한 일에 불과하다. 대부분의 업무를 사무실에서 처리하고, 현장의 업

---

31 양승훈, 〈산업도시 커플 생이별 막자〉,《경향신문》, 2017년 6월 5일.

무도 실제 안전과 크게 상관없는 협의가 주를 이루는 것으로 미루어볼 때 엔지니어 집단이 남초 집단이라는 편견은 그야말로 얼토당토않다.

이뿐만 아니라 산학협력이 어떤 장소에서 이루어져야 하는지도 따져봐야 한다. 내부와 외부인 모두에게 열려 있는 공간이 가장 이상적일 것이다. 거제시를 포함한 많은 지자체들은 '산업 클러스터'를 만들겠다며, 기자재업체들을 유치하려 한다. 하지만 그 공간이 과연 젊은 엔지니어들에게 친화적이거나 성적으로 평등한지에 대해서는 여러 의문이 남는다. 애초에 외곽의 하청업체들을 묶어 회의할 공간을 준 것에 불과해 보인다. 이를 통해 새로운 협업 방식을 촉진할 수 있는 인프라나 소프트웨어는 정작 없다고 해도 과언이 아니다.

이 지점에서 공과대학의 문제도 한번쯤은 짚고 넘어가야 한다. 이런 인프라와 소프트웨어를 제공할 수 있는 최적의 공간은 바로 대학 캠퍼스다. 현업의 노련함을 새로이 부상하는 과학기술과 접목시키는 것이야말로 문제 해결의 다양한 실마리가 될 수 있다. 학령 인구가 줄어들고 있는 마당에 신설 대학을 유치하기는 어려운 상황이므로, 현존하는 공과대학을 산업 현장과 인접한 위치로 유치하는 게 현실적인 방안이 될 수 있다. 그러나 현재 이러한 시도 역시 방향을 잡지 못한 채 표류하고 있다. 한국해양대는 거제도 캠퍼스를 추진했지만, 해당 프로젝트는 2017년부로 무산됐다. 부산, 마창진(마산, 창원, 진해), 거제의 중공업 엔지니어들이 살아 있는 지식을 교류하기 위한 장은 여전히 척박하다.

조선산업을 위시한 중국의 제조업이 약진할수록, 산업 지식을 어떻게 축적해나갈 것인지에 대한 담론은 계속될 것이다. 작업장 엔지니어들의 '분투'가 또 다른 한계에 부딪히고, '배움'과 '성장'을 원하는 랩실 엔지니어들이 서울행만을 기다리며 거제도를 불모의 땅으로 인식하거나, 아예 포부를 내려놓고 '월급이나 받는 생활인'으로 자신을 내려놓게 되는 일이 지금보다 더 많아질수록 위기론은 더욱더 거세질 것이다. 이럴 때 잘 떠나지 않는 지역 출신의 인재를 잡는 것이 현실적으로 가장 안전한 선택인지는 확신하기 어렵다.[32] 실제 조선업체들은 연고에 비중을 두어 채용을 진행하기도 하지만 이것이 언제까지나 가능할까. 회사에 오래 남을 수 있는 안정적인 엔지니어를 확보하는 것도 중요하지만, 새로운 부품이나 프로세스를 개발하고 작업자를 고려하면서도 좀 더 높은 효율을 낼 수 있는 방식을 설계하고자 하는 한국과 전 세계의 엔지니어들이 일하고 싶은 직장을 만드는 것이 훨씬 더 발전적인 방향은 아닐까.

인류학자 조한혜정은 "공략하기보다 낙후시켜라"라며 대안 운동의 방향을 정의한 바 있다. 그러나 '낙후'된 곳에

---

32   실제 수도권의 인구 비중이 늘어나고 있는 상황이기도 하다.

는 여전히 사람들이 남아 있다. 그들은 계속 '낙후'시킨다 하더라도 사라지지 않는 사람들이다. 혁신과 창조에 대해 고민하고, 원천 기술을 축적하고자 한다면 지금 필요한 것은 산업도시 거제가 제조업의 실리콘밸리가 될 수 있도록 고민하는 것이다. 몰락한 제조업 도시의 대표격인 러스트 벨트^{Rust Belt}가 아니라, 젊은 엔지니어들이 다양한 워크숍을 통해 빚어내는 배움과 성장이 산업과 자연스레 연결되어 혁신을 만들어내는 새로운 산업도시로 전환되어야 한다. 또한 이 산업 혁신의 에너지가 다시 사람들을 소생시키는 사회 혁신의 마중물이 되어야 한다. 그러나 아직 표지판은 러스트 벨트로 향하는 길을 가리키고 있는 듯하다.

2. '하면 된다' 시절의 딜레마

예전 같지 않은 힘

한국에서 경제 성장을 온몸으로 체험한 세대는 과연 어떤 세대일까? 1950~1960년대생들일 확률이 높다. 전란을 겪은 후 베이비부머로 태어난 이들은 언제나 오늘보다는 내일이 좋았던 시절을 살았다. 한국의 1인당 국민소득이 200달러 수준일 때 태어난 이들은 현재 3만 달러까지 치솟은 1인당 국민소득을 경험하고 있다. 농경 시대(1950~1960년대)에 성장기를 보내고, 산업화 시대(1970~1990년대)에 청년이 되어, 정보화 시대(2000년대~)에 들어서 중년기에 진입했다. 그들을 움직이는 힘은 "하면 된다"는 구호와 "비가 새는 판잣집에 새우 잠을 잔대도 (……) 내일은 해가 뜬다" 같은 노래 가사(〈사노라면〉)였을 것이다.

조선산업의 일대기 역시 그들의 생애와 궤를 함께한다. 한국 조선산업은 허허벌판에서 시작해 오로지 근성 하나로 무에서 유를 만들어왔다. 벌크선을 짓다가 화학선을 짓고, 유조선을 짓다가 LNG선을 지었다. 선박 수주가 나빠지면 해양 플랜트를 수주했다. 미개척된 상품들은 항상 있었고, 시행 착오를 거치면 결국 무엇이든 개척할 수 있을 것만 같았던 시절이 있었다. 조선산업의 그러한 전성기는 일하는 사람들의 삶으로 구체화됐다. 회사가 어려웠던 시절에도 월급은 밀리지 않고 꼬박꼬박 들어왔다. 처음 합숙소에 살던 노동자들은 14평 사택을 거쳐 34평 신축 아파트에 입주하게 됐다. 1인당 1평 남짓한 공간에서 살던 시절을 거쳐 1인당 10평 정도의 주거 공간을 누릴 수 있을 정도로 산업은 성장했다. 그사이 노동자들의 차는 티코에서 그랜저로 바뀌었고, 이제는 BMW나 벤츠도 굴릴 수 있게 됐다. 예전에는 유명한 온천 관광지이자 국내 최초의 워터파크인 부곡 하와이만 놀러가도 좋다고 할 정도였는데, 이제는 연이은 성과급으로 해외여행도 다닐 수 있게 됐다. 대부분의 사람들에게 고통을 안겨준 IMF도 피해갈 수 있었다. 그렇게 살림살이가 눈에 띄게 향상됐다.

그사이 "하면 된다"는 구호는 관성이 되었다. 매일 출근해 식사와 체조를 하고 공정 준비를 마치는 등 할 일을 하다 보면 배가 완성되어 공장을 거쳐 도크를 지나 안벽에서 시운전을 마치고 선주에게 인도됐다. 일을 마치고 즐겁게 회식 자리를 갖거나 가족들과 푸짐한 식사를 하는 것은 노동자들의 또 다른 즐거움이었다. 그러나 이 모든 것들은 사실 매우 특수한 조건하에서만 가능한 결과에 지나지 않았다.

1960~1970년대에 유럽 조선소의 인건비가 올라가고

일본에서 용접과 생산 설계로 대표되는 기술 혁신이 일어난 때가 있었다. 초호황의 일본 경제는 종합상사를 통해 세계 경영을 했다. 일본의 배는 세계를 지배했다. 마찬가지로 한국도 상대적으로 저렴한 인건비와 블록 대형화를 내세우고, 설비 투자를 통해 건조 기간을 단축함으로써 일본을 제치고 세계 최고의 조선산업 국가가 됐다. 1990~2000년대가 바로 그때이다. IMF 이후 2000년대 초반에는 단군 이래 최대의 호황이 조선산업에서 10년 가까이 지속됐다. 당시는 중국 경제가 급성장해 막대한 물자를 운송할 수단이 필요했던 시기였다. 중국 조선산업이 크게 성장하지 못한 상태였기 때문에 한국 조선소들은 많은 선박을 수주할 수 있었다. 수주 물량이 폭증하자 조선 3사는 이에 맞춰 부지를 매입하고 생산 설비를 증축하고 자재 적치장을 확충했다. 그 정도 시설로도 소화해내기 어려울 만큼 물량이 많았다. 경상남도와 전라남도에서는 기존의 수리 조선소나 블록 제작업체들이 선박 수주에 나서겠다며 도크를 짓고 신조선 시장에 진입했다.

위기를 감지할 수 있는 시간은 분명히 존재했다. 2008년 금융 위기를 겪으면서부터 선박 수주가 급감하기 시작했다. 신규 수주가 없는 상황에서 필요한 것은 내부를 정비할 수 있는 시간이었다. 예컨대 호황기에 발생한 정규직과 비정규직의 임금 차이를 조정하고, 안정적인 수익을 낼 수 있는 포트폴리오에 맞춰 기술 숙련 수준을 살피고, 필요하다면 인적, 물적 내부 구조 전환을 꾀해야 했다. 노동조합과도 직장 평의회나 우리 사주 조합 등의 형식으로 성숙한 관계 맺음을 준비할 필요가 있었다. 그러나 유가 상승이라는 또 다른 요인이 개입해 들어오면서 이러한 정비의 시간 대신 '새로운 확장'의 시대가 열리게 된다. '새로운 확장'이란 곧 해양플랜트 수주를 말한다. 해양플랜트는 그 이후로 10년간 조선소의 주력 상품이 되었고 막대한 매출 증대를 이뤄냈다. 이런 '새로운 확장' 역시 하나의 의사 결정이고, 모든 평가는 그저 결과론에 불과하다고 말할 수도 있겠지만, 어쨌거나 그 선택은 조선산업의 뒷통수를 치는 결과를 낳았다. 그 결과들은 선택의 과정에서 어느 정도 예상할 수 있는 것들이었다.

어려워진 시장 흐름은 조선소에서 일하는 사람이라면 누구나 인지할 수 있는 것이었음에도 그걸 제대로 체감한 사람들은 없었다. 일하는 직원 입장에서는 월급과 상여금, 성과급이 제때 나오고, 삶의 형태를 바꾸어야 할 만큼 커다란 제약이 생기지 않는 이상, 모든 것을 구조적인 관점에서 합리적으로 판단하기는 어렵다. 게다가 섬이라는 지리적 특성 탓에 거제의 중공업 가족들은 수도권의 논의와 담론, 인식과 동떨어진 채 오랜 세월을 살아왔다. 이런 상황에서 회사는 신년사나 노동조합과의 임금 단체협상 등의 자리에서 언제나 "올해 회사의 사정이 어려워서"라는 말만 반복했다. 회사가 어렵다는 말은 노동자들에게는 그저 임금을 올려주기 어렵다는 틀에 박힌 이야기로 들릴 따름이다. 또한 노무관리는 대의원들을 확보해 선거에서 회사에 협조적인 노동조합을 건설하는 방향으로 이루어졌고, 대의원들을 확보하기 위해 적지 않은 유흥을 제공하고 그들의 편의를 봐주었다. 그렇게 노동자들의 일상은 회사의 전반적인 경영 상황 및 시장의 흐름과 상관없이 느리게 흘러가고 있었다. 현실에서 일어나고 있는 변화는 전혀 포착하지 못한 채로 말이다.

산업화 시대에 청춘을 바쳐 '수출 효자 상품', 즉 선박을 만들어내던 사람들은 어느새 중년이 되어 있었다. 뒤늦게 위기 의식을 느낀 이들은 뭐라도 해야 한다며 영화 〈땐뽀걸즈〉의 아빠들처럼 부산히 다음 삶을 준비하기 시작했다. 그러나 배움과 성장에 열려 있지 않은 많은 아빠들에게 도전은 생각보다 쉽지 않았다. 조선소에서 주로 용접일을 했던 〈땐뽀걸즈〉 '시영'의 아빠는 정부에서 마련한 '조선업 희망센터'에서 실업급여와 함께 재취업 안내를 받지만, 기존에 일했던 작업과 연계되는 일은 쉽게 찾지 못한다. 이것은 비단 시영의 아빠에게만 해당되는 이야기가 아니다.

질문: 센터에서는 일자리를 많이 소개해주나요?
답변: (워크넷) 보고 알아서 갑니다. 구직할 수 있는 자리가 있는지 보기 위해 센터를 다니긴 하지만, 막상 구하게 되더라도 결국 현장에서 원래 일하던 분야가 아닌 다른

분야의 일을 시키니까요. 새로운 분야로 가려고 하면, 경력이 없다는 이유로 거절당합니다.[1]

조선업 관련 업무를 제외하면 모든 일이 서툰 퇴직자들은 재교육을 이수하는 경우도 있지만, 채용을 계획하는 기업들이 일정 수준 이상의 경력을 요구하기 때문에 재취업은 만만치 않다. 시영의 아빠도 횟집을 운영하기로 결심하고 서울로 일식 요리를 배우러 간다. 이처럼 자신의 숙련된 기술과 연계되는 산업 일자리를 찾지 못하고 아예 자영업으로 전환하는 퇴직자들도 많다. 조선소에 있는 동안 다양한 인접 분야의 자격증을 딸 수도 있었겠지만, 그건 특출한 몇 명에게 해당된다. 실상은 이렇게 무방비 상태에 놓여 있는 경우가 대다수이다. 물론 정부 역시 이들을 연계되는 산업에 재취업시킬 수 있는 제도를 제대로 마련하지 못하고 있다. 노동자와 회사, 정부와 지자체 모두가 위기를 인지하고 있지만, 이를 극복할 수 있는 뾰족한 방도가 없는 현실이다.

---

1   경남대학교 2018년 1학기 '해양시그니처세미나' 수업에 참여했던 김경국, 김하린, 이나임 학생이 조선업희망센터에서 인터뷰한 내용이다.

낙관의 정치경제학

그럼에도 일각에서는 여전히 낙관론을 말한다. 크게 두 가지 버전의 낙관론이 떠돌고 있다. 업계 애널리스트들의 버전이 그중 하나다. 앞으로 환경 규제가 강화될 것이기 때문에 친환경 선박에 대한 수요가 늘고, 이에 따라 중국에 비해 기술력이 좋은 한국 조선산업에 다시금 호재가 올 것이라는 분석이다. 두 번째 버전은 일본의 사례를 반면교사 삼아 현재의 규모를 축소해서는 안 된다는 주장이다. 나중에 시장이 살아났을 때 설비가 축소되어 수주를 충분히 할 수 없는 문제가 발생할 수 있다는 것이다. 주로 진보적인 사회과학자들이 이런 주장을 펼치고 있다. 이러한 주장들을 어떻게 바라볼 수 있을까?

우선 첫 번째 버전부터 검토해보자. 2017년 9월 8일 UN 산하 국재해사기구(IMO, International Maritime Organization)는 선박 환경 규제를 강화한다는 기조 발표를 내놓았다. 선박 평형수 주입 및 배출 과정에서 발생하는 미생물 등으로 인한 생태계 교란을 막기 위해 살균 처리 설비 설치를 강제하는 '선박 평형수 관리 협약'을 발효한 것이다. 이제 새로 건조되는 선박은 선박 평형수 처리 장치를 의무적으로 설치해야 한다. 그러나 협약 발효 전 건조된 선박의 설치 기한은 2024년까지 연장할 수 있다. 또한 국제해사기구는 2020년까지 선박에서 배출되는 배기가스로 인한 대기오염을 줄이기 위해 선박 연료유의 황산화물 함량을 현행 3.5%에서 0.5% 이하로 강화하기로 했다. 선주는 스크러버 설치, 기존 연료 가격보다 50% 비싼 저유황유 사용, 액화천연가스^{LNG} 연료 선박으로의 교체라는 세 가지 대안 중에서 한 가지를 선택해야만 한다.[2]

선박 평형수 처리 장치의 경우 조선 시장에 큰 영향을 끼치기 어렵다. 선박 평형수 처리 장치는 5~7억 원 남짓의 가격으로, 보통 사람들의 입장에서는 집 한 채와 맞먹는 큰돈이지만, 한국 조선산업이 수주하는 배의 가격은 최소 500억 원에서 최대 1조 원 이상이다. 5~7억 원은 평균적으로 배 가격의 1%가 채 되지 않는 액수이고, 배 한 척을 사서 평균 20년가량을 운용한다고 할 때 정비 비용으로 5억 원 정도를 지출하는 것은 그리 큰 손실이 아니다.

해운업계에 비용 압박을 줌으로써 신규 수주에 영향을 끼칠 수 있는 것은 외려 저유황유 사용이나 스크러버 설치이다. 0.5% 함량의 저유황유를 사용하면 해운사가 부담해야 하는 연료비는 작게는 40%, 크게는 50%까지 증가한다. 또한 앞으로 모든 해운사가 저유황유를 쓴다고 가정하면, 가격은 더 비싸질 수도 있다. 저유황유를 사용하지 않으려면 탈유황 장치인 스크러버를 사용해야 하는데, 스크러버는 설치 기간만

---

2   〈[선박 환경 규제] 기회인가 위기인가: 조선 기자재업체 파나시아 가보니〉,《조선비즈》, 2017년 10월 30일.

10개월가량 소요된다. 해운사가 보유한 유휴 선단이 없다면 10개월간의 손실은 결코 적다고 할 수 없다.

세계의 해운업을 좌우하는 해운 동맹들은 이미 어느 정도 결정을 마친 상태다. 세계 1위 해운사인 머스크 라인은 저유황유 사용으로 방향을 잡았다. 저유황유 가격이 부담된다면 신규 발주를 낼 수도 있을 것이다. 세계 2위 해운사인 MSC는 스크러버 설치를 선택했다. 삼성중공업에 신규 발주를 냈던 LNG 연료 선박도 스크러버를 설치한 배로 계약 내용을 바꿨다. 이는 LNG 연료 선박을 운용할 때 발생할 수 있는 위험에 대해 아직 합의된 입장이 나오지 않았기 때문이다. 현존하는 컨테이너선 중 가장 비싼 것도 LNG 연료 선박이다. 해운업계는 현재 고민에 빠져 있다.

연료유로 움직이는 선박들이 장기적으로는 LNG 연료 선박으로 대체되리라는 사실은 분명하다. 그러나 스크러버 설치나 저유황유 사용은 정유사와 해운사 모두에게 고민을 안겨줄 뿐만 아니라 조선소에게도 상황을 반전시킬 만한 호재를 가져다주지 못한다. 그리고 신규 컨테이너 선박에 대한 수주전이 계속되는 지금, 조선 3사가 모든 선박을 수주하고 있는 것도 아니다. 존 메이너드 케인스가 말했듯 장기적으로 확실한 것은 모두가 죽는다는 사실뿐이다. 환경 규제라는 기회 구조가 생긴 것은 맞지만, 그 기회를 가져가기 위해 해야 하는 준비는 또 다른 차원의 질문을 남긴다.

그렇다면 나중에 시장이 살아났을 때 대형 물량을 받아내기 위해서라도 설비를 축소하면 안 된다고 주장하는 입장은 어떨까? 이들은 일본 조선산업이 1990년대부터 설비를 축소하고 설계 엔지니어링을 포기했다가 시장이 확장되었을 때 그 기회를 한국에 빼앗기게 된 맥락을 근거로 삼는다. 시장이 좋지 않은 현재 상황에서 설비 축소를 단행할 경우 결국 중국 조선산업에 좋은 일을 해주게 된다는 주장이다. 더불어 이들은 숙련 노동자들의 고용을 축소하고, 하청 노농자늘을 대량으로 해고할 경우 산업 경쟁력이 상실될 수 있다고 경고한다. 비슷한 이유에서 설계 엔지니어들의 이직도 막아야 한다고 강조한다. 반전의 기회가 왔을 때 실력을 발휘할 역량이 상실되면 안 된다는 것이다.

하지만 이 주장은 위기의 뿌리를 모조리 외부에서 찾는 오류를 범하고 있다. 말하자면 '조선산업은 노동자들의 피땀과 엔지니어들의 노력으로 흥하게 되었지만, 선수금 환급보증(RG, 수출입은행이나 시중 은행이 발행)을 제대로 발급해주지 않은 선박 금융, 인적 자원과 설비 축소만 진행하고 있는 산업은행식 구조조정 때문에 망했다'는 식이다. 그러나 한국 조선산업이 불황도 없이 2010년대 초반까지 성공 신화를 쌓을 수 있었던 데에는 사실상 시장의 힘이 크게 작용했다. 중국 시장이 팽창하면서 만들어놓은 '슈퍼 사이클'이 한국 조선 산업에 한 줄기 빛을 가져다준 것이다. 또한 2008년 금융 위기로 슈

퍼 사이클이 한계에 부딪혔을 때 그것을 구제해준 것도 역시나 유가 상승과 심해 유전을 개발하겠다는 오일 메이저들의 계획으로 발생했던 '해양플랜트 붐'이었다. 이들의 입장대로라면, 지금 국가가 할 수 있는 것은 극도로 노동집약적인 조선 산업에 세금으로 공적자금을 지원하면서, '고도'를 기다리듯 좋은 시황이 올 날만을 기다리는 일뿐이다.

사실상 위의 두 가지 주장 모두 무책임하다. 마치 조선 산업을 위하는 문제 제기처럼 보이지만, 모두 낭만적인 생각에 취해 있다. 외부의 조건만 바뀌면 지금의 상황이 개선될 수 있을 것이라는 생각 말이다.

2017~2018년 무렵, 처음 해양플랜트 수주를 했던 시기 수준으로 유가가 회복되었다. 조선 3사는 전체 생산 포트폴리오의 20%가량을 해양플랜트로 채우겠다고 주장하며 수주 전쟁에 뛰어들었다. 하지만 훨씬 더 저렴한 생산비를 내세우며 유럽 회사와 합작 벤처를 세운 말레이시아 조선소에 수주를 빼앗겼다. LNG 연료 선박은 과연 다를까? 동남아시아의 조선소들이 떠오른다. 동남아의 조선소들은 싱가폴 등의 거점을 활용하여 유럽의 엔지니어들을 유치하고, 수빅처럼 한국의 생산 설비를 유치하기도 하며, 한국이나 일본보다 느슨한 환경 규제를 활용해 위험천만하지만 '저렴한' 생산비를 확보해 경쟁력을 키워나가고 있다. 한진중공업 수빅 조선소는 한국에서 가장 큰 컨테이너선인 2만 1,000TEU급 선박 건

조에 성공했다. 물론 연비나 LNG 처리 등과 같은 '고급 기술' 측면에서 한국과 격차가 있는 것은 사실이다. 하지만 '인해 전술'을 감당하지 못하게 되는 순간이 머지않아 올 수도 있다. 중국 조선산업의 경우 현재 잠시 주춤하며 새로운 조선 시장에서 예전과 같은 기세를 발휘하지 못하고 있는 상황인데, 경쟁력 강화를 위한 업종 통폐합이 한창 진행되고 있기 때문이다. 그러나 한국의 기술력을 턱밑까지 추격하고 있는 중국을 쉽게 무시할 수 없다. 변동하는 시장 상황이나 환경 규제, 국가의 정책만으로 모든 것이 해결될 수 있다는 생각은 착각에 가깝다.

경영진의 전략과 노동자들의 양해

이제 내생적인 요인들을 따져보자. 앞으로 조선산업이 선전할 수 있을지를 타진해보려면 조선소의 진짜 실력을 파악해야 한다. 앞서 엔지니어의 실력과 노동자들의 생산성에 대해 끊임없이 질문했던 것도 바로 이 때문이었다. 조선산업의 위기는 국가의 지원과 대자본의 투자만으로는 결코 해결될 수 없다.

경영진의 전략은 기본적으로 두 가지 요소로 구성되어 있다. 즉 추가 작업의 축소와 비효율적인 시간을 축소시키는 것이다. 추가 작업의 축소는 다시 설계 오류의 제거(생산을 용이하게 하는 것과 부품의 표준화를 통하여 달성된다)와 비효율적인 작업 방식의 제거(기계 도구와 시설 배치와 같은 관리의 문제와 작업자 자신의 문제로 나뉘어진다)로 나타난다. (중략)

대우조선의 경우 1986년에 마무리 작업 철저, 블록의 대형화, 선행 의장의 극대화, 1987년에 용접 자동화, 공법 개선, 정도 관리, 1990년에 'New Shipbuilding Concept'(신조선 개념의 도입)를 근간으로 더욱 박차를 가하고 있으며, 특히 직무 표준화가 치밀하게 추진되었다고 보고되고 있다. 또한 이는 결국 내업화(야외 작업이 아닌 천장 아래에서 작업하는 것)를 촉진하여 감독이 용이하고, 자연의 기후 변화에 대응하기 위한 것이었다. 용접의 자동화는 3인 1조의 작업을 1인 1조의 작업으로 전환시켰으며, 작업량의 측정을 용이하게 만들었다. 즉 자동용접기에 타이머가 부착되어 작업 시간을 측정할 수 있다. 과거에 50~70여 개에 이르던 직종을 12개로 줄임으로써 다기능화를 촉진하여, 예를 들면, 용접, 취부, 녹제거 등을 다른 직종에 결합하여 하던 것을 이제는 동일인이 동시에 진행하도록 만들었다.[3]

---

3   이은진, 《노동자가 만난 유령》, 경남대학교출판부, 1998, 50~51쪽.

거저 되는 일은 없다. 카를 마르크스의 고전적인 명제에 따르면 재료를 상품으로 만들어내는 것은 노동이다. 경제학 원론에 등장하는 생산의 세 가지 요소는 토지, 노동, 자본이다. 그런데 표준경제학은 수요와 공급의 양, 그리고 그 양이 어떻게 변하는지를 포착하는 물리학의 용어에서 빌려 온 '탄력성'이라고 하는 것에 관심이 많다. 물론 경제 성장의 동력을 외부에서 찾지 않고 내부에서 찾는 내생 성장론이라는 분야가 있긴 하지만, 기본석으로 경제학이 제조업 내부의 생산에 대해 갖고 있는 생각은 '블랙박스'에 가깝다. 다시 말해 알 수 없다는 것이다. 결국 조선산업이 선전했던 내생적 원인들에 주목해보려는 것은 오롯이 외적인 변수(유가, 선가 등)에만 좌우되지 않는 반례들이 조선업계에 너무나 많기 때문이다.

1980년대 초반, 1차적인 설비투자가 끝났을 때 아직 제대로 자리 잡지 못한 조선소들은 1990년대 초반까지 우왕좌왕했다. 각 조선 회사의 연보에는 그동안 건조했던 배들의 목록이 쭉 나열되어 있지만, 당시 실적은 좋지 않았다. 납기가 지연된 것은 물론이고, 품질에도 문제가 많았다. 세계 1위가 되기 이전의 일이다. 수주가 잘 되지 않던 1992~1993년 당시, 대우그룹은 공채 신입사원을 채용하며 희한한 조건을 내걸었다. 자신이 선발된 계열사에 배치되기 전에, 당장 대우중공업과 대우자동차가 생산하던 티코, 다마스, 르망 등 자동차 판매를 3년간 해야 한다는 것이었다. 대우그룹에 뽑혔다면서 좋아했던 신입사원들은 그렇게 전국 각지의 (주)대우자동차판매에 배치되어 차를 팔았다.[4] 향후 업황이 좋아질 수 있으리라는 막연한 전망과 당장 필요한 판매 수요를 고려했던 대우그룹의 묘수(?)였던 셈이다. 당시에는 그 정도로 일감이 많지 않았다. 노동자들은 그래도 '노란 봉투'(권고사직서)가 돌거나 월급 봉투가 빈 적은 없었다고 당시를 회고하지만 어려운 시기였음은 틀림없다. 자본 투자는 성공했지만, 아직 최적화된 생산 현장이 제대로 구축되지 않았던 것이다. 또한 1987년 노동자 대투쟁 이후 형성된 노동조합과의 갈등이 봉합되지 않은 상태이기도 했다.

이에 대한 해법 중 하나로 제시된 것이 2부에서 언급한 '희망 90s 패밀리 트레이닝' 같은 기업문화 활동 그리고 생산 혁신이었다. 생산 혁신을 한마디로 요약하자면, "도요타 자동차처럼 조선소 생산 현장도 최적화하자"였다.

도요타 자동차의 생산 방식은 다음과 같다.

1. 정리정돈 등 5S운동
2. 직무 순환과 다기능화
3. 품질관리조와 전사적 품질관리TQM

---

4   그 이전 혹은 그 이후에 공채로 뽑힌 이들은 자동차를 팔았던 사무직들을 '차팔이'라며 무시하기도 했다.

4. 전사적 설비 관리^{TPM}

5. 적기 생산 방식 또는 무재고 관리 방식으로서의 JIT[5]

    도요타가 당시 미국의 포드 혹은 GM, 독일의 메르세데스 벤츠나 BMW 같은 전통의 강호와 겨룰 수 있었던 것은 생산을 관리하는 그들 특유의 방식 때문이었다. 그 다섯 가지 방식을 항목별로 살펴보자.

    1. 정리정돈 등 5S운동: 현장을 깨끗이 정리하고 정돈해 노동자 한 명 한 명의 작업 동선을 최적화하고, 생산에서의 낭비 시간을 최소화했다.

    2. 직무 순환과 다기능화: 노동자들이 각각 맡은 소구역에서의 작업만 할 수 있던 분업화 대신, 몇 가지 작업을 동시에 할 수 있는 다기능공을 양성했다. 공장의 모든 공정은 똑같이 1:1:1의 물량으로 운영되지 않기 때문에, 쉬어가는 공정의 노동자들을 다른 공정에 배치했다.

    3. 품질관리조와 전사적 품질관리: 현장에서 이루어지던 품질관리를 아예 전사적인 기능으로 분리해 엄격하게 진행했다. 공정 일정을 우선시하는 생산 현장의 원리가 품질의 원리와 상충할 수 있기 때문이다.

    4. 전사적 설비 관리: 설비도 현장에서 자체적으로 수

---

5   이은진, 같은 책, 87~88쪽.

리하는 것이 아닌 전사의 배치 원리와 작동 원리를 숙지한 전담 부서가 담당하게 됐다. 역시나 최적화를 위해서였다.

5. JIT: 결국 이러한 생산 방식의 궁극적인 목표는 적기 생산과 무재고 관리에 있다.

1990년대 초중반의 생산 혁신은 조선소의 사활이 걸린 중요한 프로젝트였다. 다수의 생산관리자들이 파견이나 교육 출장 명목으로 일본을 찾았다. 조선산업은 다루는 물량과 일량의 단위뿐 아니라 하나하나의 공정에서 발생하는 낭비 시간 역시 다른 제조업에 비해 크다. 따라서 인력의 규모는 물론 공구와 장비의 크기도 클 수밖에 없다. 그런데 도요타가 가르쳐준 것은 '미세 작업 관리'였다. 작은 구역 하나하나를 물 샐 틈 없이 촘촘히 관리해서, 허투루 쓰는 시간을 없애는 것이 핵심이었다. 도요타의 생산 방식은 거시적으로는 야드에서 움직이는 자재와 장비의 동선이 최적화될 수 있도록 시설과 건물을 배치하는 숙제를, 미시적으로는 노동자들을 어떻게 길들여 생산성을 올리는 데 동원할 수 있는지 질문을 남겼다.

1990년대를 지나면서, 반장·직장 등 생산 감독자들이 새벽에 일찍 나와 현장을 쓸고닦기 시작했다. 사무직인 생산관리자들도 현장 청소를 아침 일정에 포함했다. 미세 작업 관리가 점차 공식화되면서 현장에 깊숙이 침투한 것이다. 담당 구역에서 자신이 할 수 있는 만큼의 용접을 하면 하루를 마칠 수 있었던 노동자들은, 이제 하루에 할당된 용접량을 채워야 했다. 꼼꼼하게 쓰인 작업 지시서의 항목을 보면서 그 지시 사항을 달성하는 것이 목표가 되었다. 작업 시간이 측정되었고, 작업 시간에 따른 용접량 등 생산성을 회사가 관리하기 시작했다. 반장이 반원들의 생산성을 사무직 생산관리자에게 전달하면, 생산관리팀과 생산혁신팀 등은 이를 취합해 전사적인 생산성 수준을 관리했다. 이와 더불어 진행된 기계화·자동화 덕택에 셋이 하던 작업을 혼자서도 할 수 있게 됐다. 이러한 일련의 조치들로 인해 생산성이 비약적으로 올라갔다. 또한 관리자들은 기회가 될 때마다 노동자들에게 다른 구역에서 활용하는 용접 방식 혹은 아예 다른 공정을 배우라고 권했다. '다기능스타' 같은 제도를 만들어 다양한 작업을 수행할 수 있는 이들을 포상하고, 전사적으로 알리기도 했다. 품질 측면에서도 노동자들의 재량은 사라졌다. 노동자들이 스스로 자신들이 수행한 용접이나 조립 상태를 확인하던 자주관리의 영역은 사라지고, 신설된 품질경영팀의 파란 옷을 입은 품질관리 담당자들이 비파괴검사(NDT, Non-Destructive Test) 등을 수행하기 시작했다.

조선소는 그렇게 노동자들의 몸을 통제함으로써 조선소의 생산성을 비약적으로 향상시켰다. 돌관 작업이 생길 때 언제든 투입될 수 있도록 노동자들에게 끊임없이 다양한 기술들을 배우도록 요구했다. 린 생산Lean Production, 즉 유연한 생산은 1) 노동자들을 반장의 통제하에 집단적으로 조직하고 2)

품질 향상을 위한 개선 활동에 집중하고 3) 부품을 적기에 공급하며 4) 설계 엔지니어의 협업을 기반으로 해서 달성될 수 있다.[6] 노동자들이 달성해야 하는 생산 목표의 수준은 점점 더 높아졌다. 1994~1995년에 실시된 한 설문 조사를 보면, 1990년 이후 노동자들은 2배 이상 강화된 노동 강도로 일하고 있다고 느끼게 된다. 낭비 시간이 줄어들면서 피로가 증가해 근골격계 질환 환자 역시 늘어났다. 당시 3,700명가량이 산재 경험이 있다고 진술했고, 600여 명이 요통 환자, 2,000여 명이 난청 환자로 판명되었다.[7] 이러한 상황을 의식한 대우조선은 1990년대 말부터 산재센터를 확장해 사내에 물리치료실과 병원을 설치했다.

1994년 말과 1995년 초에 걸쳐 조사한 대우조선의 근로 시간 실태를 보면, 회사가 계산하는 근무시간의 개념이 드러나고 있다. 즉 경영자는 근무시간이란 실작업 시간을 의미하는 것이지, 지휘 명령을 내리는 시간, 수선하는 시간, 준비하는 시간, 회의 시간 등은 근무시간으로 다루지 않는 경향을 보이고 있다. 즉 당시 소장인 박동규(1994)는 "작업을 하면 전기를 쓰니까 계량기 미터가 올라가는

---

6   이은진, 같은 책, 126쪽.
7   이은진, 같은 책, 53쪽.

데 이것이 아침 8시 반쯤이나 돼야 올라갑니다. 서서히 이렇게 올라갑니다"라고 진술하고 있다. 즉 8시부터 근무시간인데 왜 8시 30분경에야 기계가 가동되느냐고 안타까워하고 있다. 이러한 문제점을 해결하기 위하여 종업원에 대한 철저한 실태 조사와 감시 감독을 강화하고 임금을 지불하지 않는 노동을 강조하고 있다. 실태 조사의 결과(희망 90s 추진 실무팀, 1990)에 따르면, "작업 종료 시간은 과반수 정도만(56.6%) 제대로 지키고, 나머지 33.6%는 종료 시간을 지키지 않고 있음"이라고 발표한다. 이러한 문제를 해결하기 위하여 식사 시간에 지나치게 일찍 오는 행위, 이를 닦는 행위를 규제하고 타각기를 증설한다."[8]

내가 회사를 다니던 시절, 조선소 야드 생산 현장의 표준적인 일과를 간략하게 요약해보면 아래의 〈표 1〉과 같다.

이 표에서 눈여겨봐야 하는 것은 시작하는 시간과 마치는 시간(시종 시간)이다. 만약 8시부터 17시(18시)까지 근로 계약이 설정되어 있다면 출근 시간은 8시여야 한다. 하지만 조선소에서 근무하는 노동자들은 보통 7시, 늦어도 7시 20분까지 출근을 한다. 출근하면 장구를 착용하고 식사를 하러 간다. 7시 45분이 되면 현장의 모든 노동자들이 자신의 작업 구

---

8   대우조선 사내회보(1987년 12월 10일). 이은진, 같은 책에서 재인용.

<표 1> 조선소 생산 현장의 표준 일과표

시간	일정	비고
07:00	출근	
07:20	조식	사내 식당
07:45	아침 체조	사무동은 경우에 따라 생략
07:55	승선 및 작업준비	반장의 작업 지시 포함
08:00	작업시작	
10:00~10:10	휴식	1차
10:10~12:00	작업	
12:00~13:00	중식	
13:00~13:10	승선 및 작업지시	
13:10~15:00	작업	
15:00~15:10	휴식	2차
15:10~17:00(18:00)	작업	근태 코드에 따라 종료 시간이 달라질 수 있음

역 앞에 모인다. 체조 안내 방송이 나오고, 조금 지나 '국민체
조'가 사내 곳곳에 설치된 스피커에서 흘러나온다. 군인들이
'국군도수체조'에 맞춰 체조를 하는 군대 일조 행사와 비슷한
분위기다. '국민체조'를 마치고 나면, 회사에서는 '근골격계 예
방체조' 노래를 틀고 여기에 맞춰 노동자들은 다시 스트레칭
을 한다. 체조를 마치고 나서는 모여서 '지적 구호'(이를테면 "건
강관리 좋아")를 함께 외친다. 당번인 노동자가 지적 구호를 외
치면 모여 있던 반원 혹은 팀원들은 이에 맞춰 답변을 하는 식
이다. 이때 시간은 7시 55분. 본격적으로 일이 시작되는 법적
근로시간보다 5분이 빠르다. 하지만 조선소에서는 이 시간
에 모든 노동자들이 이미 자신의 작업 구역에 가 있다. 옥외에
서, 특히 갑판이나 선체 안에서 작업하는 노동자들은 이미 배

를 타고 있을 시간이기도 하다. 8시가 되면 (약간의 오차는 있겠지만) 작업이 시작된다. 법적으로는 8시에 출근해 작업을 시작하는 것이 분명 맞다. 회사가 근골격계 질환을 예방하겠다며 틀어주는 체조가도 그 이후에 나와야 하고, 작업 준비도 그 이후에 이뤄져야 한다. 그러나 대부분의 정규직 노동자들은 8시 전에 출근해 모든 준비를 마치고 8시에 작업을 시작하는 것을 너무나 당연하게 여긴다.[9] 회사에 나와서 동료들과 함께 아침을 먹는 것이 익숙하기도 하고, 체조를 하면서 전날 가족들과 있었던 일이나 술자리에서 있었던 일을 이야기하는 것을 즐기기도 한다. 말하자면 근무시간 전의 분위기가 특별히 험악한 것은 아니다.

사실 출근 시간은 1987년 대투쟁, 아니 조선소가 들어섰을 때부터 언제나 노사 간의 갈등을 일으켜온 사안이었다. 노동조합은 '준법 투쟁'을 내세우며 조합원들에게 8시 출근을 독려했다. 사실 원칙적으로는 맞는 말이었다. 그러나 '가동률'을 기준으로 업무를 산정하는 회사의 논리는 끊임없는 설득 과정을 통해 노동자들에게 각인되었다. 조선업에 위기가 닥칠 때마다 회사는 더욱 그런 논리를 폈다.

퇴근 시간 문제도 그리 간단치 않다. 18시에 퇴근한다

---

9 노동조합원 중 급진파 조합원들은 일부러 8시에 맞춰 출근하는 경우도 있지만 이런 이들은 소수에 지나지 않는다.

고 할 때, 노동자는 18시 정각에 어디에 있어야 할까? 회사가 생각하는 퇴근이란, 17시 50분에 반장이 입회한 석회夕會를 하고 18시에 작업장을 떠나는 것을 말한다. 위에서 언급한 조선소장의 말대로라면, 17시 50분까지 전력 사용량이 떨어지지 않는 것이 중요하다. 그리고 도요타의 5S 정리 강령처럼, 작업장을 떠날 때 자신이 썼던 공구를 정리하고 현장 청소까지 마치는 것을 요구한다. 석회가 칼같이 지켜지던 2000년대 중반까지 조선소 현장에서는 현장 노동자들이 18시에 작업장을 정리하고 퇴근하는 것이 일상이었다.

물론 퇴근 시간 역시 쉽게 합의되지 않았다. 노동자들은 17시 30분쯤 작업을 마치고, 17시 40분쯤 석회를 진행하고, 적어도 17시 45분쯤에는 작업 구역에서 완전히 빠져나오는 것을 원했다. 작업하면서 묻은 용접 때나 도장 등을 씻어내고 퇴근하는 것을 선호했기 때문이다. 이들이 작업 과정에서 용접 분진 같은 먼지나 기름때에 얼마나 심각하게 노출되는지는 굳이 말할 필요도 없다. 점심 시간에 야드 근처 식당에 앉아 있는 그들의 모습이 모든 것을 설명해준다. 머리는 땀에 절어 있고, 작업복에는 시커먼 기름때가 묻어 있으며, 몸에서는 용접 때문에 발생한 냄새가 진동을 한다.[10] 퇴근해서 동료들끼리 식사도 하고, 가족도 만나야 하는데 '그런 꼴'로 나갈 수는 없다.

더불어 통근 버스도 노동자들의 발길을 재촉하게 만든

다. 조선소에는 수만 명의 노동자들이 근무한다. 대우조선 노동자들의 경우 근처 장승포-능포, 옥포, 아주 등지부터 멀게는 거제도를 벗어난 통영, 고성 등지에서 출퇴근을 한다. 그들이 주로 사용하는 교통 수단은 통근 버스다. 자가용을 타거나, 회사 바깥까지 오토바이나 자전거로 이동하는 노동자들도 적진 않지만 가장 많이 이용하는 교통수단은 역시나 통근 버스다. 수만 명을 태워야 하니 회사가 수백 대의 버스를 직접 운영하거나 임차해 사용한다. 통근 버스는 출퇴근 시간에는 노동자들을 수송하고, 출퇴근 시간 전후로는 학생들의 등하교를 책임진다. 남는 시간에는 전세 대절로 수입을 챙긴다. 버스는 조선소 내에 있는 몇 개의 정류장에서 노동자들을 태운다. 그런데 노동자들이 밀접해 있는 조선소의 구역들에 정차해 그들을 태우고 나면, 그다음 정류장에 기다리고 있던 노동자들은 만석으로 버스를 타지 못하게 되는 경우가 왕왕 발생한다. 배차 간격을 좁히는 것 외에는 회사에서도 별다른 수를 내지 못한다. 줄을 빨리 서든지 아니면 한산한 구역의 정류장까지 이동하는 것이 가장 합리적인 방법이다.

제때 출근하고 퇴근하는 것은 모든 노동자들의 가장

---

10 조선소 노동조합에서는 현장 노동자들의 아내들을 수시로 조선소로 초청해 야드 투어(조선소 투어)를 제공한다. 야드투어에는 점심식사가 포함되어 있는데, 그때 아내들은 오열을 금치 못한다고 한다. 점심을 먹으러 온 노동자들의 행색이 너무나 '처참'하기 때문이다.

기초적인 욕구이다. 지금껏 조선소들은 생산성을 극대화하기 위해 그런 가장 원초적인 부분까지 관리하는 방식을 채택해왔다. 앞서 언급한 것처럼 거제도 조선소들에서 1987년 노동자대투쟁의 성과 중 하나는 하청 노동자들이 원청의 정규직으로 전환된 것이었다. 1990년대를 경유하면서 노동자들은 노동조합의 이름으로 안정적인 일터를 지켜낼 수 있었다. 1990년대 노동자들을 대상으로 한 설문에 따르면, 노동자의 직무 만족도와 가장 크게 연관되는 항목은 고용의 안정성이었다고 한다.[11] 고용이 점차 안정되기 시작하자, 노동자들은 1시간 가까이 일찍 출근하고, 30분 정도 늦게 퇴근하는 방침에 차차 타협하기 시작한다. 민주노총 현장과 성향의 노동조합에서 위원장이나 대의원 다수를 확보할 경우 그런 식의 현장 통제를 문제 삼기도 했지만, 현장에 있는 다수의 '직영' 노동자들은 회사의 조치를 양해하게 된다. 게다가 1989년에 조선산업 합리화 조치[12]를 겪고, '희망 90s' 운동을 통해 회사의 수익률이 떨어진 상황을 실제로 목격하면서 노동자들은 위기감을 느낀다. 회사의 방침을 '정든 일터'를 살리기 위한 것으로 이해하고 적극 수용할 수밖에 없었던 것이다. 한편으로는

---

11 이은진, 같은 책, 149쪽.

12 1980년대까지 조선산업이 불황을 겪고 수익을 내지 못했기 때문에, 정부는 대우 그룹 측에 재무 구조 개선을 위한 부동산 매각과 계열사 유상증자, 설비투자 축소 등의 조치를 요구했다.

노동 강도를 높이고 시간을 통제하는 회사에 반감을 느끼기도 했지만, 고용이 안정된 상황에서 조직에 대한 일체감을 느끼면서 결국 그런 조치들을 순순히 수용하게 되었다.

이 모든 사태를 노동 강도와 산업재해 사이의 상관관계라는 틀로 해석할 수도 있을 것이다. 자본의 이익률 저하를 막기 위해 생산성을 강화하고자, 노동 강도를 올리고 통제를 강화할 때 결과적으로 산업재해가 나타난다는 식의 해석말이다. 하지만 이런 시각은 노동자가 그저 피해자이고, 아무런 합의 없이 자본의 일방적인 강요에 의해 작업장에 들어간다는 편향된 시각을 만들어낼 따름이다. 생산성 향상 조치들이 실행되는 동안 노동조합은 산재 방지를 위한 작업 중지권을 2000년대 초반에 획득했다. 작업 중지권이란 위험 요인이 발생했을 때 대의원의 발의로 언제든지 조업을 중단할 수 있는 권리를 말한다. 또한 노동조합 측의 요구로 산업재해센터가 생겨나면서 노동자들은 통증 등의 이상 징후를 느낄 때 언제든 진찰을 받고 물리치료 정도의 조치를 받을 수 있게 됐다. 조선소 일이 고되고 힘든 것은 부인할 수 없는 사실이지만, 생산성 향상과 더불어 노동조합의 교섭력 또한 향상되었다는 사실 역시 기억해야 한다. 노동조합의 교섭력이 향상되며 만들어진 나름의 합의라는 것이 분명 존재하기 때문이다.

벼랑으로 내몰리는 비정규직 노동자들

조선소의 '저니맨'

생산기술이 발달하고, 설비투자가 증가하고, 중공업 가족에 대한 회사와 노동자들의 합의가 이뤄지며 생산성 향상이 뚜렷한 목표로 공유되던 1990년대 말부터 2000년대 중반까지 거제도의 두 조선소는 성장 가도를 달렸다. 특히나 LNG선과 초대형 컨테이너선을 수주해 건조하던 시기에는 선박당 10%를 훨씬 넘는 견고한 이익을 창출하기도 했다. 밑바탕을 탄탄히 다져놓았기에 가능한 일이었다.

당시의 노동력으로는 감당하기 어려울 만큼의 물량이 조선소에 몰린 탓에 회사는 정규직 노동자들 이외의 인력이 필요했다. 따라서 2000년대부터는 사내하청[13] 노동자들의 수가 그야말로 대거 늘어났다. 그 결과 조선소에 몇몇 중대한 변화들이 나타나게 된다.

다수의 사내하청업체들은 정년퇴직한 생산직이나 생산관리 사무직들에 의해 설립되었다.[14] 때로는 애초에 외부에서 하청업체를 차리겠다고 제안해서 입주하는 경우도 있었

---

13 사내하청(업체), 임가공도급, (사내)협력사는 모두 같은 대상을 지칭하는 말이나, 사용하는 주체가 각각 다르다. 회사는 '(사내)협력사'라고 부르고, 노동자들은 '사내하청업체'라고 부르고, 법적으로는 '임가공도급업체'라고 표기된다. 이 장에서는 노동자의 관점에서 '사내하청'이라는 표현을 주로 쓰되, 문맥에 따라 '임가공도급업체'와 '사내협력사'로 서술한 경우도 있다.

다. 하청업체를 창업하겠다고 하면 원청의 '사내 협력사 지원팀' 조직은 중소벤처기업부에 이들을 알선해줌으로써 법적 절차를 밟고 대출을 받을 수 있도록 해주었다.

처음 하청업체가 세워지던 시기 각 회사들은 직영 정규직과 유사한 대우를 해주겠다면서 노동자들을 모집했다. 신입사원 모집 공고는 거제도뿐 아니라 조선소가 있는 모든 도시를 비롯해 서울과 부산 등의 인력시장에도 뿌려졌다. 정기 상여금 600%나 연말과 여름에 받는 보너스를 원청 정규직과 비슷하게 맞춰준다는 것이 조건이었다. 원청이 직영들에게 기숙사를 제공하는 것처럼, 사내하청업체들은 신입사원들이 묵을 수 있도록 원청의 기숙사를 변통하거나 주변의 원룸을 확보해 합숙소로 활용했다. 신입사원들은 대우조선, 삼성중공업에서 세운 직업교육센터 등에서 용접이나 전기 포설 등의 기술을 익힌 후 추천을 받아 사내하청 노동자로 취업할 수 있었다.

그러나 하청의 생산 역량은 신입사원들이 아닌 숙련된 '베테랑'들에 의해 좌우된다. 애초 이들은 울산의 현대중공업, 부산의 한진중공업, 고성의 STX, 통영의 성동조선해양이나

---

14 사내하청 설립에 대한 소문은 사내에서 끊임없이 돌아다닌다. 노동조합 편을 들지 않고 사측의 편을 들었다는 이유로 '혜택'을 받았다는 이야기가 나오거나, 하청 담당자에게 '뇌물'을 바쳐서 퇴직할 때 그 자리를 얻었다는 소문이 돈다. 대개는 뜬소문이겠지만 실제로 그런 경우가 왕왕 있었기 때문에, 노동자들은 다양한 경로를 통해 진위를 확인하려 한다.

SPP조선 등의 구조조정 때 발생한 노동자들이다. 이들은 주변 작업자들이나 온라인 커뮤니티를 통해 물량 상황이나 처우 등을 확인해 돌아다닌다. 야구로 치면 '저니맨journeyman' 정도에 해당한다. 이들은 하청업체 대표나 소장 등을 만나 자신의 숙련도나 특수한 기술을 내세우며 임금 조건 등을 협상하는 경우가 많다. 직영의 월급은 매년 임금 단체협상을 통해 노사 간의 합의로 결정되지만 하청업체 베테랑 노동자들의 몸값은 개인적인 협상을 통해 결정되는 것이다. 이 '저니맨'들은 일을 다니다가 자신이 속한 업체의 물량 상황이 나빠지거나 공정이 곤란하게 진행된다 싶으면 다른 업체의 스카우트를 통해 몸값을 더 받고 이직하기도 한다. 특수한 작업에 대한 수요가 어떤 조선소에서 발생해 하루치 일당을 잘 쳐줄 경우 '물량팀'이라는 이름으로 합류해 일당 벌이를 하면서 버티는 경우도 있다.[15]

　하청업체는 각 조선소의 원청 협력사 지원팀과 물량과 작업 구역 그리고 전체 물량에 대한 단가(기성)를 협상하고, 물량을 배정받는 계약을 체결한다. 여기서 주목해야 할 것은 하청업체들은 제조업체가 아닌 임가공업체로 등록된다는 점이다. 어떤 물품을 만드는 것이 아니라, 가공하는 일을 맡아

15　한때 조선소 직영 정규직 노동자들은 '저니맨들'이 자신들보다 더 많이 벌 때가 많다며 푸념하곤 했다. 회사를 다닐 때 실제로 만나본 베테랑 작업자들은 자신들의 벌이를 담담하게 이야기하기도 했다.

하는 업체로 분류되는 것이다.

조선소의 사내하청 계약은 크게 두 가지 방식으로 이루어진다. 하나는 확정 도급 계약이다. 물량을 먼저 확정하고, 이에 대해 원청과 하청이 단가를 합의한 후 정해진 금액을 지불해 공사를 진행하는 방식이다. 쉽게 말하면 A구간에 일정 비용을 지급하면, 하청이 알아서 공사를 진행하는 방식이다. 원청 입장에서는 추가 비용이 들지 않아 좋고, 하청 입장에서는 생산성을 높여 빠른 시일 안에 계약을 완수하면 처음에 산정된 비용이 줄어 추가 이익을 얻을 수 있다.

단가 계약 방식도 있다. 실질적으로는 이 방식이 가장 많이 활용된다. 도급을 줄 총 공정을 일정한 단위, 개별 공정, 항목 등으로 구분한 뒤 그 단위마다 단가를 정하고, 공사를 마쳤을 때 수행 물량을 확인해 원청과 하청이 정한 단가를 근거로 공사비를 산출해 지급하는 방식이다. 나중에 대금을 지급받기 위해서는 매일의 물량과 일량을 기록해놓아야 한다. 매월 말이 되면 원청은 협력업체에 대금을 정산해준다. 물량, 단가, 본공사 대금, 수정추가공사 대금을 하청업체에 제공하면, 하청업체에서 노동자들의 임금을 지급하는 형태다.

사내하청이 살아남는 방식

단가 계약에서 예민한 부분은 다름 아닌 단가와 수정추가공사 대금 항목이다. 단가는 주로 원청이 지정한다. 다수의 제조 대기업들이 부품 하청업체들의 마진을 2000년대부터 지금까지 3~5% 선에서 쥐어짜고 있다는 것은 익히 알려져 있다. 연구개발이나 설비투자를 통해 생산비를 떨어뜨려 수익률을 높이면, 대기업들은 딱 그만큼 단가를 깎았다. 중소기업이 더 이상 크게 성장하지 못한 이유가 이것 때문이라는 분석은 거의 정설에 가깝다.(사내하청의 경우도 마찬가지였다.) 원청인 조선 3사는 회사의 이익 수준에 맞게 단가를 끊임없이 협상한다. 원청은 매년 생산 계획을 세우면서 하청업체의 이익률을 정해놓는다. 지금껏 20여 년간 원청이 출퇴근 관리부터 재무 정보, 생산성까지 많은 정보를 꿰뚫고 있기 때문에 가능한 일이다.

수정추가공사 대금 또한 하청과 원청의 분쟁 거리에 불씨를 제공한다. 예를 들어 원청과 하청 모두 물량을 배정받으면 그 물량을 언제까지 마칠 수 있을지를 계산해 인력을 투입한다. 간혹 선행 공정에서의 부진이나, 예기치 못한 상황이 발생해 추가 작업이 필요한 상황이 닥칠 때가 있다. 기존에 배치된 하청 노동자들이 모든 작업을 마칠 수 있다면 다행이지만, 그게 어렵다면 세 가지 중 하나를 선택해야 한다. 인원을 추가해 예상 날짜까지 공정을 마치거나, 늦더라도 기존 인원으로 공정을 완료하거나, 기존 인원들이 더욱더 분전을 해서 제 날짜에 공정을 마치는 것이다. 원청이 바라는 것은 당연히 인원 추가 없이 정해진 날짜까지 일을 마치는 쪽이다. 하지만 하청에 배당되는 작업들은 대부분 직영 정규직들이 맡은 일보다 어렵다. 처음에는 "해볼 수 있다"고 하다가도 공정 막바지가 되어 진행률이 떨어지게 되면 결국 추가 인력을 동원하고 잔업 특근을 빈번하게 해야 일을 마칠 수 있다. 일을 마치고 나면 하청업체는 순리대로 수정추가공사 대금을 요청한다. 그러나 이때 원청은 보통 그 책임 소재를 걸고 넘어지며 대금을 지급하지 않으려고 한다. 결국 하청업체가 추가된 비용의 일정액만을 받는 것으로 분쟁이 마무리되는 경우가 다반사이다.

잔업 특근수당은 사무직들 사이에서도 언제나 논란의 대상이 된다. 최저임금 수준이 되지 않는 야근 비용을 사내에서 정해 지급하거나 아예 잔업 특근비를 주지 않는 경우가 많기 때문이다. 직장인들이 많이 쓰는 '대나무숲'인 '블라인드'에는 야근비와 잔업비를 떼어먹는 회사를 규탄하는 글이 심심찮게 올라온다. 결국 정규직 사무직들이 겪는 문제가 똑같이 조선소 하청 노동자에게도 발생하는 셈인데, 하청 노동자는 문제를 제기하기 훨씬 어렵다. 원청인 조선 3사는 그간 노동조합과 사측의 협상을 통해 매년 야근 및 특근에 대한 기준을 정하고, 비교적 정확하게 비용을 지급할 수 있게끔 해왔다. 비조합원인 사무직들은 팀장 등 관리자의 눈치 때문에 야근과 특근 등록을 꺼리곤 하지만, 정규직 생산직 노동자들은 아예 아침에 야근과 특근 여부를 반장에게 알리고 정확하게 그

몫을 받아내는 편이다. 특히나 조선소의 잔업비는 자동차산업과 마찬가지로 적지 않은 금액이어서, 잔업비가 임금에서 차지하는 비중도 크다. 그러므로 회사는 과대계상은 물론 과소계상도 하지 않는 시스템으로 정비할 수밖에 없다.[16]

조선산업이 호황이던 2000년대 중반, 혹은 비교적 괜찮은 이익을 내고 있던 2010~2012년까지는 특별한 문제가 없다면 사내하청 노동자들도 잔업비를 제대로 받을 수 있었다. 애초 생산 단가를 협상할 때 임금이 낮게 책정되더라도 수정추가 공사 대금을 집행하는 데는 문제가 없었고, 실력을 인정받은 사내하청업체 대표들은 당당하게 비용을 청구해 노동자들에게 두둑한 임금을 지급할 수 있었다. 그들은 자신이 고용한 노동자들의 기량 등급에 따라 임금을 차등 지급하면서 좀 더 많은 베테랑들을 확보하고자 했다. 난이도가 높은 공정에서 베테랑이 해결사 노릇을 하고, 원청에서 좋은 평가를 받아 임가공 단가 협상에서 우월한 위치를 점하는 선순환이 이루어지기도 했다. 옥포나 고현에서 명찰에 업체 이름을 새겨 넣고 다니는 사람들이 그나마 어깨를 펴고 다닐 수 있었던 시절이었다.

---

16   잔업 특근비의 과대계상은 그대로 회사에 막대한 금전적 부담을 주고, 과소계상은 발견될 경우 노사분규의 씨앗이 된다. 그러므로 가능한 한 공명정대함을 목표로 할 수밖에 없다.

우후죽순 늘어난 사내하청업체

그러나 사정은 사내하청업체에 점차 불리하게 돌아갔다. 해양플랜트 공사가 시작되면서부터다. 해양플랜트는 애초 물량 자체가 선박 건조에 비해 많이 들었다. LNG선 전성기에도 사내하청 노동자와 직영 정규직 생산직 노동자들의 비율이 1:1로 유지되고 있었는데, 해양플랜트 공사가 늘어나면서는 순식간에 3:1~5:1을 넘나들기 시작했다. 그만큼 사내하청업체는 폭발적으로 증가했고, 일하는 노동자들도 늘어났다. 정식으로 인가를 낸 사내하청업체도 많았지만, 노동력의 수요를 감당하지 못하면서 미처 인가를 받지 못한 '임시' 사내하청업체들도 우후죽순으로 생겨났다.

노동 인력이 급격히 늘어났다는 것은 곧 계획이 어그러졌음을 의미한다. 보통은 기본 설계가 끝나고 나면 기본적인 물량이 나온다. 그에 따라 선박당 필요한 작업량도 산정된다. 이것을 일량이라고 한다. 각 선박의 일량과 물량이 정해져 있으므로 조선소는 그것들을 토대로 인력 계획을 세울 수 있다. 한편 생산 계획은 물량을 정하는 것에서 시작된다. 1년에 소화할 수 있는 야드의 최적 생산량을 결정하는 것이다. 일정 부분 늘어나거나 줄어들 수 있다는 전제하에, 즉 '버퍼'를 설정해 계획을 세운다. 물량의 성격 및 공정의 특성에 따라 일량이 달라질 수 있으므로 그것 역시 미리 고려한다. 그 후에는 물량을 어떻게 배분할지, 다시 말해 직영이 몇 %를 맡고, 하청이 몇 %를 맡을지 큰 그림을 그린다. 사외에서 블록을 몇 % 제작해 최종 도크 단계에서 탑재할 것인지 등도 결정한다. 이때도 마찬가지로 인건비와 생산성을 감안해 예상 외주 비용도 계산해봐야 한다.

해양플랜트 공사를 시작하면서 조선 3사는 이러한 사전 계획이 하나도 들어맞지 않는 상황과 맞닥뜨리게 된다. 설계 단계에서 산정한 일량 물량을 현장에서 수행하는 것이 대단히 어려워진 것이다. 선행 공정에서 해내지 못한 일을 후행 공정에서 해결하려면 기존의 작업보다 더 복잡하고 어려운 작업으로 변하는 것이 해양플랜트 작업이어서, 시간이 오래 걸리는 것은 물론 공정이 중단되는 경우가 훨씬 빈번하게 발생한다. 선행 의장 공장에서 1시간에 2명이 할 일을, 탑재장에 가면 4시간에 10명이 해야 하는 경우도 비일비재하다. $1 \times 2=2$, $4 \times 10=40$이니, 20배의 노력이 더 필요한 셈이다. 따라서 해양플랜트 작업에서 사내하청이 급격하게 늘어났다는 것은 최초의 생산 계획과 실제 생산 공정 간의 괴리가 한계점을 향해 달려간다는 말과 다름없다.

사내하청업체와 그 노동자들의 인원이 급격히 늘어나면서 그들을 배당할 수 있는 공간마저 부족해졌다. 회사에 있는 이들에게 사무실 공간을 제공하기에 기존 협력사 사무동은 턱없이 부족했다. 컨테이너 박스 몇 개를 붙여다가 사무실로 쓰고, 그 옆에 현장 사무실과 탈의실을 설치해야 하는 일이 잦아졌다.

쫓기는 공정, 압박받는 노동자들

앞에서 살펴보았듯, 1990년대부터 2000년대 중반까지 조선산업이 수익률을 극대화하면서 선전한 요인으로 꼽을 수 있는 것은 바로 촘촘한 생산관리와 작업장 개선 활동이었다. 회사는 출근 시간을 당기고 퇴근 시간을 최대한 미뤄 작업 시간을 확보하는 한편, 이를 위해 노동자들의 동의 혹은 양해를 구해왔다. 조선산업의 호황기였던 2000년대에 물량과 함께 사내하청 노동자들이 직영 정규직 수만큼 늘어났지만, 그때까지만 해도 조선산업은 사내하청 노동자들을 건사할 수 있는 역량이 있었다. 공간도 여유가 있었고, 조선소 직영 노동자들이 확립한 노동 윤리가 야드의 보편적인 정서로 받아들여졌다. 하청 직원들 중 이직이 잦은 사람들이 있긴 했지만, 기량이 향상될 때마다 급여를 어느 정도 올려주는 방식으로 핵심 인력을 지켜낼 수 있었고, 결과적으로 나름의 선순환을 이룰 수 있었다. 회사는 기업문화 활동을 통해 하청 직원들과의 파트너십 강화를 설파하는 캠페인을 진행했다. 회사가 개최하는 각종 문화 행사 혹은 기념일에 하청 직원들을 동등한 자격으로 초대하기도 했다. 심지어 하청 직원들과 직영 직원들이 서로 '한 식구'라고 말해도 별로 거리낌이 없었다.

하지만 이와 같은 높은 생산성, 혁신의 전통, 직영과

하청 간의 파트너십은 해양플랜트 공정이 정점에 달한 2010년대에 와르르 무너졌다. 질서정연하게 배치되어 있던 설비와 건물들은 수많은 노동자들로 혼잡해지기 시작했다. 한 척의 선박 공사를 하기 위해 도크나 안벽에서 필요한 인원은 채 500명이 되지 않는다. 모두가 각자 맡은 역할이 있기에 그걸 묵묵히 수행하면 되는 시스템이다. 관록 있는 하청 직원들은 직영과의 협업 속에서도 문제없이 공정을 마치곤 했다. 위험한 공정에 대한 매뉴얼이 정확하게 잡혀 있었고, 위험한 공정을 풀어나가는 과정에서 충분한 협의가 도출될 수 있었다. 하지만 드릴십이나 리그선Semi-rig, 해양원유생산설비 같은 경우 많게는 5,000명의 작업자가 필요했다. 이렇게 되자 조선소 HSE(건강, 안전, 환경) 기준으로 볼 때 절대로 작업해서는 안 되는 협소한 구역에서 용접을 하게 되는 일이 잦아졌다. 또한 숙련 노동자의 숫자가 절대적으로 부족해졌는데, 다수의 하청 노동자들이 회사의 직업교육원 교육조차 받지 않았던 비숙련 노동자들이었기 때문이다. 예전처럼 직영 정규직 노동자들이 하청 노동자들보다 많거나 비슷하게 편성되어 있었다면 기존의 방식을 고수할 수도 있었겠으나 더 이상 그건 불가능했다. 해양플랜트 공정 자체가 90%의 사내하청 노동자 편성률을 보유하고 있기 때문이었다. 서로 잘 모르는 사람들이 모여 처음부터 일을 배우며 공정을 진행하는 상황이었던 것이다. 업체 대표들은 계약상 주어진 작업을 언제나 제 인원으로 제 시

간에 해내지 못했다. 결국 주어진 시간을 지키기 위해 '물량
팀'이라는 이름의 노동자들이 동원되기에 이른다.

　이렇게 공정이 꼬이게 되면 중간에서 치이는 사람들
이 발생하기 마련이다. 바로 직영 생산관리자들이 그렇다. 생
산관리자들은 반장들이나 하청업체 소장들을 통해 매일 작업
상황을 취합하고 그것들을 정리해 자신이 맡은 구역의 생산
실적을 저녁에 보고한다. 이른바 '일일 생산 회의'의 백데이터
를 정리하는 셈이다. 작업이 6시 정도에 끝나기 때문에 보통
6시 이후부터 데이터를 정리하는 작업이 시작된다. 직영들은
실적 자료를 빨리 전달해주는 편이지만, 하청업체들은 실적
을 잘 알려주지 않는 경우도 많다. 그러면 생산관리자(주로 사
원, 대리급)들이 전화를 걸어 실적을 확인한다. 전날 계획보다
실적이 안 나올 경우 추궁당할 수 있기 때문에, 하청업체 소장
들은 당일 주간에 진행한 작업보다 부풀려 실적을 계상하곤
한다. 생산관리자들은 이러한 상황을 잘 간파하고 있는 터라,
소장과 몇 차례 질문과 응답을 거쳐 자신이 믿고 싶은 '진실'
에 입각해 자료를 만들어낸다. 실적을 부풀려 말하는 하청업
체 소장이나, 자신이 믿고 싶은 진실을 만들어내는 생산관리
자들이나 서로 마음이 편치 않은 것은 매한가지다. 소장이 잘
하던 기량자가 일이 고돼 그만뒀다는 이야기를 전하면 생산
관리자는 거기에 마음을 쓰면서도 결국 실적을 재촉하게 되
어 전화 통화는 험상궂은 분위기로 종결되기 일쑤다.

하청별, 직영 반별 실적이 전부 취합되면 생산관리자와 하청업체 대표 혹은 소장들은 생산관리 부서장이나 그보다 좀 더 상급자인 생산관리 부문장 등과 당일 실적과 다음 날의 계획을 공유하는 '일일 생산 회의'를 저녁 6시 30분쯤 갖게 된다. 애초의 목적은 공정에서 함께 어려움을 풀 수 있는 방법을 공유하자는 것이지만, 공정이 쫓기면 회의는 생산 조직에 대한 추궁과 변명의 자리가 되고 만다. 실적이 좋지 않은 하청업체들은 원청에게 받은 경고가 누적되어 계약이 해지되기도 한다. 노동자들에게 임금을 제대로 주지 못해 도산하는 경우도 많다. 그런 압박을 견디지 못하고 자살을 시도한 하청 대표도 있다. 원청은 우수 사내협력사를 선정해 독려하고, 복리후생 조건을 직영과 비슷하게 조정해주는 등 좋은 분위기를 만들어보려고 하지만, 근본적인 변화를 이끌어내기는 쉽지 않다.

단가 계약이 아닌 확정 도급 계약으로 모든 공사를 진행했다면 상황이 달라졌을 수도 있다. 오늘 작업 속도가 더디면 내일 만회하면 되고, 내일 만회하지 못하더라도 마지막 납기일만 준수하면 그만이다. 또한 생산 작업 중에 내려지는 지시에 대해 직영 생산관리자가 개입할 여지도 훨씬 줄어들 것이다. 2015년을 경유하면서 조선 3사는 실제로 다시금 확정 도급 방식으로 사내하청들과 계약을 하려고 시도한다. 수정 추가 공사 비용으로 나가는 경비가 만만치 않았기 때문이다.

그러나 해양플랜트 공사 과정에서 발생한 어려움은 계

약 방식의 문제를 훨씬 넘어서 있었다. 어떤 계약 방식을 도입해도 추가 비용이 들 수밖에 없고, 막대한 인원 투입으로 인해 생산성 자체를 지킬 수 없었기 때문이다. 게다가 확정 도급 계약 이야기가 다시 나오던 시점은 이미 해양플랜트 공정의 전성기가 끝나갈 무렵이었다. 결국 확정 도급 계약은 추후에 원청에 발생할 손실을 방어하는 차원에 그치게 된다.

눈에 띄는 차별 대우

적게는 5만, 많게는 6만에 가까운 사람들이 일을 하기 위해 매일같이 조선소로 출근했다. 야드 곳곳은 마비되기 시작했다. 점심 시간, 식당 앞에는 줄이 100미터씩 늘어서 있었다. 식사를 빨리 하기 위해 5분, 10분, 15분 먼저 나오는 사람들도 많았다. 바깥에는 식사를 할 만한 곳이 없어 노동자들은 줄을 서서 기다려야 했고, 이 때문에 여유로운 식사 시간을 가질 수 없었다. 기다렸다가 천천히 먹는 방법을 떠올려볼 수도 있겠지만, 점심을 빨리 먹어야 더 많이 쉴 수 있다. 고되고 정신 없는 노동에 지친 사람들은 담배에 불을 붙이거나 커피를 마시거나 간식을 먹거나, 의자든 바닥이든 어디든 누워서 쉬고 싶어 한다. 사무직들은 자기 자리가 있어 점심을 먹고 나면 한숨을 돌릴 여유가 있지만, 많은 인원이 밀집된 해양플랜트 공정 현장에는 휴게 공간이 턱없이 부족하다. 2010년대 중반부터는 '조선소에 갔더니 우리 남편이 쉬는 시간에 바닥에 앉

아서 빵과 우유를 먹고 있더라. 그 모습을 보니 눈물이 났다'
는 식의 이야기들이 거제 사람들의 입에 오르내렸다.

그런 상황에서 직영 반장·직장 등 감독자들과, 임원들
은 '기초 질서 지키기' 캠페인을 쉬지 않고 펼쳤다. 담배 꽁초
를 아무 데나 버리지 말고, 위험 구역에서 안전 장구를 잘 착
용하고, 출퇴근 시간과 점심 시간을 잘 준수하자는 것 등이 캠
페인의 주된 내용이었다. 노동조합은 이런 캠페인이 '현장 통
제'와 다르지 않다며 곱지 않은 시선으로 봤지만, 1990년대부
터 2000년대까지 현장을 일궈온 사람들로서는 그러한 무질
서 속에서 마치 회사가 망해가는 듯한 느낌을 받지 않았을까.
물론 모든 '기초 질서 지키기' 캠페인이 성공한 것은 아니다.
현장 바닥에 누워서 스마트폰을 보며 쉬고 있는 하청업체의
젊은 일용직들은 직영 감독자들이 그토록 절박하게 캠페인을
벌이는 광경을 그저 멀뚱히 바라볼 따름이었다. 그들에게 절
박한 것은 그저 쉴 수 있는 공간 그리고 기본적인 욕구를 제한
당하지 않는 것이었다. 직영 노동자들과 하청 노동자들 간의
정서적인 간극은 그렇게 점점 더 심화되고 있었다. 특히 사내
에서 자주 불거지는 이른바 '갑질 논란'이 이런 간극을 잘 보
여준다. 조선소 내에서는 다양한 '갑질 논란'이 벌어진다.

조선소에서 작업을 하기 위해서는 공구가 필요하다.
하청업체는 보통 한꺼번에 공구를 준비해오지만, 공정 진행
상황에 따라 공구가 부족한 경우가 발생하기도 한다. 이때 공

구 창고에서 공구를 가져와야 한다. 공구 창고는 보통 직영 정규직 노동자들 중 15년차 이상의 고참들이 관리한다. 하청 직원들은 자신들이 공구를 빌리러 갈 때마다 직영 노동자들이 말을 험하게 하거나 공구를 잘 내주지 않는 일이 왕왕 발생한다고 토로한다. 창고 담당자는 하청 직원들이 매번 필요 이상의 공구를 가져가려 해서 한 소리한 것뿐이라고 이야기한다. 하청 직원들이 공구나 자재를 많이 가져가 장물로 판다는 흉흉한 소문도 나돈다.

무거운 블록을 드는 크레인을 쓸 때도 마찬가지다. 야간 작업에 쓰려고 직영 크레인 기사에게 크레인을 요청하니 자신은 야근할 계획이 없으니 크레인을 쓸 수 없다고 면박을 줬다는 이야기가 많다. 다시 주간에라도 쓸 수 있게 해달라고 부탁하면 기사는 정식으로 신청을 하라고 말한다. 다음 날 아침에는 이미 직영이나 직영과 친한 하청업체에 우선순위로 배정되어 있기 일쑤다. 결국 '빽'을 써야 하는 것 아니냐는 하청 직원들의 반문에 담당자는 하청이 크레인 사용 절차를 잘 알지 못해 일어난 일이라고 정리해버린다. 안 그래도 지원 업무만을 선호하는 직영 생산직들 때문에 골치를 앓던 회사는 야드에 있는 크레인 중 몇몇을 하청이 운용하도록 했는데, 그 뒤부터는 하청 직원들의 만족도가 올라갔다고 한다.

직영 반장들은 하청 반장들과 자신들의 위계 차이가 드러날 수 있게 회사가 조치해주기를 원한다. 반장이라고 다

같은 반장이 아니라는 것이다. 나이도 훨씬 많고(하청 반장들은 30대 중반~40대 초반인 경우가 많다), 로열티도 있고 개선과 혁신 활동에 앞장서고 있는데 똑같은 모자와 옷을 착용하니 제대로 평가를 받지 못한다는 것이 이들의 주장이다. 바로 옆에서 똑같은 공정을 처리하고 있더라도 자신들과 그들은 서로 다르다는 것이다. 이처럼 명찰로 사람을 식별하고 위계를 나누는 일은 야드 바깥뿐 아니라 야드 안에서도 비일비재하게 발생한다.

사내하청 도입에 얽힌 몇 가지 쟁점들

노동조합은 두 가지 메시지를 매번 선거나 임금 단체 협상에서 전달한다. '비정규직 처우 개선'과 '비정규직의 정규직화'가 그것이다. 노동조합은 현장에서 사내하청 노동자들의 고충을 들어주는 창구를 운영한다. 사내하청 노동자들이 부당거나 위험한 작업 지시 등과 관련해 관리자에게 연락을 취하면 노동조합 간부가 찾아와 문제 제기를 하고 해결한다. 잘 해결된 문제는 노동조합 소식지에 그 내용이 실리기도 한다. 또한 지급품을 제대로 받지 못하거나 복지에서 소외되었을 경우 총무팀에 찾아가 문제를 해결하기도 한다. 이는 사내하청 노동자들에게 실질적으로 도움을 준다. 노동조합이 주관하는 행사에서 사내하청 노동자들에게 좌석 배정의 우선권을 줄 때도 있다. 다른 한편 임금 단체협상 자리에서는 비정규직의 정규직화를 내걸며 일정 비율 이상의 사내하청 노동자들을 직영 정규직으로 채용할 것을 요구한다. 물론 회사는 정규직이 늘어나면 회사 예산 중 고정비 비중이 너무 높아진다며 난색을 표한다. 결국 논의는 공전되고 회사의 입장에 따라 유야무야되는 경우가 대부분이다.

사내하청 노동자들은 노동조합이 자신들의 편의를 봐주었으면 한다. 하지만 정규직 전환 같은 문제에 대해서는 일체 기대를 하지 않는다. 협상장에 항상 오르는 사안이긴 하지만 결국 '메인 이슈'가 되지 못한다는 사실을 간파하고 있기 때문이다. 노동조합에게는 직영 정규직 노동자들의 임금, 특근비, 다양한 복지 제도, 성과 상여금, 휴가 보너스 등이 가장 중요한 쟁점이다. 실제 대의원 선거와 위원장 선거에서 승리하기 위해서는 그런 부분에서 뚜렷한 성과를 내야 한다. 노동조합과 직영 노동자들은 구조조정 상황에서 외치게 되는 고용 안정 구호 역시 자신들에게만 해당된다는 것을 잘 알고 있다. 다만 말하지 않을 따름이다. 사내하청 노동자들도 그 사실을 잘 알고 있다. 노동조합은 대의상으로는 노동운동 차원에서 사고할 수 있지만, 실제 협상을 수행할 때는 철저하게 조합원들을 최우선으로 챙기게 된다. 이는 어쩌면 당연한 일이다. 기업별 노조 형태로 되어 있는 한국의 노동조합 운동에서 '다른 법인' 사업자인 사내하청 노동자들의 공식적인 발언권은 인정되지 않는 셈이다.

그럼에도 노동조합 집행부는 노동운동의 대의를 받들어, 조합원 복지를 넘어 사내하청 노동자들과 함께하는 노동운동을 전개하고자 한다. 하지만 어려운 시장 상황은 그들의 발언권을 제한하고, 그들을 자신들의 이권 안에 고립되게 만든다.

2000년대의 조선산업 초호황기를 감안하면 정규직 노동자들을 충분히 확충하는 것이 바람직해 보였다. 하지만 2008년 글로벌 금융 위기가 닥치자 해운사들의 신규 선박 발주가 뚝 끊겼다. 그렇게 물량 부족으로 조선소에 위기가 닥칠 때 노동조합과 회사는 어떠한 방식으로 문제를 함께 풀어나갈 수 있을까?

첫 번째로 생각해볼 수 있는 해결 방식은 정규직들의 노동시간을 줄이고 일감을 나누는 것이다. 그러나 선박 수주 계약에는 납기 기한이 명시되어 있다. 예컨대 8월 30일에 고객에게 인도되기로 한 배는 무슨 일이 있어도 그날 인도되어야 한다. 늦을 경우 손해배상을 해야 하고, 손해배상이 누적되면 그 금융 비용 외에도 신뢰가 떨어져 신규 수주가 불리해지게 된다. 결국 하루에 수행하는 총 작업량을 줄이기는 어렵다. 노동자들이 교대 근무를 통해 시간을 작은 단위로 쪼갬으로써 일을 나누는 방식을 생각해볼 수도 있겠지만, 야간 노동과 주간 노동의 임금이 다르기 때문에 그 임금 차가 신규 계약에 반영되어 있지 않으면 결국 회사가 그만큼 손해를 볼 수밖에 없다. 노동자들이 그런 방식을 원하는지도 확인하기 어렵다. 즉 노동시간을 줄이고 일감을 나누는 방식은 법정 노동시간이 허용하는 최대 시간만큼 노동해서 특근비를 챙겨왔던 거제도의 노동 형태를 급진적으로 뒤집는 문제이다.

또 다른 방법으로는 순번을 정해 무급 휴직(귀향)을 시행하는 것을 생각해볼 수 있다. 실제로 2017년 대우조선 사무직들은 일감이 떨어져 회사가 위기에 처했을 때 한 달씩 돌아가면서 무급 휴직을 실시했다. 그러나 무급 휴직이 의무가 아닌 선택이었던 생산직들은 잘 참여하지 않았다. 생활 수준이 현재의 임금 수준에 맞춰져 있기 때문에 어지간한 압력을 받기 전까지는 무급 휴직을 선택하기란 쉽지 않다. 사무직 노동자들의 경우 한 달의 무급 휴직을 선택해 혼자만의 시간을 갖거나, 자기계발하는 시간을 갖는 일이 많지만, 그것도 싱글이거나 생애 주기상 어느 정도 여유가 있는 사람에게나 가능한 일이다. 일본 조선산업에서는 무급 휴직이라는 선택지가 성공을 거뒀지만, 한국에서는 제한적인 효과만 낸 것이다.

이렇게 노동시간을 줄이고 일감을 나누는 선택지와 무급 휴직이라는 선택지 모두의 효력이 미미한 상황에서 남은 방법은 결국 사내하청을 활용하는 것뿐이다. 사내하청은 정규직 노동자들에게 특별히 피해를 주지 않고도 회사가 물량과 일량에 따라 인력을 운영할 수 있다는 큰 장점이 있다. 노동조합은 비정규직 양산을 반대하는 대의적 측면에서 사내하청을 늘리는 것에 반대했지만, 노동조합을 구성하는 조합원 개개인들의 고용 안정을 위해서는 이 방식이 더 유리했다. 노동조합이 늘 힘 빠진 '비정규직 철폐 투쟁'을 할 수밖에 없는 이유이다. 실제로 사내하청 노동자의 수는 물량의 증가 및 감소에 정확하게 비례했다.

아직 쟁점 하나가 더 남아 있다. 정규직 생산직 노동자들의 업무에 대한 질문으로, 이는 정규직 중 직접생산직의 비중이 감소한 현상과 연관되어 있다. 1990년대 혁신 활동을 통해 생산성 높은 '강한 현장'을 만들었던 역전의 용사들은 2000년대 즈음해서는 직접생산 업무를 기피하기 시작했다. 이는 바로 산업재해에 대한 노동조합과 회사의 합의에 드러나 있었다. 작업을 수행하다가 여러 가지 이유로 산업재해 판정을 받아 치료를 받게 되는 경우, 치료가 완료된 후에는 현장에 복귀해야 하는데, 그때마다 노동자들은 되도록이면 지게차 운전이나 크레인 운전, 공구나 자재 불출 등의 생산 지원 업무로 전환배치 받기를 희망했다. 산업재해 환자 수는 끊임없이 늘어났고, 그중 적지 않은 이들이 생산 지원 업무로 배치됐다. 회사의 공식 방침은 가능하면 현장으로 복귀해야 한다는 것이었지만, 아프다는 사람을 억지로 현장에 복귀시키는 것은 쉽지 않은 일이었다. 또한 노동조합은 산재 환자들의 그런 전환배치를 소극적으로나마 지지했다. 노동자의 기본권 차원에서도 옳은 방향에 가까웠기 때문이다.[17] 결과적으로 정규직 생산직 중 절반을 넘는 숫자가 생산 지원 업무를 맡게 됐다. 회사와 마찬가지로 노동조합도 공식적으로는 생산직 중 직접생산직의 비중이 적은 것이 문제라고 이야기한다. 그러나 여기에 대해 노동조합이 직접적으로 개입하기는 어려운 상황이다.

다시 2000년대 중반으로 돌아가 가정을 해보자. 정규직 생산직들과 사내하청 노동자 수의 비율은 직접생산직만을 고려할 경우 1:1이 아니라, 실제로는 0.5:1, 즉 1:2의 상황이었다. 2010년대 중반에는 1:5가 아니라 1:10 정도의 비율로 사내하청 노동자들이 많았다. 직접생산을 하는 직영 정규직들은 늘 하던 선박 생산에 집중했다. 앞서 언급한 생산성 향상이라는 차원에서 본다면, 이들은 해양플랜트 건조의 키를 쥐고 현장 개선 활동을 함으로써 어려움에 대응했어야 하는 인력이다. 이미 충분히 축적된 선박 생산의 상향식 혁신의 노하우를 해양플랜트에 도입해 공정의 어려움을 풀어냈어야 했다. 그러나 '위험의 외주화'라는 말처럼, 직영 정규직 노동자들은 훨씬 더 어렵고 위험해 보이는 해양생산 공정에 자원하지 않았다. 회사 역시 노무상의 이유를 들어 쉽게 통제할 수 있는 사내하청을 주저없이 활용했다. 새로 충원한 젊은 해양 설계 엔

---

17 산업재해 업무를 담당했던 직원들은 여기에 강한 의구심을 갖고 있는 경우가 꽤 많다. 이른바 자동차 사고에서 흔히 볼 수 있는 것처럼 '나이롱 환자'들이 많다고 여기는 것이다. 물론 사실 여부는 경우에 따라 면밀하게 살펴야 하므로, 어느 한쪽의 생각이 옳다고 일방적으로 전제할 수는 없다.

지니어들의 역량과 우수한 선박 생산관리자들을 거닐고 진행하면 문제를 풀 수 있으리라고 오판했던 것이다.

해양 설계의 외주화 문제 역시 짚고 넘어가야 한다. 미디어상에서는 사내 임가공 하청 문제가 마치 조선소 비정규직 문제의 핵심인 것처럼 다뤄졌다. 그에 비해 사내 설계 하청, 사외 설계 하청 운영에 대한 문제는 제기조차 되지 않았다. 어느 회사든 사내 엔지니어링 센터 옆이나 근처 건물에는 외주 설계 회사가 입주해 있다. 이들은 기본 설계와 상세 설계가 완료된 후 현장으로 보내지는 생산 설계 도면을 그린다. 다른 하청업체와 마찬가지로 설계 물량이 많을 때는 사내 인원을 충원하고 단가 계약으로 도면을 제작해왔다. '베테랑'들을 선호하는 업계 문화와 낮은 설계 시수 할당에 따른 저임금 탓에 이곳에서 일하는 노동자들 역시 자주 이직을 한다. 생산 현장에서는 설계 도면에 문제가 생겨 담당자에게 전화를 걸면 설계 하청 직원이 이미 퇴직을 했거나 이직을 해 대응을 할 수 없는 상황이 종종 발생한다. 때로는 거제나 울산에서 해결되지 않을 정도로 너무 많은 물량 탓에 부산에 있는 작은 건축설계 회사에까지 도면을 맡기는 경우도 꽤 많다. 설계 하청에는 근처에 있는 전문대나 고등학교만 졸업해 설계 학원에서 기본적인 도면을 그리는 방법만 배운 사람들도 있다. 사외 설계 하청에는 이보다 더 심한 경우도 많았을 것이다. 지영 엔지니어들은 설계 오작이 반복되어 생산에 부담을 주는 상황에서

"도면을 밀어내지 않고 철저히 검수하겠다"[18]고 다짐하지만, 외주를 준 물량까지 모조리 감수하기란 쉽지 않다. 설계에서의 이러한 손실은 곧 해양플랜트 생산의 과부하로 이어졌다. 생산에 과부하가 걸리자 공정은 지속적으로 지연되었고 그로 인해 막대한 손실이 발생했다. 자구 계획, 즉 구조조정이 단행될 수밖에 없었던 이유다.

이러한 위기 상황에서 가장 먼저 사지로 내몰린 사람들은 과연 누구일까? 직영 노동자일까, 하청 노동자와 설계 외주사 엔지니어일까? 물론 더 이상 설명할 필요는 없을 것 같다. 조선소의 모든 사람들이 나름대로 합리적인 선택을 했다고 하지만 결과는 좋지 않았다. 노동자들은 온 국민들에게 뭇매를 맞으면서도 그 상황을 전혀 이해하지 못했다. 도요타의 방식을 뛰어넘는 미세 작업 관리와 정도 관리, 생산기술로 조선산업 세계 1위를 달성했던 영화 같은 시절은 한순간에 노병들의 무용담이 되어버렸다. 조선 3사는 1990년대와 2000년대의 높은 생산성을 뒤돌아보며 새로운 도약을 꿈꾸고 있지만, 이제 노동자들의 몸과 마음은 물론 이들을 둘러싼 환경이 너무나도 달라졌다.

---

18 설계 관리자들이 결재가 올라온 도면을 제대로 검토하지 않고 승인해 현장에 배포하는 것을 "도면을 밀어낸다"고 표현한다. 무책임한 설계원을 비아냥거리는 표현이라고 할 수 있다.

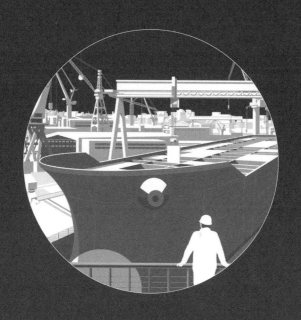

1. 옥포만의 눈물

붕괴된 일사불란함

모든 조선소는 일별, 주별, 월별, 분기별, 연도별로 회의를 진행한다. 분야별 회의로는 설계 엔지니어들 간 회의, 생산관리 담당자들 간의 회의, 프로젝트별로 하는 회의 등이 있으며, 구성원별 회의로는 경영진 간 회의, 노동조합과 경영진이 함께 참여하는 회의, 사장과 평직원들이 모여서 하는 회의 등이 있다. 또한 특정한 문제가 발생했을 때 실무·담당자들끼리 모여 회의를 하기도 하고, 중장기적인 해법을 찾기 위해 TF$^{\text{Task-Force}}$가 구성되는 경우도 있다. 어떤 문제든 모여서 풀어내는 것은 조선소의 생리이자, 동시에 한국의 대부분의 조직들이 공유하는 속성이기도 하다.

팀장 이상 급을 중심으로 매주 한 번씩 진행되는 생산회의를 상상해보자. 조선소 전체의 생산과 설계를 책임지는 조선소장이나 생산 담당 임원들은 물론 설계 엔지니어 관리자들과 생산관리팀 관리자, 품질관리팀 관리자, 조달팀 관리자 등이 여기에 참석할 것이다. 반원 모양의 테이블 중앙에는 조선소장이나 전무급 이상의 부문장들이 앉아서 브리핑을 듣고 총평을 한다. 팀장급은 상황에 대해 브리핑을 하고, 임원이나 다른 부문의 팀장급의 질문이나 의견을 듣고 답변을 한다. 이런 과정을 거치다 보면 현재 진행 중인 프로젝트나 선박 호선들의 상태가 확인된다. 선박 건조의 경우 문제가 있어도 대개는 분전하면 반전할 수 있을 정도의 상황인 데 비해, 해양플랜트 프로젝트는 수많은 문제들로 골치를 앓는다. 간단히 요약하면 공정률이 떨어진다는 것이다. 즉 계획한 만큼 생산 실적이 나오지 않는다는 게 문제다. 중역들은 문제의 원인을 묻기 시작한다. 제일 먼저, 자재가 제대로 들어오지 않았다. 해외에서 출고되는 부품의 도착이 지연되어 제 날짜를 지키지 못했다. 통관에서 문제가 발생해 조달팀 직원들이 나가서 문제를 해결해야 한다. 장비는 제때 도착했지만, 품질경영팀에서 검수를 해보니 불량이 많아서 반품을 해야 한단다.

자재 문제를 해결하고 나면 물류가 속을 썩인다. A 프로젝트를 진행하는 중인데 B 프로젝트가 도크에서 공정 지연을 맞는다. A 프로젝트의 자재가 막 도착했는데, 도크에 적치할 수 없어서 A 프로젝트가 계류 중인 선행 의장 공장에 적치해놓고 있다. C 프로젝트 담당 임원은 A 프로젝트 다음으로 진행할 C 프로젝트에 설치할 자재가 들어갈 곳이 없어서 야드 여기저기에 흩어져 있다고 전한다. 조선소장은 예비로 확보해둔 H 적치장에 두면 안 되냐고 묻는다. H 적치장에는 이미 D, E, F 프로젝트의 장비들이 들어차 있고, 옥외라 A 프로젝트의 자재를 함부로 쌓을 수 없다고 한다. 결국 B 프로젝트가 다시 속도를 낼 때까지 선행 의장 공장에 자재를 쌓아두는 것으로 잠정 합의를 본다. 약속대로라면 다음 주면 자재들이 제 위치로 원상 복귀될 수 있겠지만, 말하는 사람이나 듣는 사람이나 그 약속이 공수표가 될 수도 있다는 것을 잘 알고 있다.

듣는 내내 답답함을 느낀 조선소장은 결국 A, B, C 프로젝트 담당 임원에게 험한 소리를 하고 만다. "그런 건 당신들이 협의해서 결정하면 되는 거 아니요!" 그러나 그들도 문제가 풀리지 않아 이 자리까지 들고 온 터라 쉽게 물러설 수 없다. 1990년대 〈손자병법〉 드라마에나 나올 법한 노회한 얼굴의 부장들이 "예, 한번 해보겠습니다!" 하면서 자신감 있게 큰소리를 치기에는 전산화가 잘된 조선소의 시스템이 적나라하게 치부를 드러내고 있다. 그렇다고 그대로 놔두면 더 큰 손실이 날 거라는 걸 잘 알고 있기에, 잘할 수 있다고 말하는 대신 그냥 대놓고 들이받는 쪽을 택한다.

생산, 조달, 물류 담당 임원들의 날 선 공방이 오고 간 뒤 공은 설계 부문으로 넘어간다. B 프로젝트 담당 임원은 설계를 규탄하기 시작한다. 도크 작업이 지연되는 이유는 도면 출도가 늦고, 도착한 도면이 엉망이라 '펀치'를 칠 게 많아서라고 전한다. 현장에서 설계 담당자에게 전화하면 전화도 잘 안 받고 늘 회의 중이라 문제를 해결할 수 없다는 것이다. 공법을 바꿔야 해서 KP(Key Person, 부문별·공정별 프로젝트 담당자) 회의를 하려고 해도 설계 파트가 너무 바빠 회의를 할 수 없다고 한다. 근본적으로 조선소에서 일이 잘 풀리지 않을 때 모든 책임을 뒤집어씌울 수 있는 사람들이 바로 설계 엔지니어들이다. 처음 기본 설계에서 물량 및 일량을 잘못 산정한 것, 상세 설계와 생산 설계에서 고객이 규정한 재원의 특징이나 안전규격 등을 제대로 숙지하지 않아 작업할 수 없는 도면을 작성한 것 등 이야기를 하다 보면 결국 모든 것은 설계 문제가 된다. 물론 설계 엔지니어들은 여기에 대해 다음과 같이 항변한다. 이들의 항변에도 일리가 있다. 조선공학과를 나온 설계 팀장은 웨이트(중량)가 미칠 수 있는 위험을 고려해 해당 지점에 장비를 놓지 않도록 설계한 것이라고 주장하고, 기계공학과와 전기공학과를 나온 설계 팀장은 그 지점에 장비를 놓아야만 전선과 배관이 제대로 자리 잡을 수 있다고 주장한다. 또한 연락이 잘 되지 않는다는 지적에 대해서는, 생산 파트에서 전산을 통해 빨리 처리할 수 있는 일들을 가지고 구태여 전화를 걸어 현장에 나와 처리하라고 하니 오히려 거기에 대응하다가 진중하게 도면을 살피지 못해 오작률이 더 높아졌다고 항변한다. 결국 일정 수준에서 서로 합의하는 것만이 상책이다.

조선소장은 회의를 마치며 결국 중요한 것은 부문 간

의 긴밀한 소통이라고 이야기한다. 모든 문제를 되도록 담당자 선에서 풀 수 있도록 하고, 조금 더 진전된 생산 회의를 해야 한다며 훈화를 한다. 시간이 흐르면서는 현장과 설계 사이의 간극을 줄이고 문제를 원활히 해결하기 위해 설계원들을 해양플랜트 현장에 파견한다는 결정이 2부에서 언급한 방식으로 이뤄졌다. 이럴 때는 정작 협의의 문화가 잘 작동하지 않는다. 달리 말해 이는 그저 작업장 엔지니어의 문제 해결 방식일 따름이다.

기업문화 담당자로 일하던 시절, 직원들이 보기에 회사의 가장 큰 문제점이 무엇인지를 묻는 설문 조사가 끊임없이 이루어지곤 했다. 1순위를 차지한 답변은 언제나 '소통' 문제였다. 이른바 소통 문제라고 하는 것을 잘 뜯어보면, 결국 이는 회사와 직원 간, 선행 공정 직원들과 후행 공정 직원들 간, 사무직과 생산직 간, 선후배 간에 공감대가 약하고, 소통이 잘 이루어지지 않는 것을 뜻했다. 인사팀이 보기에는 기껏해야 업무에서 잠시 벗어나 그들끼리 소통할 수 있는 시간과 장소를 마련해주는 것 정도가 적절한 해결 방법이었다. 회의가 열릴 때 회의실보다 좀 더 편한 외부의 장소를 잡아주거나 함께 워크숍을 할 수 있도록 분위기를 만들어주는 것 말이다. 때로는 소통을 도와줄 퍼실리테이팅facilitating 강사[1]를 초빙하기도 한다. 함께 어울려 찍은 '인증샷' 같은 그럴듯한 결과물을 남긴 채 워크숍은 종료된다. 금요일과 토요일의 1박 2일 워크숍을 마치고 월요일이 되어 다시 현장으로 돌아왔을 때 변하는 것은 거의 없다. 전화하기 머쓱했던 상대에게 조금 편하게 전화할 수 있는 수준의 변화 정도? 결국 원활한 소통은 업무가 잘 풀려야 가능하다. 따라서 소통 문제에 근원적인 처방을 내리기란 늘 어렵다.

위기가 곧 기회라는 이야기는 조선산업에만 해당되는 이야기가 아니다. 모든 산업 부문이 성장하던 시절, 위기는 늘 기회였다. 오늘 부딪히는 어려움은 내일 당장 극복되지 않더라도 장기적인 성장 추세 속에서 자연스럽게 극복될 수 있다고 여겨졌다. 어려운 상황 속에서도 포기하지 않고 조선산업의 상승 추세에 편승해 더 좋은 시절을 맞게 된 것 역시 분명한 사실이었다. 유럽과 일본에서 기술을 전수받고, 그렇지 못하면 현물을 보고 베껴서라도 도면을 그려내던 시절이 분명 있었다. 도면이 제대로 준비되지 않으면 현장에 있는 노련한 반장들과 반원들은 자체적으로 어려움을 극복하면서 배를 지었다. 1990년대 초반, 조선산업이 돈이 되지 않는 시기였지만 현대, 삼성, 대우 조선 3사는 과감히 설비투자를 하며 조선산업 합리화의 시기를 기회로 활용했다. 도크를 대형화하고, 잘게 쪼개진 블록들을 대형화해 도크의 공기를 줄였고, 당시만

---

1   기업 조직문화의 문제에 대해 진단하고 솔루션을 찾아주는 다양한 회사들이 일군의 시장을 이루고 있다. 이들은 소통 워크숍이나, 회의의 효과적 운영을 위한 촉진 방법, 즉 퍼실리테이션을 기획 및 운영하고, 그 효과를 홍보한다.

해도 첨단 기술이던 LNG 처리 기술을 개발해냈다. 또한 현장의 작업자들은 조선산업의 초창기보다 훨씬 더 촘촘한 통제를 받으면서도 생산 속도를 높였고, 작은 개선 사항들을 누적시켰다. 그 결과 조선산업에 호황기가 열렸고, 노동자들은 자신의 노력을 선순환적으로 높은 임금과 복리후생으로 보상받았다. 이때는 분명 위기가 기회였다.

한두 번의 실패는 사람을 크게 위축시키지 않는다. 누적되는 실패 속에서 앞으로 더 좋아질 거라는 희망이 완전히 사라질 때, 사람은 위축된다. 2013년 삼성중공업이 적자를 낼 때 거제도 사람들은 이것을 위기라기보다는 잠깐 지나가는 감기 정도로 생각했다. 같은 해 STX그룹이 공중분해되고 STX조선해양이 구조조정 초입 단계에 들어간 순간에도 중형 조선소의 한계와 방만한 다각화 경영 때문이라며 강덕수 회장의 리더십을 문제 삼았다. 2014년 현대중공업이 구조조정을 진행할 때도 '현대식' 경영법에 문제를 제기했을 뿐, 조선산업이 순항하리라는 전망은 여전했다. 그러다가 2015년 대우조선에 문제가 터졌을 때에야[2] 비로소 업계 사람들은 이것

---

2   2015년 4월, 5월 나이스신용평가와 한국신용평가는 실적 악화를 근거로 대우조선의 신용등급을 강등했다. 같은 해 5월 대우조선은 1분기 실적 적자를 공시했다. 이는 9년 만의 일이었다. 동종 업계 전체가 적자를 냈던 시기에도 대우조선은 흑자를 내고 있었기 때문에 이는 업계와 조선소 직원들에게 더 큰 충격으로 다가왔다. 연이어 7월 2조 원대 손실 누락을 회사가 공시하고, 2분기 역시 적자를 시전했다. 더군다나 기존의 흑자도 회계상 부정으로 밝혀졌다. 위기 상황은 기정사실이 됐다. 결국 대우조선은 연말부터 공적자금을 수혈받게 된다.

을, 요즘 말로 하면 '행복 회로'가 더 이상 작동하지 않는 상황으로 인지하기 시작했다. 새로 선임된 최고 경영자가 부실을 털어내고 머지않아 경기를 회복할 것이라는 희망 섞인 메시지를 전달해도 소용이 없었다. 그제야 과거의 '괜찮았던 시기'를 비판적으로 재해석하는 시도들이 등장하기 시작했다. 야드에는 불안이 감돌았다.

2012년 즈음에는 해양플랜트 공사가 어렵다는 이야기가 모든 조선소에 파다했다. 가장 생산성이 높았던 조립 공정에서 해양 블록의 조립 속도가 예상보다 현격히 떨어졌다. 선행의 부담은 누적되어 선행 의장, 도장, 탑재 등의 모든 공정을 지연시켰다. 조선소 사람들은 조립 의장, 선행 의장 등 선행공정에서 처리되지 않은 공정을 납기를 맞추기 위해 후행에서 만회하느라 얼마나 고생하는지를 눈으로 확인할 수 있었다. 일사불란하게 돌아가던 대형 조선소의 질서는 사라지고, '돌관 작업'을 위해 수천 명의 '뜨내기'(물량팀)들이 유입됐다. 예전 같았으면 혼자 했을 일을 이제는 100명이 한다는 이야기가 떠돌았다. 후행에서 문제가 생기면 이미 용접된 블록이나, 블록 내부에 설치된 장비와 배관 모두를 뜯어내게 되는 상황도 종종 발생했다. 복잡도가 높기 때문에 재설치를 하게 되면 비용과 인력 손실이 막대하다. 작업하는 노동자의 입장에서도 어려움이 배가되는 건 마찬가지다. 텅 빈 철판에 용접을 하는 것과 복잡한 전선과 배관을 헤치고서 그 안에 용접을 하는 것의 난이도는 애초에 비교될 수조차 없다. 더구나 서서 앞을 보고 하거나 앉아서 하던 기존 경우와 달리, 위를 보거나 고개를 집어넣어서 하는 수준의 용접이 요구되다 보니 작업 속도는 물론 안전에도 구멍이 생기기 일쑤다. 노련한 사람들이 하면 이보다 조금 더 나을 수도 있겠지만, 현실은 그렇게 돌아가지 않았다. 해양플랜트 자체가 너무 많은 인력을 필요로 한 데다가, 외부에서 영입할 수 있는 '베테랑'도 제한적이었다. 비용과 수급 모두가 맞지 않는 상황이었다. 결국 베테랑 노동자 혼자서 할 일을 비숙련 하청 노동자 몇 명이 낑낑대면서 하게 되었다. 위험을 무릅쓰고서.

그런데 희한하게도 대우조선은 표면적으로는 이런 어려움을 헤치고 순항을 했다. 2014년까지 매년 일관되게 5,000억 원 정도의 흑자를 낸 것이다. 이러한 흑자 실현은 한편으로는 노동자들이 2015년 임금 단체협상에서 회사가 꺼낸 "경영 상황이 너무나 어렵다"는 말을 믿지 못하게 만든 근거가 되었고, 다른 한편으로는 "뭔가 석연치 않은 것이 있다"는 불안감을 조성하는 계기가 됐다. 다른 조선사에 다니고 있는 동기들 중에도 회사 사정이 괜찮다고 이야기하는 이는 아무도 없었다. 그저 "어떻게 해서 월급은 나올 것 같아" 하는 급여 담당자의 이야기가 약간의 위안을 줄 따름이었다. 그러나 이것도 잠시, 곧 분식회계의 가능성이 제기되었다. 적자 실현 후 남는 것은 조선업에 냉담해진 세상을 인식하는 것뿐이었다.

다시 제기되는 배움과 성장

한국 대기업의 대표적인 채용 경로는 공개 채용, 즉 공채다. 1년에 두 번 4년제 대졸 혹은 대졸 예정자를 대상으로 사무직 신입사원 공채를 실시한다. 대통령부터 대다수의 정치인들, 그리고 주류 미디어들은 대규모 신입사원 채용이 대기업의 큰 책무 중 하나라고 생각한다. 조선 3사 역시 같은 이유로 신입사원을 많이 뽑았다. 2008~2013년까지 조선 3사는 매년 적게는 수백 명, 많게는 1,000명이 넘는 신입사원을 채용했다.

기업에서는 신입사원을 채용한 후 한 달 남짓 직원에게 요구되는 기본 소양을 교육하는 신입사원 연수를 진행한다. 특히 제조업을 운영하는 기업들은 연수 기간의 절반 정도를 기초 직무 교육이라고 불리는 직무별 업무 관련 교육을 실시하는 데 할애한다. 신입사원이 부서별로 배치되면, 그때부터 본격적인 직무 교육이 시작된다. 달리 말해 신입사원을 당장 활용할 수 있는 부서는 거의 없다.

설계 엔지니어처럼 전문적인 기술을 습득해야 하는 경우, 아예 모든 인원을 집결해 한 달 이상 집체 교육을 실시한다. 집체 교육을 통해 회사가 보유한 CAD 프로그램을 배우고, 완성된 도면을 어떠한 보고 체계를 거쳐 출도할 수 있는지를 익힌다. 생산관리 엔지니어들은 일단 엑셀과 ERP부터 배운다. 매일의 부서 단위 생산 계획과 실적을 입력하고 전체 조선소 시스템과 연동시켜 데이터를 입출력하는 방법을 배우는 것이다. 조금 더 지나면 군대에서처럼 사수-부사수 관계로 OJT를 한다. 경영지원 업무도 큰 차이는 없다. 부서 내 담당자들, 연관 업무를 수행하는 부서 담당자들을 만나 업무 소개를 듣고, 자신의 사수에게 업무를 인계받는다. 자신이 하게 될 일에 대해 아무것도 모른 채 오로지 대학 졸업장과 딱 대졸 정도의 소양만 가지고 있는 학생이 점차 직장인으로 변해가는 것, 그것이 한국의 직무 교육이다. 《미생》의 장그래가 신입사원으로서 하게 되는 일을 생각해보면 쉽게 알 수 있다. 앉아서 컴퓨터 폴더에 있는 파일을 정리하고, 파일의 내용을 숙지하고 업무를 보조하는 역할. 조선소 역시 마찬가지다. 커피 타는 일을 하는지 안 하는지, 복사를 하는지 안 하는지 정도의 차이는 있지만 대부분의 공채 신입사원들이 회사에 처음 들어가하게 되는 일은 대동소이하다.

신입사원 이야기를 하는 것은 조선소들이 1990년대 중반 이후, 즉 IMF가 지나가고 대규모 공채를 진행했던 2000년대의 채용 양상을 따져보기 위해서다. 이 시기를 살펴려는 것은 2000년대 중반까지가 호경기이자 동시에 채용에 분명한 목적이 있었던 시기이기 때문이다. 그 목적이란 '우수 설계원 엔지니어 확보'였다. 그런데 여기서 '우수하다'는 건 정확히 어떤 의미일까? 공학 교육을 잘 받은 인재를 뜻하는 것일까? 하지만 신입사원이 입사 전 제아무리 우수한 교육을 받았다 한들 회사 입장에서는 그저 가르쳐야 할 '막내'에 지나지 않는다. 잠재력은 엿보일지 몰라도, 당장 일을 같이할 수 있기 위해서는 일정 기간의 훈련 그리고 내부적인 지식에 대한 학습 과정이 필요하다. 장그래가 엄청난 통찰력과 판단력을 가지고 있더라도, 당장은 복사 정도밖에 할 수 없는 신입 사원인 것처럼 말이다. 신입사원 한 사람을 정예 인력으로 양성하는 것은 결코 쉬운 일이 아니다.

해양플랜트 건조가 한창이던 2010년대 중반, 엔지니어가 되기 위해 온 신입사원들의 악전고투는 끝이 없었다. 배우는 동시에 모든 상황에 대응해야 했다. 신입사원 한 명이 회사가 기대하는 프로가 되기 위해서는 일정한 시간이 필요했지만, 그들에게는 이런 시간조차 주어지지 않았다. 마치 프로야구에서 1차 드래프트 1순위로 고교 유망주 투수를 뽑아다가 첫 해에 선발, 중간, 마무리 할 것 없이 마구잡이로 등판시켜 100이닝을 넘게 던지게 하며 혹사시키는 것과 다르지 않다. 감독이 원하는 바는 많은 실전 경험을 시킴으로써 팀을 대표하는 에이스로 선수를 키우는 것이겠지만, 선수에게 돌아오는 것은 팔꿈치 접합 수술이나 어깨 관절와순 손상 수술뿐이다. 같은 맥락에서 신입사원에게 지나치게 높은 능력을 기대하는 것은 무리일지 모른다.

해양플랜트와 심해플랜트 사업에 진출하겠다고 포부를 밝혔던 조선 3사는 어쩌면 신입 설계 엔지니어를 충원함으로써 어려움에 도전하는 것 말고 다른 선택을 해야 했던 건 아닐까? 외려 회사와 국적에 상관없이 해당 분야의 전문가를 뽑아 내부에서 역량을 기를 수 있도록 하는 게 더 효과적인 방법이 아니었을까 싶다. 연봉을 더 주는 한이 있어도 이직 시장을 활용해 전문가를 영입하고, 가능하면 해외에서도 충원을 하는 방식이 필요했다. 물론 이런 방식이 한국의 정서 혹은 조선산업과 같은 중후장대 산업에 적합하지 않다는 지적도 많다. 하지만 조선산업의 역사를 보면, 초창기 조선소의 주춧돌을 세운 사람들은 대부분 외국인이었다. 현대중공업의 초대 조선소 사장 역시 덴마크인이었다. 대우조선과 삼성중공업도 외국인 고문을 통해 초창기 기술의 틀을 마련했다.[3] 중역으로 외국인 엔지니어를 채용하는 것을 꺼릴 이유는 전혀 없는 셈이다. 그 외에도 엑슨모빌Exxon Mobil, 쉐브론Chevron 같은 해외의 메이저 정유 기업이나, 벡텔Bechtel이나 테크닙Technip 같은 해외 엔지니어링 회사에서 해양플랜트와 관련된 업무를 하던 국내파 전문가를 찾을 수도 있었으리라.

여러 시도들이 있었지만 대부분은 좌초되었다. 마치 2008년 LG전자가 외국인 CEO를 뽑아 영어 회의를 공용화하려다 실패했을 때 일었던 저항과 비슷한 양상이었다. 모든

---

3 이경묵·박승엽,《한국 조선산업의 성공 요인》, 서울대학교출판문화원, 2013, 156~157쪽.

회의를 LG전자처럼 영어로 진행한다고 할 때, 외국어 소통으로 인한 어려움은 사실 부차적인 문제이다. 진짜 문제는 오히려 연공서열제와 '기수문화' 같은 것들이다. 조선산업은 한국 제조업이 갖고 있는 기업 내 내부 노동시장의 특성과 마찬가지로 연공서열제를 유지해왔다. 2000년대에 성과급제가 도입되고 이에 따라 직무 성과에 따른 보상 체계가 마련되는 듯했지만, 결과적으로는 연차에 따라 연봉이 올라갔다. 직급에 따른 연봉이 대략 예측될 수 있었다. '신입사원은 5,000만 원, 대리는 6,000만 원, 부장은 1억 원' 같은 식으로 말이다. 진급이 밀리면 임금 인상 폭이 줄어들긴 했지만, 어쨌든 어느 정도 '인고의 세월'을 거치고 나면 결국 진급을 시켜주는 경우가 더 많았기에 나이와 근속연수에 따라 임금을 추산할 수 있었다. 다른 모든 산업은 IMF 때 연공서열제에 비교적 많은 부분 손을 댔다. 아예 직급을 폐지하거나 축소한 경우도 많았다. 팀장과 팀원만 직책으로 남겨, 모두 '○○님'으로 부르는 CJ그룹처럼 말이다. 조선산업도 2000년대에 그러한 실험을 했지만 모두 실패했다. IMF를 겪을 때조차 호황이었기 때문에 원래 조직문화가 갖고 있던 관성이 이러한 제도 변화를 압도한 것이다. 그렇기에 이직을 통해 영입된 인사의 위치가 애매한 상황이다. 전문가를 뽑아와도 위에 언급된 것과 같이 각 직급마다 표준적으로 정해진 연봉을 줄 수밖에 없기 때문이다.

신입사원 공채는 기수 체계를 갖는다. '대우그룹 ○○

기' 같은 식이다. 인사관리 시스템에 아예 기수가 적혀 있는 경우도 드물지 않다. 각 기수는 상조회 등을 통해 일정한 금액을 적립하는 모임을 별도로 갖기도 한다.[4] 하지만 외부에서 이직한 사람은 이러한 기수에 속하지 않는다. 연고와 동문 정도야 있겠지만, 어딘가 맥이 빠져버리고 만다. 조선산업에 한정해 말하면 현대, 대우, 삼성 할 것 없이 공채 기수는 새로운 사람을 만나 자신을 소개할 때 언제나 질문 대상이 된다. 외려 다른 기업보다는 특정 학교 출신에게 부장 진급이나 임원 발탁 혜택을 주는 문제에서 공정한 편이긴 하지만, 이른바 '공채 프리미엄'은 깨지기 어려운 것이다. 고등학교 동문이 누구인지가 진급과 임원 발탁에 중요한 고려 사항이 되었던 시절은 사라졌지만, 기수까지 무시하기는 어렵다. 차라리 조선사에 공채로 입사해 다니다가 해외 기업에 이직했다가 다시 '친정'으로 돌아온 경우가 낫다. 함께 입사했던 기존의 공채 동기가 있기 때문이다. 임원급이라면 이야기가 달라진다. 특정한 프로젝트를 책임지고 그 기간을 계약직으로 수행하는 것이다. 물론 성과가 좋다면, 다음 자리를 노려볼 수도 있다. 조선 3사는 그런 식으로 어느 정도 인재를 영입하기도 했다. 그러나 조

---

4   동문회나 향우회가 갖는 영향력도 상당하다. 2010년대를 살아가는 서울의 사무직들에게 향우회는 낯설 수 있지만, 지방 회사에서는 드물지 않은 일이다. 삼성처럼 회사 측에서 동문회나 향우회 같은 사조직을 금지하지 않는 이상 이런 모임의 파급력은 꽤 크다.

직문화를 바꾸거나, 일하는 방식을 바꾸는 데까지 나아가지는 못했다.

배움은 작업장 엔지니어들의 믿음처럼 경험을 쌓으며 부단히 노력하고 문제를 개선할 때 얻을 수 있다. 하지만 경험이 배움이 되지 않고 그저 혹사에만 그치는 상황이라면, 외부의 사람에게 직접 배우는 것도 하나의 방법이 된다. 외부의 교육 프로그램을 수강하는 것도 좋지만, 함께 일하는 공간에 멘토로 삼을 수 있는 외부 인력이 있다면 금상첨화일 것이다. 조선산업 실무를 담당하는 설계 엔지니어들과, 플랜트 관련 법규를 처음부터 끝까지 배워가며 고객을 상대해야 했던 사업관리팀의 젊은 PM(Project Manager, 사업관리자)들은 그런 멘토를 구하지 못해 '맨땅에 헤딩'을 해야 했다. 2010년대의 일이다. 조선소의 선배들은 선박을 세계 1등으로 해내던 시기의 세계관에서 조금도 벗어나려 하지 않았다. 매일 뭔가를 더 알아야 당하지 않는다는 강박에 휩싸였던 젊은 사무직 직원들에게 선배들은 '소통'의 시간을 갖지 않는다며 서운하다는 식의 불평만 늘어놓을 뿐이었다.《미생》의 오상식 차장처럼 모든 일을 꿰고 있으면서 후배들을 잘 단련시켜줄 수 있는 선배들은 드물었다.

잠시 IT 분야의 사정을 들여다보자. IT 회사의 엔지니어들은 이직이 잦다. 최소한 2~3년에 한 번씩은 이직을 한다. 이들에게는 고유한 임금 체계가 있어서, 이직 과정에서 자신의 기술 수준은 물론 프로젝트를 얼마나 많이 어떻게 수행했는지에 대해서 본인이 회사와 함께 평가하고 협상할 수 있다. 어느 정도 규모의 회사에서 어떠한 프로젝트를 수행하고 연차가 얼마나 되며, 어떤 기술을 구사할 수 있는지에 따라서 연봉이 결정되는 것이다. 연봉은 대개 예측이 가능하다. 백엔드 개발자, 프론트엔드 개발자, 시스템 개발자 같은 이들은 글래스도어Glassdoor나 링크트인LinkedIn 같은 사이트에서 자신의 역량으로 얼마를 받을 수 있는지를 확인한다. 최근 유망 직종으로 분류하는 데이터 과학자 혹은 통계학자들도 마찬가지다. 어떤 프로그래밍 언어를 쓰고, 어떤 수준의 업무를 해봤는지에 따라 본인의 가격이 결정된다. 보유하고 있는 기술과 지식 수준이 높다면 다니고 있는 회사가 중소기업이더라도 높은 연봉을 받을 수 있다. 다수의 스타트업 벤처들도 실력을 갖춘 인재에게 그만큼의 대우를 해주는 것을 당연하게 생각한다. 이른바 미국식 임금 체계라 할 수 있다.

물론 한국의 조선사들이 IT 회사들이 실시하는 미국식 임금 체계를 도입하지 않은 데에는 분명 이유가 있을 것이다. 부단히 자기계발하지 않으면 고용 안정성이 떨어지는 상황보다, 적절한 고용 안정성이 유지되는 상황이 직원들에게 더 높은 직무 만족감을 주고 나아가 더 좋은 성과를 내도록 한다는 것이다. 말하자면 이것은 연공서열과 고용 안정의 논리인 셈인데, 사실 여기에는 함정이 있다. 조선 3사가 연공서열제를 고수했던 진짜 이유는 그것을 바꿀 계기가 별로 없었기 때문이다. 즉 연공서열제가 훌륭해서 그런 임금 시스템을 유지한 것이 전혀 아니다. 더불어 한국식 연공서열제가 갖는 치명적인 약점들은 상황을 더욱 악화시킨다. 그 어떤 학습 동기도 부여해주지 못하는 것이 한국의 연공서열제이기 때문이다. 자격증 등을 취득하면 얼마간의 급여를 추가적으로 받기도 하지만, 그 금액은 한 달에 10만 원이 채 되지 않는다. 당사자들 역시 자신이 보유한 자격증이나 특정한 기술이 고과 평가나 승진 시험에서 인정받을 수 있으리라고 기대하지 않는다. 일본의 연공서열제는 '숙련'을 전제로 한 것이었다. 연공서열제에 기초해 매년 월급을 인상한 것은 사무직이든 생산직이든 노동자들이 지금보다 더 나은 실력을 갖추게 될 것이라는 기대가 현실에서 실현되었기 때문이다. 한국의 조선산업은 생산직들의 혁신도 있었지만, 사무직들이 주도한 생산 최적화의 영향을 크게 받아 성장했다는 설이 있다. 그러나 생산직이든 사무직이든 노동자들의 배움과 성장의 결실은 그간 제대로 된 평가를 받은 적이 없다. '정든 일터'에서 '아빠의 순정'으로 일해온 사람들이 노쇠해지고, 젊은 세대가 그런 방식의 동기 부여에 크게 동의하지 않을 때 이 선순환 구조는 깨질 수밖에 없다.

연공서열제와 고용 안정이라는 두 가지 전제는 상호 보완 관계에 있다. 연봉이 천천히 올라가더라도 회사를 정년까지 다닐 수 있다는 보장이 있으면 만족한다. 특히 정규직 생산직 노동자들에게는 꽤나 충분한 동기 부여가 될 수 있다. 노동조합을 통해 임금 단체협상을 잘 수행하면 두 가지를 다 챙기는 것도 크게 어렵지 않기 때문이다. 그러나 사무직들은 2015년 조선업이 위기를 겪게 되었을 때 희망퇴직 대상으로 거론되면서 본인들이 고용 안전에서 완전히 벗어나게 되었다는 사실을 깨닫는다. 이제 남은 것은 단 하나, 임금이다. 하지만 임금 실수령액도 그때쯤 깎이기 시작했다. 그렇다면 정년 보장과 임금 이외의 다른 부분에서라도 만족감을 얻을 수 있어야 회사 생활을 유지할 수 있지 않을까? 물론 별다른 대안이 없어서 눌러앉을 수밖에 없는 경우도 있다.

위험과 해고의 외주화

2000년대 이후부터 사내하청업체의 수는 폭발적으로 증가한다. 새로 확장한 사업인 해양플랜트 건조의 90%를 사내하청 노동자들이 담당하게 된 것이다. 사내하청 노동자들은 태반이 2000년대 중반 한진중공업의 물량이 줄어들고, STX조선해양, 성동조선 등 중소형 조선소가 불황에 접어든 이후에 조선업계에 발을 들인 이들이었다. 이들에게는 위험천만한 작업들이 주어졌지만, 그에 비해 보상은 미미했다. 도리어 경기 침체의 국면 속에서 소리 소문 없는 도산의 릴레이가 이어졌다.

작업 난이도가 높거나 위험 소지가 있는 부분을 사내 하청업체에 배당하는 것을 흔히 '위험의 외주화'[5]라고 한다. 1980년대에 입사해 1990년대까지 조선산업의 초석을 마련했던 생산직 노동자들도 2000년대 중반을 넘어가면서 점차 노쇠하기 시작한다. 1980년에 고등학교를 졸업하고 바로 입사했다고 가정해보면 2010년에는 최소 50세에 육박하는 셈이다.[6] 게다가 당시는 노동조합 운동의 성과로 작업중지권이 적용되고 산업재해가 광범위하게 인정되기 시작하던 시기였다. 용접이나 도장, 의장품 설치, 케이블 포설 결선 등의 업무를 맡던 정규직 생산직 노동자들은 이제 가능하면 생산 지원 업무를 맡고자 했다. 따라서 50%가량이 생산 지원 업무로 전환되었다. 모두가 조선소에 입사해 위험천만한 일들을 다 해본 입장이기에 매일같이 기름때를 묻혀가며 용접 불꽃이 튀는 곳에서 작업하고 싶지 않은 마음은 똑같다. 즉 그들은 기회가 찾아올 때마다 자신에게 가장 유리한 선택을 했을 따름이다. 직접생산 업무를 맡는다고 다른 직무에 비해 돈을 더 받을 수 있는 것도 아니었기에, 웬만하면 HSE 요원이나 공구 창고

---

5   노상헌, 〈사내하청·위험의 외주화에 대한 법적 규제〉, 《강원법학》 제48권, 2016, 67~97쪽; 허환주, 《현대조선 잔혹사》, 후마니타스, 2016.

6   1980년대만 해도 조선업체들이 방위산업체로 지정된 경우가 많아, 조선사에 근무하는 것만으로 병역을 해결할 수 있었다. 이는 다수의 젊은 노동자들을 조선소로 불러들이는 계기가 됐다.

담당자 같은 직무로 전환하고 싶어 했다. 이제 자식들도 장성했는데 특별히 돈을 더 벌기 위해 잔업을 뛰면서까지 악착같이 일할 필요는 없었다. 상선을 맡던 정규직 생산직 노동자들이 그나마 제자리를 지킨 경우에 해당한다.

그러나 해양플랜트는 달랐다. 1980년대부터 몇몇 조선소들이 해양플랜트 공정을 수주해서 진행한 경험에 따르면, '안이 텅 빈' 선박을 작업하는 것과 '안이 꽉 찬' 플랜트를 작업하는 것은 차원이 다르다. 후자가 훨씬 더 어려운 작업임은 너무도 분명하다. 게다가 해양플랜트처럼 처음 진행하는 프로젝트의 경우, 생산 담당자들은 공정 속도에 더욱 예민해지게된다. 선박을 작업하며 발생하는 어려움은 생산직들이 30년동안 축적한 노련함으로 극복할 수 있는 것이었다면, 해양플랜트는 시시각각 알 수 없는 어려움이 도사리고 있는 작업이었다. 복잡한 블록 내부를 작업할 때 따르는 위험도 만만찮다. 조선소에서 사고가 주로 화재, 기계 사이에 끼게 되는 협착, 추락의 위험이 있는 고소 작업(2미터 이상 높은 곳에서의 작업) 등에서 발생한다는 점을 감안할 때, 해양플랜트는 이런 모든 위험을 내재하고 있는 작업이었다. 모두가 꺼리는 일은 결국 가장 약한 고리에 있는 사람들에게 맡겨진다. 사내하청 노동자들이 해양플랜트 작업을 맡을 수밖에 없었던 이유다.

조선소에서는 원체 재해가 많이 발생한다. 심한 경우한 달에 한 명꼴로 생사를 달리한다. 대형사고라도 터지게 되면 여러 노동자들이 목숨을 잃게 된다. 현대중공업 울산조선소에서 첫 배를 건조할 때도 수십 명의 노동자들이 목숨을 잃었다. 안전관리의 개념이 부실했던 1970년대의 일이다. 이제 모든 현장에는 매일매일의 안전 위험도를 설명하는 HSE 지표와 깃발이 설치되어 있다. 가장 조심해야 하는 날은 빨간색, 다소 신경 써야 하는 날은 노란색, 비교적 괜찮은 날은 초록색 깃발을 걸어둔다. 조선소는 위험 수위가 오르는 것을 체계적으로 관리하기 위해 다양한 지표를 개발하고, 지표들의 신호가 위험해질수록 전체 안전에 대한 경각심을 높이는 활동을 한다. 조선소에 들어와 정기적으로 일을 해야 하는 모든 사람들은 일정 시간 안전교육을 이수해야 한다. 사무직은 물론이고 심지어는 매점 직원도 말이다. 사내에서 운전을 하려면 사내 교통 안전교육 시험에 합격해야 한다. 높은 곳에 올라갈 때는 반드시 X 자 모양의 안전벨트를 착용하고, 고리를 걸어서 추락을 방지해야 한다. 안전모를 쓰지 않고 자전거를 탈 경우 어김없이 HSE 요원의 주의를 받는다. 불복하면 곧바로 불이익을 받는데, 조선소 현장에서는 HSE 요원이 최우선이라는 인식이 모든 조선소 노동자들에게 각인되어 있다. 이처럼 조선소의 안전 강박은 대단하다. 물론 그렇게 해야만 한다.

그러나 이 모든 안전 강박이 무너지는 순간이 있다. 바로 공정률 준수라는 압박이 닥칠 때이다. 물론 평상시처럼 절차와 안전 규칙을 준수한다면 사고는 발생하지 않을 것이다.

X 자 모양의 안전벨트와 안전모. 높은 곳에 올라가 작업할 때나 자전거를 타고 이동할 때 안전벨트와 안전모를 착용하지 않으면 HSE 요원에게 경고를 받게 된다.

그러나 공정률이 어떻든 간에 꼬박꼬박 월급을 받는 정규직과 공정 진행 상황에 따라 회사의 월급 지급 능력이 결정되는 사내하청업체 직원들이 느끼는 압박감은 차원이 다르다.

조선소에서는 절대로 시도해선 안 되는 작업 방식이 있다. 대표적으로 선체 내부에서 진행하는 혼재 작업이 그러하다. 혼재 작업이란 한 공간에서 여러 가지 작업을 한꺼번에 하는 것을 말한다. 이를테면, 화기를 쓰는 용접 작업과 도장 작업을 함께 진행하는 식인데, 이렇게 해서는 절대 안 된다. 용접 불꽃이 도장하는 곳에 튀기라도 하면 그대로 화재가 발생할 수 있기 때문이다. 도장된 구역이 다 말랐다고 해도, 내연 시설을 갖춰놓고 작업하는 것이 원칙이다.

또 다른 위험한 작업으로는 밀폐 구역을 용접하는 일이 있다. 용접은 가스를 활용해 불꽃을 내는데, 보통 선체에는 이산화탄소가, 배관에는 아르곤 가스가 사용된다. 이 아르곤 가스는 공기보다 무거워 용접을 하면 할수록 바닥에 축적된다. 따라서 밀폐 구역을 용접할 때는 반드시 정해진 시간마다 환기를 시켜야 한다. 물론 이 경우에도 작업의 양상은 시간 압박에 따라 달라진다. 시간에 쫓기면 기준 시간보다 좀 더 밀폐 구역에 머물면서 용접을 할 수밖에 없다. 그러다가 질식하게 되는 경우가 적지 않다.

공정에 쫓기다 보면 원칙은 결국 '유도리'에게 패한다. 실적을 달성하지 못해 다음 날 깨지는 것에 비하면, 선배 노동자가 "이 정도는 괜찮다"고 이야기하는 일을 하는 게 더 유리하다고 판단하는 것이다. 물론 그 정도의 일을 한다고 꼭 사고가 나는 것은 아니다. 하지만 모든 작업자들이 그렇게 판단하면 사고 위험은 높아지게 된다.

이런 사고들은 평일 낮에는 거의 발생하지 않는다. 사내하청 노동자들은 평일 낮에 완결 짓지 못한 일들을 휴일과 밤 시간에 쫓기듯 급박하게 처리하며 사고에 노출된다(때로 하청업체들은 오히려 밤 시간에 일하는 것을 선호하기도 한다. 그때가 안전 수칙이 그나마 느슨해지는 시간이기 때문이다). 물론 모든 중대 사고가 사내하청 노동자들에게만 발생하는 것은 아니지만, 사내하청 노동자들이 포함되지 않은 중대 사고는 드물다.

일감을 찾아 전국을 떠돌다

그렇게 각 조선소당 약 3만~5만 명 규모로 존재하는 사내하청 노동자들이 악전고투를 거듭한 지도 5년 가까이 지났다. 사내하청 노동자들은 조선소 일대 지역에 원룸 바람을 일으켰다. 노동자들이 차츰차츰 늘어나던 2000년대 초반까지만 해도 그들은 원룸에 약간의 보증금을 끼고 월세를 살거나, 전세로 살았다. 경력이 쌓이면서 기량이 향상되어 소득이 늘어나고 회사(하청업체)도 자리를 잡으면 결혼해서 좀 더 넓은 집으로 가기도 했다. 2000년대 후반부터 최근까지의 상황은 이와는 완전히 다르다. 원룸보다 조금 더 넓은 투룸들이 불티나게 임대 수익을 올리고 있다. 전국에서 몰려온 사내하청 노동자들의 합숙소로 알맞게 활용될 수 있었기 때문이다.

1950년대 말, 스코틀랜드 출신의 유명한 고등학교 리그 축구 선수였던 어떤 이는 고향 글래스고에 있는 고반 조선소의 견습공이 되어 허드렛일을 하면서 하루하루를 버텼다고 한다. 그러다가 축구를 할 기회가 생겨 다시 고향을 등진다. 머지않아 그는 세계적인 스타 감독이 되었다. 맨체스터 유나이티드의 감독을 역임했던 알렉스 퍼거슨의 이야기이다. 2000년대 후반에 조선소에 유입된 '뜨내기'들의 마음도 퍼거슨과 비슷하지 않았을까? 아무것도 모른 채 '알바비'를 많이 준다는 이야기만 듣고 지인을 따라 거제로 온 대학생과, 사업이 실패해 남은 것이라곤 오직 몸뚱아리밖에 없는 중년 남성들, 배운 것 없이 날품팔이로 살다가 더 많은 돈을 벌 수 있다는 이야기를 듣고 온 일용직들.

이들에게 조선소는 미래를 꿈꿀 수 있는 일터가 되지 못했다. 그저 하루하루 입에 풀칠을 할 수 있게 해주는 곳, 다른 일을 시작할 수 있는 밑천을 제공하는 곳에 불과했다. 이들은 삼성중공업과 대우조선의 임가공 하청을 담당하는 업체를 계속 왔다 갔다 하면서 임금을 더 잘 쳐주는 곳을 찾아다녔다. 기술을 보유한 이들은 물량팀을 나갔고, 급전이 필요한 이들은 위험한 작업의 '특공대'를 자처해 나가기도 했다. 탈의실과 샤워장이 턱없이 부족해 씻지도 못한 채 퇴근하는 일도 부지기수였다. 이들은 비싸고 좋은 안주가 나오는 '단체 회식'에 최적화된 옥포 대신, 좀 더 저렴한 장승포의 술집 혹은 합숙소에서 가까운 두모동 어딘가에서 술자리를 가졌다. 착실하게 일하다 업체 대표의 추천을 받아 정규직이 된 사람들의 이야기가 돌기도 했지만, 지극히 예외적인 경우에 지나지 않는다. 이들은 '조선소 드림'과 무관한 '뜨내기'였다.

2015년을 즈음해 하청 노동자들은 순식간에 일자리를 잃게 된다. '위험의 외주화'에 이은 '해고의 외주화'라고 할 수 있을 것이다. 조선산업의 구조조정이 전국적인 이슈가 되기 시작한 2015년은 해양 물량이 줄어들기 시작한 시기이기도 하다. 유가 하락으로 신규 해양플랜트 수주가 끊긴 것이다. 20달러 정도면 땅에서 1배럴의 기름을 캘 수 있는 상황에서 구태여 바다에 장비를 설치하고 1배럴당 60~70달러를 들여 기름을 캐겠다는 정유 회사는 당연히 없었다. 연 인원 수만 명이 덤벼 악전고투로 지은 드릴십을 주요 고객사인 정유 회사가 가져가지 않기 시작한 것이다. 공정 지연으로 일감이 남아 있긴 했지만, 최전성기에 비하면 인력은 남아도는 수준이었다. 원청인 조선소는 결국 '사내협력사 통폐합 및 대형화' 정책을 폈다. 작은 하청들을 통폐합해서 중형 이상의 하청업체로 키운다는 이야기였다. 표면적으로는 중복되는 관리 인력을 줄임으로써 효율을 늘린다는 것이었으나, 더 깊은 곳에는 회사가 부실해 운영이 제대로 되지 않는 하청업체는 도산시켜도 된다는 인식이 깔려 있었다. 그렇게 공정 지연 상황에서 급하게 동원되었던 하청 물량팀은 2015년부터 급속히 해체되었다. 그나마 사내하청업체의 상용직들은 당장 자리라도 지킬 수 있었지만, 이것도 잠시, 이들은 바로 그다음 타자로 구조조정 대상이 되었다. 원청이 구조조정 압박을 받을 때 정규직들의 희망퇴직 인원을 어떻게 정할 것인지를 둘러싸고 치열한 논쟁을 벌이는 순간에도 사내하청 노동자들의 자리는 줄어갔다. 사내하청 노동자들이 맡았던 공정 중 몇 가지는 다시 직영 정규직 노동자들의 몫이 되었다.

애초에 임가공을 하청을 준 것도 하청업체는 쉽게 정리하고 또 세울 수 있다는 인식 때문이었다. '수량적 유연화'라는 좀 더 세련된 표현도 있다. 필요할 때는 숙련 정규직 노동자의 자리를 반숙련 비정규직 노동자에게 넘겼다가 더 이상 필요가 없어지면 유연하게 정리해버리는 것이다. '해고의 외주화'는 '생산의 외주화'를 거쳐 '위험의 외주화'에 이르러 도달하게 된 결론이었다.

734억 원. 경상남도가 파악한 2017년 말까지 체불된 임금의 총액이다. 이 중 대부분은 거제와 통영에서 발생한 것들이다. 임금이 체불된 노동자는 총 1만 7,016명. 1인당 431만 원가량의 임금이 체불되었다. 대부분의 임금 체불은 조선소 물량팀에서 발생했다. 수익을 내지 못한 임가공 협력업체들이 도산하면서 이들의 임금이 체불된 것이다. 2016년에는 체불 임금이 943억까지 증가하기도 했다.[7] 앞서 언급한 것처럼 물량팀 노동자들은 한진중공업이 위기를 맞고 통영과 고성의 조선소들이 도산했을 때부터 일감을 찾아 전전하던 이들이거나 일거리를 찾아 전국에서 몰려온 이들이다. 경남권뿐만 아니라 전국 각지에 가족을 두고 있는 경우가 많다. 예비군 훈련장에서 만난 한 친구의 이야기를 전해볼까 한다.

경기도에서 전기 설치 업무를 하다가 2015년에 거제도 대우조선에서 해양플랜트 전기 설치 업무를 담당하는 사내협력

---

7   〈설 앞두고 도내 체불 임금 734억 원〉, 《경남도민신문》, 2018년 2월 7일; 〈조선소 물량팀 노동자들 "황금 연휴는 딴 나라 이야기"〉, 《연합뉴스》, 2017년 9월 29일.

업체로 넘어왔다. 거제의 집값이 비싸 통영에 있는 아파트에 대출을 끼고 입주를 했다. 둘째가 태어날 예정이어서 주거 환경이 중요했다. 업체는 해양 물량이 줄어들던 2016년에 도산을 했고, 나는 가족을 통영에 남겨둔 채 울산 현대중공업 협력업체로 일자리를 옮겼다. 조선소 근처에 있는 임시 거처에 머물면서 주말 부부로 지냈다. 물론 이 업체도 2017년에 도산을 했다. 다시 평택과 천안에 가서 전기 설치 관리자로 일을 하게 되었고, 이때도 역시나 주말부부로 지냈다. 평택과 천안에서는 프로젝트 단위로 계약을 했기 때문에 1년 후 또다시 일자리를 옮겨야 했다. 지금은 울산으로 넘어와 현대중공업 협력업체에서 일을 하고 있다. 주말에만 아이를 볼 수 있다는 게 고역이다.

희망퇴직금을 받을 수 있는 이들은 창업이라도 할 수 있지만, 애초 일당을 받거나 단기 계약으로만 일을 하던 이들은 결국 새로운 일자리를 찾아 전전할 수밖에 없는 신세다. 업계가 호황일 때는 하청 상용직(정규직)과 물량팀 중 유리한 조건을 선택할 수 있지만, 그런 시기가 지나간 지금 이들에게 선택의 여지는 없다. 최대한 자신의 특기를 살려 다른 조선소 혹은 석유화학 단지의 플랜트 공사 등을 찾아다녀야 한다.

떠나는 사람들과 남은 사람들

물량이 줄어들면서 사내하청 노동자들은 자연스럽게 해고되었다. 사내하청 노동자들이 야드 바깥으로 '버려지고' 회사가 명예퇴직제를 실시하는 동안 사무 업무를 뒷받침하던 오래된 사무보조 여직원들 역시 자리를 떠났다. 대우조선 역시 현대중공업의 전철을 그대로 밟고 있었다.

사무직과 엔지니어의 퇴사

그 와중에 제 발로 야드를 떠나는 사람들도 늘어나기 시작했다. 사무직과 엔지니어들이 바로 그들이다.

혹자는 대우그룹을 '인재사관학교'라고 칭하곤 했다. 사실 이 말은 기껏 인재를 양성해놨더니 결국에는 다른 회사로 이직한다는 부정적인 뜻에 가깝지만, 어찌 되었든 회사 내부에서 '일머리'를 갖춘 젊은 인재들을 키워낸다는 의미 또한 분명히 가지고 있다. 대기업 직원으로 일하는 내 주변 사람들은《미생》을 보며 종종 대리가 저렇게 말할 수 있냐고 놀란 기색으로 묻곤 했는데, 실제로 조선사에서는 가능한 일이었다. 물론 성급하게 일반화할 수는 없지만, 어쨌든 주니어 담당자들의 발언권이 높았던 것은 사실이다.

보통 대기업에서 발언권은 차장-부장 등 중간 관리자 직급들이 갖게 된다. 대리-과장 등 주니어들은 중간 관리자를 보조하고, 사원급은 나머지 자질구레한 심부름이나 타이핑을 하는 식이다. 그런데 대우조선의 대리-과장들은 직접 담당자를 맡았고, 실무적인 문제에 다양한 의견을 제시하는 데 능숙했다. 외려 부장들이 뒤에서 대리를 지원하는 역할을 맡을 때도 많았다.[8] 대리급의 담당자들은 업무를 리드하는 데 익숙했고 실제로 그렇게 훈련받았다.《미생》에 등장하는 '김동식 대리'나 '강해준 대리'처럼 부품 자재 업체와 직접 대화하고 협상하는 일은 조달팀이나 사업관리팀의 주니어들에게는 일상적인 일이다. 물론 결재 체계에 따라 보고를 올리는 식의 절차가 있긴 하지만, 이에 대한 담당자의 권한을 인정해주는 것이 이른바 대우의 문화였다. 좀 더 정확히 말하면,《미생》에 나오는 '상사맨'의 전통을 조선소의 사무직들 역시 어느 정도 공유하고 있었다.[9] 대우그룹이 무너지고 대우조선이 하나의 독립적인 회사가 되었을 때도 '담당자 주도 문화'는 계속되었다. 특히 조달-구매나 영업-사업관리 업무를 하는 사람들은 명민하고 합리적인 방식으로 일을 처리하는 것을 하나의 규준으로 삼았다.[10] 이는 수더분하고 성실한 생산 담당자들의 일 처리 방식과는 분명 구분되는 것이었다.

2000년대에 접어들면서 이직이 이례적인 일로 여겨지

---

8   물론 직무에 따라 차이는 있으나, 프로젝트 성격의 업무를 맡은 담당자들은 지위 고하와 상관없이 책임을 맡고 당당하게 발언할 수 있는 분위기가 형성되어 있었다.

9   (주)대우상사(현 포스코-대우) 출신들이 선박 영업을 하던 시절에 이러한 조직문화가 이식되었다고 볼 수 있을 것이다.

던 시대는 뒤안길로 사라졌다. 특히 사무직들에게는 더욱 그러했다. 조선산업계도 예외는 아니었다. 조선 3사 공히 우수한 엔지니어를 뽑는 데 혈안이 되어 있었지만, 신입사원 채용만으로는 부족했다. 경력직 이직 시장의 도움을 받아야만 했다. 하지만 대우조선은 적극적인 인사 정책을 펼치기에는 다소 불리한 상황이었다. 이직해 들어온 경력직에게 '파격적인' 대우를 해주기에는 대우조선 고유의 급여 체계나 다양한 문화적 요인들이 발목을 잡았다. 다른 조선사는 연봉을 눈에 띄게 높이거나 근무지와 관련해 좀 더 배려를 해주는 방식으로 이들을 잡으려 하고 있었다.

　　이직이 중대한 이슈로 부상하게 된 것은 호황기를 지나 불황을 맞게 되면서부터다. 불황은 부드럽고 합리적인 조직문화를 선호하는 사람들을 더 이상 회사에 머물지 못하도록 했다. 독립 회사로서 대우조선의 초창기에 채용된 사무직들과 엔지니어들은 자긍심이 있었기에 버티기도 했지만, 위기가 심화되자 그런 자긍심도 점차 희미해졌다. 연봉은 줄어들고, 업무 강도는 더 높아지는 상황에서 버틸 동기를 찾기란 쉽지 않았다.

10　더불어 학벌 차이도 간과할 수 없는 부분이다. 공채 출신으로 서울 4년제 대학을 나온 사람들이 경영관리, 기획, 조달, 영업, 사업관리 등의 직무에 배치됐다. 이들이 지역 출신 대학의 사무직들에 대해 일정 부분 우월감을 가지고 있었다는 것을 부인하기는 힘들다. 이와 관련한 기사로는 〈"지잡대'는 무조건 서류 탈락" ⋯ 대우조선해양 채용 기준 논란〉,《연합뉴스》, 2017년 10월 13일.

공정 지연으로 탈진하는 직원들, 주야 없이 야근을 하는 직원들도 늘어갔다. 현장으로 파견 나간 직원들은 현장 근무 상황에 따라 토요일 오전까지 근무하는 경우가 많았는데, 매주 서울로 향하는 셔틀버스를 타는 이들에게는 무척이나 괴로운 일이 아닐 수 없었다. 역으로 현장에서는 그들의 입장을 이해하지 못했다. 경영 현황이나 조선소 밖의 시장 상황을 빨리 접하게 되는 부문에서 일하는 직원들은 증권 투자자들이 손절매를 하듯, 그전까지는 뿌리쳐왔던 헤드헌터의 전화를 받고 구직 사이트에 접속해 자신들의 이력서를 등록하기 시작했다. 조선소에 특화된 직무가 아닌 일반적인 사무 업무를 하던 서울 소재 4년제 대학 출신 직원들은 회사 자체가 더 저평가되기 전에 이직을 하려고 했다. 조금 더 젊은 사무직들은 유학 준비를 하거나 영어 점수를 갱신하는 등 위기를 인생의 전환점으로 삼기도 했다. 비혼인 사무직 직원들은 그러한 선택을 어느 정도 감수할 수 있었다. 다수의 엔지니어들도 서둘러 다음 진로를 준비했다.[11] 예전에는 번호만 보면 차단했던 헤드헌터들의 전화를 받고, 도서관에서 공학 계열 자격증을 취득하기 시작했다. 고객이나 파트너사, 혹은 선급사와 관계가 좋았던 직원들은 (비록 계약직이었지만) 연봉이 높은 감독

---

11 이런 분위기는 현재 더욱더 강화된 것으로 보인다. 〈조선업 '엑소더스'〉,《한국경제》, 2018년 9월 6일.

관 자리로 이직을 시도하기도 했다.

다른 한편, 서울에서 근무하던 직원들 중 다수는 거제 도로 근무지를 옮기게 되었다. 우수한 설계 인력을 잡고 글로 벌 EPC[12] 기업으로 발돋움하겠다던 조선 3사가 2015년 이후 '현장 경영' 구호를 외치면서 서울에 있던 조직들이 야드로 옮 겨오기 시작한 것이다. 특히 기본 설계 엔지니어들, 기획이나 영업 부문의 직원들이 내려오는 경우가 늘었다. 하지만 회사 의 결정과 달리 조직 구성원들은 이전을 거부했다. 기혼 직원 들 중에는 야드 근무를 하다가 '간신히' 서울로 전근을 온 경 우도 많았는데, 자녀 교육 등의 문제를 고려할 때 다시 지방으 로 내려가는 것은 어려운 선택이었다.

결국 이들은 회사의 직원 아파트에 혼자 거주하기로 한다. 서울행 셔틀버스에 '기러기 아빠'들이 늘어난 이유이다. 주말 연애 때문에 이별하게 된 야드 동기들의 이야기도 숱하 게 들려왔다. 우여곡절 끝에 결혼을 하게 되더라도, 최소한 반 려자가 야드로 내려가지 않는다는 사실을 간파하고 있어야 했다. 하지만 거제도 전근이 확정된 직원 중 상당수가 조직이 거제도로 이동하기도 전에 퇴사를 택했다. 또한 이직의 기회

12　'Engineering, Procurement, Construction'의 약자로, 설계, 구매, 건조 혹은 건 설 모두를 수행할 수 있는 종합 엔지니어링 회사를 뜻한다. 2010년대에 조선 회사 들은 해양플랜트 성공을 초석 삼아 종합 중공업 회사를 만들겠다는 포부를 밝힌 바 있다.

를 잡지 못해 내려온 젊은 직원들도 위기가 한창 확산된 2016년 즈음에 이르러 퇴사를 선택하는 경우가 많았다.

다양성이 유지되고 있다는 것은 조직의 매우 중요한 지표이다. 조직은 일의 구조를 살피는 사람도 필요로 하고, 그 것들을 추진력 있게 집행하는 사람도 필요로 한다. 다양성 없이 한쪽으로만 편향되면 모든 판단이 '집단 사고group thinking'에 갇히게 되어 조직의 미래가 불투명해진다는 것은 조직 이론에서 꽤나 자명한 이야기다. 조선산업이 위기를 겪고, 사람들이 조직을 떠나기 시작하면서 조직은 점차 다양성을 잃어갔다. 다양성의 상실은 조선산업의 위기에 따른 결과이기도 했지만, 애초 다양성보다는 조선산업 부양에만 집중해온 산업도시 거제의 근본적인 한계이기도 했다.

줄어드는 인구와 부동산

조선산업의 위기가 심화되던 2016년을 기점으로 거제도의 인구는 점차 줄어들기 시작했다. 거제의 인구는 2016년 정점(27만 1,361명)을 찍은 뒤 현재까지 1만 2,000명가량이 감소했다. 내국인 남성은 3,000명가량, 여성은 1,500명가량 줄었다. 조선업의 불황으로 수만 명의 일자리가 사라졌다는 점을 감안하면, 실제로 거제를 떠난 사람은 많지 않은 것으로 보인다. 즉 내국인은 이직 등으로 퇴사한 원청 정규직 인원만큼 감소했다고 볼 수 있다.

특기할 만한 것은 외국인 인구의 급감이다. 2013년 1만 명을 넘어 2015년 1만 5,000명에 이르렀던 외국인 인구는 7,816명(2018년 4월 기준)으로 절반가량 줄어들었다. 우선 해양 플랜트 공사가 종료된 시점인 2016~2017년 사이에 주문주 회사와 엔지니어링 회사의 엔지니어들과 선급의 감독관들이 빠져나간 영향이 컸다.

1부에서 살펴본 대로 다수의 외국인은 거제에 가족을 동반하고 있었는데, 그 때문에 이들이 빠져나간 2017년 이후 거제 소재 외국인 학교의 학생 수가 급감하게 된다. 해양플랜 트 전성기였던 2015년만 해도 관내에 외국인 학교가 부족할 정도로 외국인 가족들이 많아 사천까지 학생을 보내곤 했다.

〈표 1〉 거제시의 인구 현황(2012~2018년 4월)

| 연별 | 등록인구 | | | | | | | | |
| | 총 인 구 | | | 내국인 | | | 외국인 | | |
	합계	남	여	소계	남	여	소계	남	여
2012	245,972	130,760	115,212	236,944	124,076	112,868	9,028	6,684	2,344
2013	253,349	135,478	117,871	242,077	127,020	115,057	11,272	8,458	2,814
2014	262,011	140,822	121,189	248,287	130,708	117,579	13,724	10,114	3,610
2015	270,879	146,373	124,506	255,828	135,281	120,547	15,051	11,092	3,959
2016	271,361	146,283	125,078	257,183	135,738	121,445	14,178	10,545	3,633
2017	263,542	140,324	123,218	254,073	133,467	120,606	9,469	6,857	2,612
2018(4월)	259,756	137,579	122,177	251,940	132,058	119,882	7,816	5,521	2,295

옥포 프랑스 학교의 경우 프랑스의 오일 메이저 토탈Total과 엔지니어링 회사인 테크닙의 인원들이 빠지면서 학교 운영 자체가 무의미한 지경에 이르렀다. 영어 수업으로 운영되는 거제외국인학교도 노르웨이 국영 기업 스타토일Statoil이 발주한 리그선 등의 공사와 글로벌 컨소시엄으로 진행된 호주 인펙스INPEX FPSO 프로젝트가 끝나면서 학생이 대폭 줄어들었다.

옥포 외국인 거리의 주점, 식당, 클럽 등이 저녁마다 주문주, 엔지니어링 회사, 선급 감독관들로 붐비던 시절이 있었다. 이들은 "Foreigners Only"(외국인만 출입 가능)라는 표시가 붙어 있는 클럽에서 만리타국에서 만난 고향 친구들과 함께 술을 마시고 춤을 추며 퇴근 시간을 보냈다. 그러나 2018년 외국인 거리를 다시 찾았을 때는 많은 식당들이 정리된 상태였

인구 증가율 (%)	세대당 인구	65세이상 고령자	인구밀도		전년 대비 인구 (내국인) 증감수
				면적(㎢)	
1.8	2.7	17,710	612	402.01	4,157
2.2	2.7	18,470	630	402.01	5,133
2.6	2.7	19,366	652	402.16	6,210
3.0	2.7	20,073	673	402.30	7,541
0.5	2.6	20,932	675	402.30	1,355
(1.2)	2.6	22,240	655	402.30	-3,110
(0.8)	2.6	22,692	646	402.30	-2,133

학교	2016년 8월	2017년 8월
옥포프랑스학교	120	10
거제외국인학교	412	142
부산국제외국인학교	500	350

다. 외국인 전용 클럽에는 "Foreigners Only"가 사라지고, 어느덧 "내국인 환영"이라는 글씨가 붙어 있었다. 호경기가 지나갔음을 알리는 우울한 신호였다.[13]

외국인이라는 범주 안에는 엔지니어나 감독관뿐 아니라 이주노동자들도 포함되어 있다. 다수의 해양플랜트 관련 하청업체의 폐업으로 이들의 인구 역시 감소했다. 2014~2015년 거제에 거주하던 인구가 400명이 넘었던 국가를 정리한 〈표 3〉을 보면, 2015년 이후부터 이들의 인구가 전반적으로 감소했음을 확인할 수 있다. 동남아나 네팔, 인도 등지에서 온 이주노동자들은 언제나 가장 위험한 공정에 손쉽게 투입되던 사람들이었다. 조선소를 떠날 때 이들이 제 몫을 챙겼는지는 알 수 없다.

인구의 급감을 드러내는 가장 적나라한 지표는 바로

---

13 통계상으로는 가늠하기가 어렵지만, 거제 외국인 전용 클럽은 한때 필리핀 이주 여성들이 성매매를 했던 곳으로 알려져 있다. 연예예술비자를 발급받아 브로커를 통해 일자리를 알선받다가 인신매매로 거제도 클럽까지 오게 되는 경우가 많다고 한다. 일본 아오야마가쿠인 대학의 쓰지모토 도시코 교수에게서 얻은 정보로 자세한 사항에 대해서는 더 많은 연구가 필요한 것으로 보인다.

〈표 3〉 여성 인구의 비율이 높은 국가(2014~2017)

연도	국적	계	남	여	성비
2014	필리핀	781	287	494	0.58
2014	일본	88	21	65	0.32
2015	필리핀	751	244	507	0.48
2015	일본	111	39	72	0.54
2015	아제르바이잔	12	2	10	0.20
2016	필리핀	621	215	406	0.53
2016	불가리아	11	4	7	0.57
2017	필리핀	451	140	311	0.45
2017	일본	127	48	79	0.61
2017	러시아	50	18	32	0.56

미분양 아파트다. 조선산업이 휘청거리자 부동산 시장은 마치 '나비효과'처럼 더 크게 요동치며 폭락하기 시작했다. 해양플랜트 수주 잔량 및 공사가 줄어들어 외국인들이 본국으로 돌아가거나 다른 건조 지역으로 빠져나가자, 외국인을 대상으로 임대업을 벌인 사람들은 이자를 감당하지 못해 재무압박을 받게 되었다. 이에 아파트를 매각하여 투자손실을 막으려 했지만 수포로 돌아갔다. 매년 수천 세대를 지었던 아파트들은 유력한 실수요자인 젊은 직원들이 이직 등으로 빠져나가면서 거래가 뚝 끊겼다. 10년차 정도의 젊은 부부들도 소유하고 있던 아파트를 지체 없이 팔아버리고 이사를 가는 상황에서 반등의 기회를 기대하기란 어려웠다. 부동산은 급매

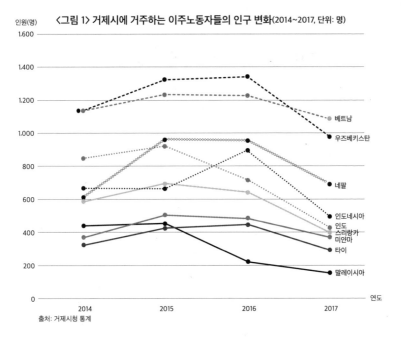

인원(명)　　〈그림 1〉 거제시에 거주하는 이주노동자들의 인구 변화(2014~2017, 단위: 명)

출처: 거제시청 통계

물로 가득했지만 실제 거래는 더디게 형성됐다. 2013~2014
년까지만 해도 분양가에 수천만 원 혹은 1억 원이 넘는 프리
미엄을 지불해야 아파트 분양권을 살 수 있는 지역이었건만,
2016년 이후에는 마이너스 피가 붙어도 거래가 성사되기 어
려워졌다.

　　〈그림 2〉는 준공 완료 후 분양되지 않은 아파트 현황
(2010~2018)을 나타낸 그래프다.[14] 2010년대 초반부터 신규 아
파트 분양 물량이 대량으로 쏟아졌지만, 조선 경기가 좋을 것

14　국토교통부(http://stat.molit.go.kr/) 통계누리 데이터.

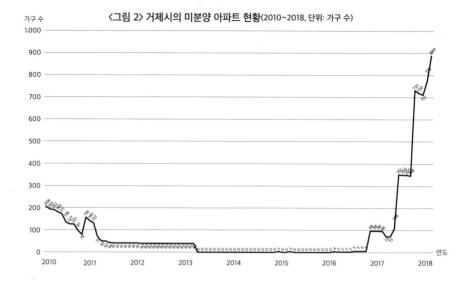

〈그림 2〉 거제시의 미분양 아파트 현황(2010~2018, 단위: 가구 수)

이라는 전망이 있었기에 조선소의 젊은 직원들은 웃돈을 주고서라도 아파트를 매입했다. 하지만 오로지 조선산업 하나만을 바라보는 도시에서 조선업에 대한 전망이 악화되자 신규 분양 아파트 거래는 그대로 중단됐다. 거제의 아파트 문제는 여전히 답보 상태에 있다. 입주 물량은 2014년 이후 증가 추세를 보이고 있다. 2014년 1,810가구였던 입주 물량은 2015년 3,103가구로 두 배 가까이 증가한 데 이어 2016년 2,079가구, 2017년 4,473가구, 2018년 5,876가구 등 대기 중인 입주 물량도 적지 않다. 미분양 아파트들은 쉽게 줄어들지 않을 것으로 보인다. 덩달아 해양플랜트 물량이 줄어들고 물량팀을 비롯한 사내하청 노동자들이 일자리를 잃고 거제를 떠나면서

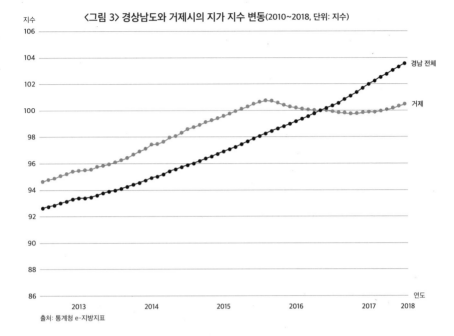

<그림 3> 경상남도와 거제시의 지가 지수 변동(2010~2018, 단위: 지수)

출처: 통계청 e-지방지표

원룸 공실도 늘어났다. 마찬가지로 원룸 수익을 기대했던 사람들 역시 대출금 문제로 위험에 빠지게 된다.

　　물론 부동산 가격 폭락과 아파트 미분양, 원룸 공실 문제 등이 사실상 '가진 자'들의 이슈라는 점을 부인하기는 힘들다. 거제도의 중공업 가족 자체가 중산층 생활 모델에 기반을 두고 있었다는 사실이 드러나는 순간이다. 더군다나 마지막까지 거제에 남게 된 사람들이 다주택이나 원룸 등의 건물을 잔뜩 지었던 이들이라는 사실은 의미심장하다. 다른 말로하면, 부동산 자산이 적거나 아예 없는 이들이 좀 더 수월하게혹은 미련 없이 거제를 떠날 수 있었다.

바깥의 시선으로 본 조선업의 위기

대우조선에 대한 공적자금 지원이 결정된 것은 2015년 가을이었다. 당시에는 대책 없이 대형 조선소를 도산시키면 무리가 따를 수 있으니 살려두자는 입장이 주를 이뤘다. 보통 채권단이 취하는 절차에 따르면, 워크아웃 → 자율협약 → 법정관리로 향하는 것이 당연한 수순이었으나, 산업은행은 출자전환과 유상증자를 통해서 자본잠식의 위기에 놓인 대우조선을 살렸다. 여론의 시선이 따갑긴 했지만, 그래도 '죽게 내버려두라'는 이야기는 없었다. 하지만 2016년 대우조선이 진행하던 '소난골 프로젝트'가 유예되면서부터 여론은 급격히 나빠졌다. 앙골라의 국제 석유 회사 소난골에 인도하기로 한 드릴십이 소난골의 경영난 탓에 유예된 것이다. 당시 대우조선은 소난골로부터 2기를 12억 4,000만 달러에 수주한 상태였다. 소난골은 20여 년간 대우조선에 액화천연가스 운반선 3척, 원유 운반선 10척, 해양플랜트 17기 등 총 140억 달러 규모의 프로젝트를 발주했던 오랜 고객이었다. 2015년의 공적자금 지원은 이후의 모든 프로젝트를 무사히 발주한다는 것을 전제로 한 것이었기 때문에, 전체 가격의 80퍼센트인 잔금 1조 원을 당장 받지 못하게 된 대우조선의 신뢰도는 땅에 떨어졌다. 대우조선에 또다시 비난의 시선들이 쏟아졌다.[15]

---

15 〈공들인 '소난골', 또다시 막힌 출구 전략〉, 《더벨》, 2018년 3월 23일.

특이한 결제 방식: 대우조선의 무리수

조선산업 내부 사람들과 바깥 사람들의 온도차를 이해하기 위해서는 선박의 계약 구조, 특히 대금 결제 방식을 살펴볼 필요가 있다. 선박 계약은 계약금을 받고 공정에 따라 대금을 고객사에게 지급받는 방식으로 이루어진다. 여기서 중요한 것은 통상적인 대금 지급 비율로, 계약금 20%를 먼저 받고 나머지 80%를 주요 공정 이벤트가 진행될 때마다 나머지 네 번에 걸쳐 20%씩 나눠 받는 것이 통상적이다. 계약 이후에는, 설계를 마친 후 시작하는 강재 절단식 때 20%, 탑재를 시작할 때 20%, 진수식 때 20%, 인도할 때 20%를 받아 100%를 채운다. 물론 100%를 선금으로 받는 것이 가장 좋지만, 조선업계에서는 20%씩 나눠 받는 것이 관례로 정착되어 있다. 공정만 계획대로 진행되면 자재 대금 지급이나 사내협력업체 기성 (공정 진행비) 정산 등에 별다른 문제가 발생하지 않는다. 자재 구매 절차나 나머지 예산 역시 이런 계약 방식에 맞춰 짜여져 있다.

그러나 2008년 금융 위기 이후 이러한 표준 대금 결제 절차가 헤비테일 방식으로 바뀌면서 조선소 운영이 까다로워졌다. 헤비테일 방식은 수주 계약 시 20%를 받는다는 점에서는 이전의 계약 방식과 동일하지만, 주요 공정 이벤트마다 대금을 지급받지 않고 마지막 인도 시에 80%를 한꺼번에 받는다는 점에서 큰 차이가 있다. 어차피 받을 돈 처음에 받든 나

중에 받든 무슨 상관이냐고 생각할 수도 있지만, 공정을 진행하는 중에 대금 지급이 이루어져야 인건비와 자재비, 사내하청업체 기성 모두를 결제할 수 있다. 그 외에도 기본으로 드는 운영비(간접 경비)도 만만치 않다.

조선소 운영에 문제가 되지 않는 방향으로 헤비테일을 사용하는 방법도 있긴 하다. 두 가지 조건이 충족되면 가능하다. 먼저 충분한 현금이 확보되어 있어야 한다. 차입 없이 회사가 보유한 돈으로만 경영을 하는 것이다. 어차피 받을 수 있는 돈이라면, 곳간에 쌓아둔 돈을 꺼내 쓴 뒤 나중에 채우면 되지 않겠는가. 하지만 현실은 다르다. 조선 3사의 운영 경비는 통상 한 달에 8,000억 원을 훌쩍 뛰어넘는 수준으로, 1조원에 달할 때도 있다. 이런 상황을 대비해 수조 원의 현금을 쌓아두고 있지 않은 다음에야 차입은 불가피하다. 차입을 하게 되면 매월 이자를 지불하게 되는데, 이자율은 회사 채권에 대한 신용등급 평가에 의해 좌우된다. 현금 흐름이 악화되면 차입이 늘어날 수밖에 없고, 성실하게 이자를 내는 것이 관건이 된다.

여기서 두 번째 조건을 생각해볼 수 있다. 공정이 지연되지 않게 하는 것이다. 앞서 언급한 것처럼 헤비테일 계약에서는 선박이나 해양플랜트 대금 총액의 80%는 인도 시에 지불된다. 따라서 인도 날짜가 지연된다는 것은 80%의 돈이 들어오는 날도 지연된다는 것을 뜻한다. 당시 해양플랜트 중 가

<표 4> 대우조선의 현금, 매출채권, 부채총액의 증감 현황(2007~2016)

연도 (기말)	현금	증감	매출채권
2007	698,722,756,247		1,490,261,598,480
2008	271,193,559,875	-427,529,196,372	3,337,759,923,492
2009	805,659,919,242	534,466,359,367	3,878,151,645,534
2010	478,177,320,589	-327,482,598,653	4,450,349,262,536
2011	541,671,043,852	63,493,723,263	403,392,265,271
2012	266,708,227,218	-274,962,816,634	694,935,871,651
2013	382,929,208,518	116,220,981,300	542,357,156,140
2014	138,783,054,603	-244,146,153,915	485,741,353,083
2015	1,235,931,059,048	1,097,148,004,445	543,722,482,855
2016	224,267,559,129	-1,011,663,499,919	372,677,952,711

장 많이 수주했던 드릴십의 경우 한 척당 단가가 1조 원이었으므로, 80%면 8,000억 원이 된다. 한 대의 인도가 한 달 지연되면 바로 그달 지출해야 할 돈이 막히는 것이다. 이렇게 계산해보면, 인도가 6개월만 지연되더라도 5조 원에 달하는 돈이 부족해진다. 회사는 어떤 방법을 동원해서든 그만큼의 자금을 조달해야만 한다. 건조 기술과 설계 모두 완숙의 경지에 오른 선박만 헤비테일 방식으로 계약했다면 큰 문제가 되지 않을 수도 있었지만, 새로 도전하는 분야인 해양플랜트를 헤비테일 방식으로 계약한 것은 그야말로 도박에 가까웠다.

2007년 말 1조 원이었던 대우조선의 보유 현금은 공정 지연이 심화됨에 따라 계속 줄어들었다. 2008년에는 4,000억

증감	부채총액	증감
	6,517,258,348,385	
1,847,498,325,012	13,983,276,274,254	7,466,017,925,869
540,391,722,042	12,030,236,200,545	-1,953,040,073,709
572,197,617,002	10,415,456,053,915	-1,614,780,146,630
-4,046,956,997,265	12,262,362,118,771	1,846,906,064,856
291,543,606,380	11,645,390,677,356	-616,971,441,415
152,578,715,511	13,847,682,941,787	2,202,292,264,431
56,615,803,057	13,599,084,812,860	-248,598,128,927
57,981,129,772	16,659,749,130,615	3,060,664,317,755
171,044,530,144	13,244,821,244,982	-3,414,927,885,633

원가량의 현금이 줄었고, 2010년, 2012년, 2014년에도 수천억 원이 줄어들었다. 그사이 부채는 지속적으로 증가했다.[16] 결국 대우조선은 2015년 공적자금을 지원받아 1조 원 이상의 현금을 확보했지만, 또 한 번의 공정 지연으로 2016년에도 1조 원 이상의 현금이 줄어들게 된다. 현금이 감소하니 당장 자재 및 부품업체, 하청에 대금 결제를 할 수 없게 되었다. 들어오는 돈만으로는 채무의 이자조차 갚지 못하는 상황이었다. 그렇게 악전고투는 장기화의 길로 접어들게 되었다.

---

16 금융감독원 공시 시스템(dart.kss.or.kr), 제무제표 간 현금, 매출채권, 부채총액의 증감이 일치하지 않는 부분이 있어 유의해서 볼 필요가 있지만, 전체적인 추세를 파악하는 데에는 크게 무리가 없다.

물론 조선산업이 자의로 헤비테일을 택한 것은 아니었다. 조선산업은 헤비테일을 받아들일 수밖에 없었다. 2008년 금융 위기 이후로 해운사들의 발주가 끊겼기 때문이다. 자금 경색이 조선산업뿐 아니라 당장 해운산업에도 영향을 미쳤던 것이다. 투자은행의 도산 릴레이로 시작된 금융 위기를 계기로 은행의 건전도 평가는 더욱 엄격해졌는데, 이로 인해 기업 금융 역시 압력을 받을 수밖에 없었다. 그 여파가 전 산업으로 확대된 그때 조선 3사가 선택한 것이 바로 헤비테일 조건을 수용하는 것이었다. 당장 계약금만 지불할 수 있으면 추후 인도 시에 대금을 지불하고, 그것조차 여의치 않으면 매출 채권을 발행함으로써 추후에 대금을 납부할 수 있도록 했다. 쉽게 말해 외상으로 배를 판 셈이다. 〈표 4〉는 2010년까지 매출 채권이 급격하게 증가하는 양상을 잘 보여준다. 재무제표상에서 매출채권은 유동자산으로 계정이 분류된다. 분식회계 논란은 바로 여기에서 발생했다. 앞으로 받을 수 있다는 기약이 없음에도 회계적으로 자산에 포함시킴으로써 기약 없는 손실의 가능성을 지렛대 삼아 부채 비율을 조정해왔다는 것이다.[17]

선의를 가지고 바라보면, 이미 정상적인 영업 활동으로는 수

---

17 2015~2016년 대우조선 분식회계 논란의 핵심 쟁점 중 하나가 매출채권 처리였다. 앞의 〈표 4〉에 따르면, 2011년에 매출채권은 4조 원가량 줄어들었는데, 회사가 이를 손실로 처리했기 때문이다. 2011년 당시 대우조선의 CEO였던 남상태 사장과 재무 책임자의 분식회계 문제는 현재 법정에서 시시비비를 가리고 있다.

익을 낼 수 없는 상황에서 마련한 궁여지책으로 이해해볼 수
도 있을 것이다.

2010년대 초반은 조선 3사가 2008년의 위기를 기회로
삼아 해양플랜트라는 '새로운 먹거리'를 향해 진출하던 시기
이기도 했다. 선박 수주가 줄어들면서 더 이상 선박만으로는
야드에 있는 1만 명이 넘는 직원들을 건사할 수 없게 되었다.
유가 상승으로 기존의 오일 메이저와 국영 원유 회사들도 해
양 유전을 개발하려던 시기였다. 베네수엘라의 우고 차베스
대통령이 높은 유가로 "미국과 맞짱을 뜨며" 사회주의 복지국
가를 만든다면서 주가를 높이고 있었다. 당시 조선산업은 기
존에 소규모로만 진행했던 해양플랜트 공사로 나쁘지 않은
수입을 올린 터였다.[18] 물이 들어올 때 노를 젓자는 목소리가
컸다. 더불어 2000년대 초반 남해안 지역에는 크고 작은 조선
소들이 대거 설립되고 있었다. 호황기의 조선산업에서 창출
된 견고한 이익이 여러 회사들의 진출에 한몫을 한 것이다. 특
히 당시 STX조선해양은 중형 조선소에서 해운, 중공업(장비)
등의 밸류체인을 확보해 대형 선박 건조에 공격적으로 진출

---

18 기존 해양플랜트 공사는 코스트피Cost-fee 방식으로 진행됐고, 공사 진행 시 추가
    적으로 발생하는 경비는 발주처, 즉 고객이 지불했다. 하지만 2010년대 해양플랜
    트 공사는 럼섬-턴키 방식으로 진행됐다. 초기 계약금으로 모든 공사를 조선소가
    마쳐야 하며, 추가 비용도 수주처인 조선소가 감당해야 하는 방식이었다. 공정 관
    리가 예상을 벗어나면 조선소가 모든 손해를 짊어져야 했던 것이다. 임가공을 하
    는 사내하청이 최근 원청과 맺기 시작한 확정도급제 역시 럼섬-턴키 계약과 유사
    하다.

하고 있었다. '덤핑 논란'이 제기될 만큼 가격 경쟁은 치열했고, 대우조선의 경우 대주주가 산업은행인 데다가 전문 경영인에 대한 평가로 연임 여부가 정해지는 방식으로 운영되고 있었기 때문에 더더욱 실적에 치중해야만 했다. 헤비테일 방식은 물론 럼섬-턴키Lump sum-turn key(일괄 도급 계약) 방식을 수용할 수밖에 없었던 것은 바로 이런 상황 때문이었다.

중공업 가족의 단절된 세계

2000년대 말~2010년대 초반, 조선산업은 수주를 따내기 위해 고군분투하고, 실적을 최대한 '방어'하기 위해서 재무제표까지 손을 댈 수밖에 없는 상황에 이르렀다. 하지만 조선소에서 일하는 노동자들에게 크게 달라지는 것은 없었다. 공사의 양상이 바뀌고 회사가 '어렵다'는 말이 더 빈번히 흘러나왔지만, 급여는 늘 그대로였다. 심지어 중공업 가족의 생활은 나빠지기는커녕 더 좋아지고 있었다. 그러나 그것은 미래를 갉아먹으며 버티는 것에 가까웠다. 조선산업 자체가 이익을 동반한 성장을 해서 경제 위기를 피해갈 수 있었던 IMF 시기와 비교해볼 때 더더욱 그렇다.

이런 위기 상황을 객관적으로 인식하지 못하도록 노동자들을 호도한 것은 사실상 회사와 그 경영진들이었으나, 조선소 밖의 사람들에게 이들은 부러움 혹은 불쾌함의 대상이었다. 두 차례의 경제 위기를 통해 실직, 정리해고, 명예퇴직을 일상적으로 경험하게 되고, 취업난 때문에 '잉여'나 'N포 세대' 같은 말이 널리 확산된 상황에서 상대적으로 안정된 직장을 보유한 이들을 고운 시선으로 보기란 쉽지 않다. 거제를 설명하는 "GRDP(지역총생산)가 높은 '부자 동네'" "중산층 노동계급이 사는 동네"라는 말 속에는 어떤 낙인이 드리워져 있다.

사람들은 보통 자신의 생활 반경을 벗어난 세계에 무심하거나 무지하다. 특히 조선소 노동자들처럼 상대적으로 제한되고 밀폐된 일터에서 오랜 시간 일해온 사람들은 외부 사람들이 공유하고 있는 '동시대인의 감각'을 지니기 어렵다. 20세기 내내 근대 자본주의는 일터와 삶터를 분리하는 라이프 스타일을 만들어냈다. 즉, 교외나 집값이 싼 변두리의 주택가에 거주하면서 도심에서 일하는 삶이 대도시의 표준적인 양식이다.

그러나 산업도시 거제는 대도시와는 분명히 다른 삶의 양식을 표방한다. 일터와 삶터는 분리되어 있지 않고, 지역민 모두가 산업을 매개로 '어우러져' 살아간다. 외지인들끼리 모여 형성된 공동체라 할 수 있다. 하지만 한 가지를 명확히 해야 한다. 이웃 간의 친밀함과 상부상조를 미덕으로 삼고는 있지만, 이는 최근 사회적 경제를 주창하는 사람들의 마을 만들기나 협동조합이 아닌 '봉급'을 '따박따박' 지급하는 조선소 때문에 유지될 수 있다는 사실이다. 거제에서만 40여 년을 살아온 중공업 가족들이 바깥 사람들과 괴리된 삶의 감각을 지

닐 수밖에 없는 이유이다. 그래서 외부의 정보를 습득할 수 있
었던 이들, 이를테면 젊은 여성들이나 수도권 출신 직원들은
조선업이 위기에 처했을 때 가장 먼저 자리를 떴다. 조선산업
외에 자동차, 석유화학 등의 다양한 산업들이 공존하고 있는
울산만 해도 꽤나 다양한 사람들이 모여 있지만, 거제 사람들
은 오로지 조선소만 바라보고 있는 실정이다. 하지만 이제 기
술 하나로 먹고살던 사람들의 자긍심은 땅에 떨어졌다.

'국민 세금'이나 축내는 골칫덩이가 된 사람들은 억울
할 따름이다. 한때 효자 산업으로 불렸던 조선소에서 그저 산
업역군의 역할을 충실히 하며 한평생을 살아왔기 때문이다.
거제도가 오로지 조선산업만 영위하는 도시가 된 것은 전적
으로 국가의 산업 정책 탓이다. 따라서 이들이 지금과 같은 위
기 상황에서 국가의 도움을 요청하는 것은 정당하다. 회사를
방만하게 운영하고, CEO의 지시로 분식회계를 저지르고, 정
권과 산업은행의 정경유착으로 지위를 보전했던 사례들이 언
론을 통해 폭로되어 '살려둘 필요가 없는 기업'이라는 여론이
나돌았을 때, 조선소 노동자들이 이런 따가운 시선에 어리둥
절해했던 것도 무리는 아니다.

누군가는 해결책을 찾아야 한다

회사를 지켜내겠다는 애사심으로 여전히 똘똘 뭉쳐 있

거나, 마땅히 갈 데가 없다는 판단하에 회사를 살려야겠다고 마음먹는 사람들도 적지 않았다. 경기가 반등하기를 기다리거나 회사의 저력을 믿으며 버티기로 한 것이다.

대우조선해양은 최근 '전사혁신추진국'이라는 조직을 만들었다. 생산과 설계, 경영 등 각 분야의 우수 인력 10여 명으로 구성됐다. 전사혁신추진국은 회사 내 혁신이 필요한 분야를 찾아 이를 어떻게 바꿀 수 있을지 결정하는 역할을 한다. (······)

전사혁신추진국은 정성립 사장의 지시로 만들어졌다. 정 사장은 2001년부터 2006년까지 대우조선해양 사장을 맡았을 당시 회사가 추구할 핵심 가치를 '신뢰와 열정'으로 정하고, 기업문화를 바꾸는 작업을 시작했다. (······)

대우조선해양이 개혁의 핵심 목표로 삼고 있는 과제 중 하나는 수익성 강화다. 지난 20년과 같은 조선산업계 호황이 다시 찾아올 가능성이 낮은 데다 인건비 등의 요인으로 결국엔 중국에 조선산업 주도권을 내줄 수밖에 없는 상황이라는 점을 감안해 내린 결정이다.[19]

---

19 〈대우조선, 전사혁신추진국 신설 "수익성을 최우선 가치로 삼겠다"〉, 《한국경제》, 2015년 7월 6일.

지금 세계는 불황에 직면해 있고 회사는 그 어느 때보다 위기입니다. 하지만 (……) 위기는 위험이자, 동시에 기회를 뜻한다고 들었습니다. 지금을 회사가 도약할 수 있는 기회로 만들자면 우리는 먼저 서로 믿고 힘을 보태야 합니다. 응축해서 솟구쳐야 이 불황을 뚫고 비로소 기회의 땅 위로 올라설 수 있는 것입니다. 그 과정은 지난하고 고단할 것입니다. 하지만 나는 여러분에게 피와 땀만 요구하지 않겠습니다. 1년 내 생산량을 두 배로 늘리고 2년 내 순익을 두 배로 늘리겠습니다. 3년 내 (……) 여러분의 급여와 복지 수준을 두 배로 늘리겠습니다. 이것은 내 목표이고 나는 허언을 목표로 삼지 않습니다. 나는 여러분과 이것을 약조하며, 내가 약조한 것을 지키겠습니다.

안건들이 올라왔다. 황 사장은 사소한 것 하나도 문제점이라고 생각하면 놓치지 않았다. 왜? 왜? 왜? 계속 다그쳐 물었고 자신이 납득할 만한 이유가 나올 때까지 캐고 캐고 밀어붙였다. 임원, 팀장 가리지 않았다. 저마다 당황한 기색을 감추지 못했다. 하지만 그 정도로 끝나지 않았다. 당황이 황당으로 바뀌고 황당이 포기와 자백으로 바뀔 때까지 황 사장은 멱살을 쥐고 흔들듯 묻고 더 물었다. 회의가 끝나자 사람들이 우르르 쏟아져 나왔다. 사우나에 감금당했다 나온 것 같은 얼굴들이었다.

황 사장은 거침없었다. 알아야 하지만 모르는 것, 잘못됐지만 바로잡지 않은 것, 간과하고 누락해온 것, 관습대로 해온 것들을 걸려드는 대로 일일이 끄집어내고 누더기가 될 때까지, 모든 것이 명확해질 때까지 질문과 문책으로 두들겼다.[20]

모두가 무너질 때 누군가는 다시 일어나 해결책을 찾아야만 한다. 어떤 문제의 원인과 구조를 파악하는 것이 연구자가 하는 일이라면, 실제 현장에서 일하는 사람은 원인 혹은 구조 파악을 넘어서 동원할 수 있는 자원 안에서 처방책을 찾아 실행해야 한다. 혁신을 만들어내면서 발전한 학문이 산업공학을 위시한 공학이라는 점은 여기서 시사하는 바가 크다.

1990~2000년대에 걸친 조선소의 성공 역시 생산기술의 혁신으로 가능했다. 혁신이라는 것이 반드시 거창한 무엇을 뜻하지는 않는다. 조선소의 혁신은 현장의 사물을 보고 현상을 파악해 해결책을 도출하는 과정에서 자연스럽게 획득되었다. 혁신의 주체는 노동자들일 때도 있었고, 혁신 담당 사무직들과 엔지니어들일 때도 있었다. 어쨌든 혁신들이 누적되어 막대한 비용 절감과 최적화가 이루어졌다는 사실은 부인하기 어렵다. 혁신을 주도하는 사람들의 관점에서 상품의 가격은 비용과 가치를 통해 정해진다. 좀 더 쉽게 말하면, 부가

---

20 이혁진, 《누운 배》, 한겨레출판, 2016, 154~161쪽.

가치를 창출하는 새로운 기술을 개발하든지, 현재의 상황에서 최대한 비용을 줄일 수 있도록 혁신을 이루든지 둘 중 하나다. 불요불급한 용처의 비용을 줄이거나 제거하고, 병목 현상이나 과부하를 만들어내는 시스템에 수정을 가하는 활동 역시 모두 혁신에 해당한다. 요약하자면 굳어진 병폐를 작은 요소들로 쪼개서 살펴본 뒤 해결 방안을 도출한다. 해결 방안들이 지속적으로 선순환할 수 있는 생태계를 구축하고 이 결과들이 조직문화에 스며들 수 있게 만드는 것도 중요하다. 시스템을 바꾸는 것도, 바뀐 시스템을 정착하는 것도 결국 구성원들의 몫이다.

조선산업의 위기는 왕년의 혁신을 재등장시켰다. 기존의 관행에 일침을 놓으며 혁신 기조를 세우려는 흐름들이 강해진 것이다. 대우조선의 경우, 그 일환으로 생산성을 높이고 ERP를 도입하며 초석을 다진 호황기의 최고 경영자였던 정성립 사장이 복귀했다. 그는 회사의 핵심 가치인 '신뢰'와 '열정'이 넘쳐흘렀던 시기로 회사를 되돌려보려고 했다. 외부 업무를 제외한 나머지 일정에서 대형 세단 대신 '스파크' 같은 소형차를 타고, 임원 식당을 없애며 직원들과 점심식사를 하는 등 이른바 파격 행보를 이어갔다. 임직원들의 목소리를 듣기 위해 노사합동대토론회를 개최하고 거기서 도출된 사항들을 경영에 반영하려고도 했다. 직원들과의 소통을 늘리며 다시금 생산성을 향상하려고 한 것이다. 이뿐만 아니라 회사 안에서 혁신이 필요한 분야를 찾아 해법을 모색하거나, 해결을 돕는 혁신 컨트롤타워인 전사혁신추진국을 신설했다. 이혁진의 소설《누운 배》에 등장하는 황 사장만큼이나 거침없는 행보였다. 그사이 다양한 부문의 우수한 인재들이《누운 배》에 나오는 것과 같은 회사를 세워보겠다며 전사혁신추진국 활동을 시작했다. 이들은 각각 현업에 종사하며 느낀 회사의 병폐들을 공유하고 그 근본 원인을 탐구한 후, 경영진의 재가를 받아 혁신안을 실행하는 단순하지만 추진력이 돋보이는 방식으로 회사를 바꿔보려고 했다.

조선소 사람들이 기울인 노력은 위가 아닌 아래에서 시작되는 혁신 활동이 어떤 것인지를 잘 보여준다. 조선소에는 여전히 제일 먼저 출근해 청소하고, 공구 상태를 점검하며 꼼꼼히 현장을 살피는 역전 노장 장인들, 즉 노동자들이 있다. 그들은 현장에서 문제들을 발견할 때마다 '개선 제안'을 올려 어떻게든 해결하려고 한다. 뉴스에 회사의 이름이 오르내릴 때마다 좋지 않은 이야기만 나오는 것이 안타깝고, 회사를 이해하기보다는 남의 일마냥 비난하는 동료들이 싫다. 거제와 조선소의 일터가 삶의 전부이기에 이들은 조선소를 떠날 생각이 없다. 그간 축적해온 경험을 통해 자신이 있는 현장의 상황을 가능하면 조금이라도 개선해보려고 한다. 그러나 산업의 전제 자체가 바뀐 상황에서 생산성을 끌어올리고 현장에 활기를 불어넣기 위한 조치들은 크게 힘을 발휘하지 못하는 듯하다.

조선산업의 위기는 오로지 생산성 하락 때문에 발생한 것이 아니다. 사업 팽창에 따른 리스크를 제어하지 못한 것은 물론, 연임에 욕심을 부린 전임 사장들의 분식회계나 '저가 수주'(대우조선), 해양산업의 미래에 대한 지나치게 낙관적인 전망 등 위기를 촉발한 요인들은 다양하다. 게다가 사내하청 미숙련 노동자들이 큰 폭으로 증가했던 반면, 위기 상황을 수습할 수 있는 숙련 노동자들의 힘은 약화되었다는 점도 한몫을 했다. 특히 해양플랜트 작업은 대개 사내하청 노동자들이 수행한 탓에, 직영 작업자들은 딱히 역량을 발전시키지 못했다.

위기 상황을 어떻게 돌파할지를 둘러싼 의견도 분분했다. 베테랑 생산직들은 온몸을 바쳐 예전의 혁신문화를 되살리고 싶어 한 데 비해, 혁신의 순간을 경험한 적 없는 젊은 정규직 생산직 노동자들은 '일과 삶의 균형', 즉 '저녁이 있는 삶'을 훨씬 더 중시했다. 해양플랜트 작업에서 발생했던 고질적인 문제들을 해결할 수 있을 만한 똑똑한 엔지니어들과 계약 담당자들 다수는 이미 회사를 떠난 뒤였다. 조선소에 남아 고군분투하는 이들에게는 '갈 데 없어 남았다'는 열패감이 남겨졌다.

그럼에도 조선소의 하루는 계속되고 있다. 조선소 노동자들은 여전히 야드에서 과업을 놓고 치열하게 싸운다. 구조적인 문제, 여러 층위의 적폐가 누적되어 발생한 문제는 이들의 관심사가 아니다. 늘 그래왔듯 이들은 당장 현장의 문제와 씨름할 뿐이다. "엔지니어는 하루 종일 문제들을 심사숙고한다. 그들은 그 문제들에 대해 말하고 생각하고 걱정한다."[21] 그게 그들의 숙명이기 때문일 것이다.

21 W. Brian Arthur, *The Nature of Technology*, Free Press, 2009, pp.90-91.

2. 갈림길에서

조선산업의 역사가 말해주는 것들: 위기 대응 방식

이번 장에서는 전 세계 조선산업의 주요 흐름을 압축적으로 살펴보려고 한다. 한국 조선산업이 겪은 위기는 조선산업을 영위했던 나라들이 모두 겪었던 일이다. 사회과학에는 '경로 의존성path dependency'이라는 개념이 있다. 국가, 사회, 기업, 개인 등의 선택이 역사적으로 누적되어 현재의 선택지를 제한한다는 의미이다. 조선산업을 영위했던 나라들은 몇 가지 공통점을 보유하고 있었지만, 결과적으로 각기 다른 선택을 함으로써 성공하거나 실패했다. 여러 조선산업 패권국들의 공통점과 차이를 파악하는 것은 한국 조선산업과 산업도시 거제의 현상태를 파악하고 미래의 대안을 도출하는 데 도움을 줄 수 있다. 따라서 영국에서 시작된 근대 조선산업 및 한국과 경쟁했던 일본 조선산업을 다뤄보고자 한다.

역사적으로 조선산업은 패권국이 끊임없이 바뀌는 가운데 전개되어왔다. 나무로 짓던 배, 즉 목선을 건조하던 시기를 거쳐 영국은 증기선과 강선을 개발해 현대적인 공업으로 진화시키며 세계 조선산업의 패권을 차지했다. 영국 스코틀랜드의 글래스고, 뉴캐슬 등의 조선소들은 철판 두 장의 끝을 겹치게 하고 구멍을 뚫은 뒤, 불에 달군 쇠못인 리벳을 때려 넣는 리벳 건조 방식을 도입했다. 영국은 제1차 세계대전 때 전함 수요를 독점하고 상선과 여객선 시장을 모두 석권했다.[1] 당시 제작되던 배는 지금의 배보다 작아 조선소에는 5,000~7,000명의 노동자들이 있었다. 앞서 '말뫼의 눈물' 이야기에서도 언급했듯, 조선소의 상징이라 할 수 있는 거대한 500톤급 골리아스 크레인은 당시에는 존재하지 않았다. 보통 250톤급을 들 수 있는 규모의 크레인을 운용하던 때였다.

당시 크레인 기술로는 거대한 블록을 한 번에 들어올릴 수 없었으므로 작은 강판들을 육상에서 리벳으로 이어 붙인 후 아래로 끌어내려 도크에서 조립하는 방식으로 선박을 건조했다. 이런 건조 방식은 많은 인력을 필요로 했다. 리벳을 이어 붙이는 작업은 노동자들의 눈썰미에 의존하는 완전 수작업이었다. 지금은 지게차로 나르는 자재들을 손수레로 옮기는 일도 적지 않았다. 또한 방수 도장 기술 역시 좋지 않아 바다보다는 강가에서 배를 건조해 마감을 한 후 바다로 내보내는 식으로 작업이 이루어졌다. 이 말은 곧 강가의 폭이 좁

---

1 〈[한·중·일 新 경제대전] '리벳'의 英 → '용접'의 日 → '도크'의 韓〉, 《조선비즈》, 2010년 10월 11일.

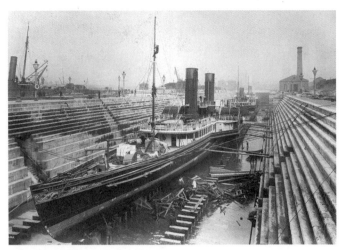

1960년대까지의 영국 조선소의 모습. 물을 채워 건조한 배를 띄우는 것이 아니라 경사로를 이용하여 배를 물로 끌어내는 공법을 사용하고 있다.

거나 조선소가 도시 안에 있을 경우 선박의 크기에 제약이 가해진다는 것과 다름없다. 영국 조선산업은 1960년대를 지나며 위기에 처하게 된다. 우선, 경제가 성장해 인건비가 올라갔다. 기본 설계 도면이 나온 뒤에는 거의 모든 공정을 노동자들의 숙련도에 의존해야 했던 영국 조선업의 특성상 비용을 절감할 수 있는 다른 묘수가 없었다. 또한 전 세계적인 호황으로 물동량이 늘어나 대형 선박에 대한 수요가 크게 증가했는데, 영국의 조선소들은 시장의 기회에 제대로 대응하지 못했다. 생산성을 향상시키는 신기술을 제대로 도입하지 못했고, 용접 기술을 정교하게 다듬지도 못했다. 또한 일본이나 한국처럼 대규모 자본 조달을 통한 대형 장비 도입이나 대형 도크

건설 등 대대적인 설비투자를 할 수 있는 타이밍을 놓쳤다. 영국 조선산업은 점차 내리막길을 걷게 된다. 이것이 바로 1970년대에 일어난 일이다. 공적자금 투입, 구조조정과 함께 노동자들은 해고되었다. 존 레논 같은 산업도시 노동자계급 출신 명사들이 정리해고에 맞선 노동자들의 파업을 지지하고, 노동자들은 자주관리로 조선소의 어려운 문제를 풀어보려 노력했지만, 고객들은 더 이상 영국의 선박을 선택하지 않게 된다. 더 싸고 좋은 배를 살 수 있었기 때문이다.

잠시나마 스칸디나비아반도에 있는 조선소들이 선전을 했던 시기도 있었다. 1960~1970년대 영국 조선산업이 황혼기에 이르렀을 때 북해를 끼고 있는 산유국 노르웨이와 '말 뫼의 눈물'로 유명한 스웨덴이 조선산업을 이끌었다. 이들은 지금은 1인당 국민소득(PPP 기준)이 10만 달러에 달하는 선진국이지만, 당시만 해도 저렴한 임금의 힘을 빌려 산업을 이끌고 있었다. 물론 이들도 그리 오래 지나지 않아 쇠락을 겪게 된다. 한때 세계 조선산업을 이끌었던 글래스고, 뉴캐슬 등지의 산업도시는 그렇게 내리막길로 치닫는다. 이후 영국은 조선소를 최소화하고 결국에는 폐기하는 방향의 산업 정책을 택했다. 현재 영국 조선 도시들의 황량하고 쓸쓸하기 그지없는 풍경은 바로 그 결과일 것이다. 군수함을 건조하는 글래스고 BAE 조선소[2]나 북아일랜드 벨파스트 조선소 정도를 제외하고는 모든 조선소 도크가 잡초에 둘러싸여 있다.

무성한 잡초로 둘러싸여 있는 고반 조선소 도크의 황량한 모습. 글래스고의 클라이드 강변에 있는 고반 조선소는 1960년대까지만 해도 세계를 제패했지만, 지금은 조선소의 터만 희미하게 남아 있다.

그다음으로 조선산업의 패권을 잡은 국가는 일본이다. 일본은 기존의 리벳 방식을 넘어 철판을 용접하는 방식을 개발해 세계를 제패했다. 용접 공법은 선체를 여러 블록으로 나눠 각각 조립한 후 이를 용접으로 최종 마감하는 방식이다. 수공업 성격이 강한 리벳 방식에 비해 용접은 품질관리와 생산성 측면에서 탁월했다. 또한 영국의 설계보다 훨씬 더 촘촘하게 기본 설계 → 상세 설계 → 생산 설계로 대표되는 표준적인

___

2   군수함의 경우 영국보다 한국 조선소 공기가 짧아, 2015년에는 영국 BAE사가 한국을 벤치마킹하러 방문하기도 했다.

설계 절차를 확립하고, 이에 기초한 생산 공정을 확립했다. 이뿐만 아니라 도요타적인 미세 작업 관리를 통해 지속적인 생산혁신을 추구한 끝에, 미쓰비시로 대표되는 조선산업은 수익성 측면에서 막대한 성과를 거두게 된다. 일본의 선박 제조 공법은 두 차례에 걸친 세계대전을 겪는 와중에 군수함을 제조했던 경험에서 비롯되었다. 게다가 일본 역시 당시에는 인건비가 저렴한 국가에 속했다. 노동자들로 하여금 끊임없이 개선 활동에 매진하게 만드는 조직문화와, 종신 고용과 연공서열제로 대표되는 안정적인 인력 수급과 노동자들의 생산성을 향상시키는 데 도움을 주는 인사 제도 덕에 일본 조선산업은 일본의 여타 산업들처럼 큰 어려움 없이 성공 가도를 달릴 수 있었다.

그러나 일본이 무서운 속도로 선진국 반열에 오른 이후, 조선산업은 장기적인 침체(1970년대~1990년대 초반)에 빠지게 된다. 인건비가 지속적으로 오르고, 교역량은 늘어나지 않는 가운데 신규 선박 발주는 20년 수명을 채운 기존 선박들을 해체할 때 발생하는 수요 정도로만 유지되었다. 조선소는 높은 임금과 정년을 보장받을 수 있는 '좋은 직장'에서 점차 젊은 엔지니어들이 꺼리는 곳이 되었다. 도쿄대학교 조선공학과 지원율이 급감하고 급기야는 조선공학과 자체를 폐지하는 대학들이 늘어갔다. 이는 곧 선박 설계를 담당할 수 있는 젊은 엔지니어의 감소로 이어졌다.

일본은 두 가지 방식으로 위기에 대응했다. 표준형 선박을 건조한 것이 첫 번째 대응 방식이었다. LNG선 표준 선형, 유조선VLCC 표준 선형 등 몇 가지의 표준 선형을 만들고, 이에 맞게 생산을 최적화했다. 원래 배는 고객이 원하는 사양에 맞춰 세세하게 제작하는 맞춤형 상품이다. 선원들이 묵는 선실에 들어가는 가구 하나까지도 세심한 고려 끝에 결정된다. 물론 해운사가 조선소에 발주하는 배는 보통 한 번에 다섯 척이 넘는 경우가 많기 때문에 그 배들은 동일한 사양을 가질 수 있다. 그러나 고객들의 요구는 제각기 다르다. 스마트폰처럼 메모리만 정하는 정도의 맞춤으로는 극복되기 어렵다. 표준 선형을 적용한 것은 우수한 설계 엔지니어를 확보하기 어려운 단점을 생산기술로 극복하겠다는 의지에 가까웠다. 새로운 설계로 부가가치를 만들기보다는 좋은 생산기술을 활용해 비용을 절감해 선박 한 척당 높은 이윤을 낼 수 있는 장점을 살리자는 것이었다. 그다음으로 일본이 취한 대응 방안은 조선산업 통폐합이었다. 수익성이 없는 작은 조선소들을 청산해 중대형 조선소들로 통폐합한 것이다. 더 이상 조선산업에 더 큰 발전을 기대할 수 없다는 회의감에서 내려진 결정이리라. 가장 효율이 좋은 곳(중대형 조선소들)에서 고부가가치 선박을 건조하는 쪽을 택함으로써 조선산업을 지키고자 했다.

같은 시기인 1970~1990년대에 한국 조선업은 설비투자에 끊임없이 매진했다. 조선업이 국가가 주도하는 중화학공업의 선두주자 중 하나였던 데다, 은행에서 저리로 차입해 경영하는 게 가능한 시절이었기 때문이다. 처음에는 해외 차관으로, 1980년대부터 IMF 구제금융 사태가 터지기 전까지는 은행과 종금사의 차입을 통해 자금을 마련했다. 그렇게 마련한 자금으로 세계 최대 규모의 도크를 짓고, 설비를 끊임없이 보강했다. 공법 차원에서는 블록 대형화가 추진되었다. 작은 블록들을 도크에서 용접으로 합할 경우 도크 공정 자체가 길어지게 되는데, 블록들을 선행 탑재 공장에서 미리 크게 만든 뒤 도크에서 최종 탑재만 하는 방향을 실현해 도크 회전율을 극적으로 향상시켰다. 조선소의 지반이 약하거나 대형 크레인이 부족한 문제로 골머리를 앓았던 일본 조선소, 그리고 그 이전의 영국 조선소들과는 확연한 차이가 있었다. 일본 조선업계는 건설하는 데 수천억 원이 드는 큰 도크를 지었다가 일감이 줄어들면 산업이 지탱될 수 없으리라고 판단했으나, 한국은 달랐다. 국가와 재벌, 그리고 관치금융의 힘을 통해 '불도저식' 도크 대형화를 성공적으로 진행하게 된다. 또한 바다의 선대(도크)에서 배를 건조하고 선대를 바다로 가라앉혀 배를 진수시키는 플로팅 도크(floating dock, 부유식 도크) 개발에도 성공한다.

물론 이러한 설비투자가 성공을 거둘 수 있었던 것은 1990년대부터 2000년대 중반까지 이어진 '조선산업의 세계적인 호황' 덕택이었다. 중국이 경제를 개방하기 시작하고 본격적으로 자본주의적 팽창의 단계를 밟게 되면서 물류량 자체가 증가했다. 이에 따라 해상 운송이 늘어나면서 많은 선박들이 필요해졌다. 당시 중국 조선산업은 태동하는 중이었기 때문에 모든 물량, 특히 대형 운송에 필요한 대형 벌크선, 컨테이너선 등을 건조할 수 없었다. 일본의 표준선 역시 별로 쓸모가 없었는데, 도크 대형화와 메가 블록 건조 공법이 만들어내는 '규모의 효율성'을 당해낼 수 없었기 때문이다. 이뿐만 아니라 1990년대는 생산 혁신 운동이 벌어져 생산성이 향상되고 품질이 비약적으로 개선되던 시기였다. 20여 년에 걸친 막대한 투자와 조선소의 노력이 호황과 중국 경제의 팽창을 중심으로 한 대규모 수요와 만났고, 이 덕택에 한국은 조선산업의 패권국이 될 수 있었던 것이다. 또한 1990년대에 다수의 대학들에 조선공학과가 설립되면서 장기적으로 설계 엔지니어를 확보할 수 있는 틀이 마련되었다. 새로운 공법을 바탕으로 새로운 선박 모델을 만들고 건조를 통해 구현할 환경이 구축된 것이다.

한계에 다다른 조선산업, 성장은 가능한가?

조선산업을 팽창으로 이끈 호황은 더 이상 찾아보기 어렵다. 이제 '저성장, 저소득, 저수익률'을 뜻하는 '뉴 노멀new normal'이 경제 상황을 상징하는 단어가 됐다. 몇 년 전부터 조선 3사는 수주계약 시 종종 CEO와 노동조합위원장을 동행시키고 있다. 노조위원장은 주문주 앞에서 품질 보장과 납기 준수를 약속한다. 노동자들은 사측과는 싸울 수 있어도 고객과는 싸울 수 없다. 계약을 하는 자리에서 주문주는 노조위원장의 확실한 눈도장을 받아낸다. 쟁의 때문에 납기가 늦어지면 안 된다는 무언의 압박을 가하는 것이다. 노동자들이 더 이상 예전처럼 투쟁할 수 없다는 것을 상징적으로 보여주는 장면이라 할 수 있다.

앞으로 신규 수주는 환경 규제로 해체될 상황에 처한 기존 선박 물량, 그리고 20년 정도의 수명을 마감한 선박들을 해체하면서 발생하는 선박 물량 정도를 받는 선에서 진행될 확률이 크다. 환경 규제로 인한 해체선박 정도가 향후 몇 년간 나올 수 있는 비교적 큰 먹거리가 될 수 있겠지만, 이 또한 분명한 한계가 있다.

산업을 이끌어갈 젊고 유능한 엔지니어들을 찾는 것도 예전만큼 쉽지는 않을 것이다. 가장 우수한 공학 엔지니어는 박사 과정을 마친 후 삼성전자나 현대자동차, 기아자동차의 연구원이 될 확률이 높다. 연구원이 되기로 결정하고 삼성전자를 택하면 생활 반경이 천안을 벗어날 수 없고, 현대기아차를 택할 경우 화성을 벗어나기 힘들다. 좀 더 도전 의식이 있는 이들이라면 판교 테크노밸리의 괜찮은 스타트업 회사나 IT 대기업을 택할 확률이 높다. 다수의 엔지니어들은 되도록 수도권에 머무르려고 한다. 안정적인 직장에 대한 희구가 강한 이들이라면 행정고시(기술직)를 보거나 공기업을 택하려 할 것이다. 여전히 많은 공학도들이 지방 배치를 숙명으로 생각하고 있지만, 고연봉·정년 보장이라는 강력한 메리트가 사라진 상황에서 거제나 울산을 찾는 젊은이들은 현저히 줄어들 수밖에 없다. 정말 배를 짓고 싶어 하는 사람들만이 조선산업을 선택할 것이다.

이런 경향을 반영하기라도 하듯 조선공학과에서 타 학과로 전과하는 인원이 예년에 비해 급증하고 있다. 동시에 입학경쟁률은 점점 떨어지는 추세다. 2017년 서울대 조선해양공학과의 전과 인원은 8명으로 나타났다(입학 정원 46명). 전과가 여의치 않은 경우 졸업을 유예하면서 다른 전공 수업을 수강하거나 외국어 성적, 자격증 등의 스펙을 쌓는다. 고시를 준비하는 이들도 있다. 서울대 조선해양공학과의 입학 경쟁률은 2014년까지 5:1을 넘는 수준을 유지하다가 이후 3:1 정도로 떨어졌다.[3] 물론 대기업 취업을 위한 경쟁이 날로 치열해지고 있기 때문에 조선소에 지원하는 취업 준비생들의 수가 크게 줄지는 않을 것이다. 그러나 다른 기업과 조선소 중 하나를

3 〈[단독] 조선업 위기에서 대학서도 '탈조선脫造船'〉,《매일경제》, 2016년 8월 14일; 〈한국 조선업의 요람…… 서울대 조선해양공학과의 지나온 30년 '눈길'〉,《아주경제》, 2015년 6월 14일; 〈서울대 조선해양공학과 전과 신청 2배 늘어〉,《매일일보》, 2017년 9월 12일.

선택해야 하는 상황이라면 이탈율은 올라갈 수밖에 없다. 조선 3사 모두 이미 그런 경험을 가지고 있으나, 그 양상은 앞으로 더욱더 심화될 전망이다. STX조선해양, 한진중공업, 성동조선해양 등의 중소형 조선소들은 이미 심각한 인재난을 겪고 있다.

조선산업의 가격 경쟁력은 이제 한계에 다다랐다. 현재는 인건비가 저렴한 데 비해 기술력이 떨어지는 중국과 인건비는 비싸지만 압도적인 기술력을 보유하고 있는 일본 사이에 한국이 '샌드위치'처럼 끼여 있다는 식의 담론이 지배적이다. 그러나 도래할 위기의 원인이 단지 무서운 속도로 성장하는 중국 조선업에 있다고 할 수만은 없다. 외려 경쟁은 진정으로 글로벌하게 다가올 수 있다. 2017년 말, 조선 3사가 해양플랜트 1기(FPSO)에 대한 입찰에 들어간 적이 있다. 당시 조선 3사는 해양플랜트 수주 잔량이 줄어들어 먹거리가 갈급했기 때문에, 최저가, 즉 손익분기점을 달성할 수 있는 수준으로 입찰할 수밖에 없었다. 그런데 최종 수주를 따낸 말레이시아 조선소는 한국의 조선소들보다 20% 가깝게 싼 가격으로 입찰가를 제시한 것으로 드러났다.[4] 싱가포르에 상주하는 유럽 엔지니어링 회사 지부의 축적된 설계와 시공 경험을 가지고

---

4 "Sembmarine and Daewoo Shipbuilding & Marine face off for Rosebank FPSO", *Singapore Business Review*, 2018.

있는 엔지니어, 동남아 역내에 산업 인프라 투자를 지속하려
는 싱가포르 정부, 세계에서 가장 저렴한 말레이시아와 인도
네시아 노동자의 조합이 예상치 못한 대항마로 나타난 것이
다. 이 조합은 한국의 조선산업이 앞으로 완전히 새로운 종류
의 경쟁 압력에 노출될 수 있음을 의미한다.

2000년대 중반, 한진중공업은 적자에서 온전히 벗어나
기 어려운 생산성이 떨어지는 회사였다. 경영 위기를 겪은 회
사가 구조조정으로 노동자들을 해고하자, 시민들이 이에 맞
서 '희망버스'에 올라 노동자들의 투쟁을 응원하기도 했다. 그
러나 이제 한진중공업은 다시 조선산업의 주요 플레이어의
위치로 올라서는 중이다. 필리핀 노동자들의 낮은 인건비와
본사에서 파견된 한국 엔지니어들의 기술 전수를 통해 한국
에서만 건조할 수 있던 것으로 여겨지던 초대형 컨테이너선
건조도 수빅 조선소에서 건조가 가능해졌다. 물론 한진중공
업이 선전한다 해도 그곳에 영도조선소에서 일하던 노동자들
의 자리는 없다. 조선산업의 위기를 '중국의 부상', 즉 '한-중-
일 경제 삼국지'[5]의 구도로만 바라보기에는 더 큰 위협이 닥칠
수도 있는 상황인 것이다. 물론 구조조정 과정에 있는 중국 조
선소들도 머지않아 다시 회사를 정비해 한국 조선산업을 위
협할 수 있다.

---

5   안현호,《한중일 경제 삼국지》, 나남, 2013.

인건비는 선박 제조 원가 중 30%를 차지한다. 가격 경쟁력이 가치를 높이고 비용을 줄이는 데서 발생한다는 점을 상기해보면, 한국의 임금은 비싸다고 할 수 있다. 사내하청이나 블록 외주 등을 통한 비정규직 활용이 고임금 구조를 그나마 상쇄해주었다. 그러나 시장에서 견딜 수 있는 가격 구조를 형성하지 못하는 한, 앞으로 조선산업은 유지되기 힘들다. 다시 말해 임금보다 훨씬 더 높은 수준의 고부가가치를 만들거나, 다른 모든 부문에서 압도적인 생산성을 이뤄내야 한다.

이런 측면에서 보면 이미 한계에 도달한 조선소들이 적지 않다. 단순한 물량 감소가 아니라, 자신들이 이익을 내면서 수주할 수 있는 물량이 감소했다는 게 문제다. 2018년 3월, STX조선해양과 성동조선해양이 법정관리에 들어갔다. 설비를 축소하거나 방만한 비용 요소를 절감하는 등 자구 노력을 성실히 이행했고, 임직원도 할 수 있는 최대한 고통을 분담하고자 했으니 회생할 수 있는 기회를 달라는 것이 중소 조선업체들의 입장이다. 수주한 물량에 대한 선수금 환급보증만 승인해주면 회사가 회생할 수 있다는 것이다. 그러나 수주한 선박을 검증해보면 인건비, 생산기술, 품질관리 등 모든 측면에서 결함이 발견된다. '지금 수준'으로는 절대 살아날 수 없는데, 그 이유는 중소 조선업체들이 건조할 수 있는 선박들 전체가 중국 및 동남아시아의 조선소와 경쟁을 해야 하는 상황이기 때문이다. 문재인 대통령도 정부 출범 전 현대중공업 군산조선소에 방문해 조선산업을 살릴 수 있도록 노력하겠다고 약속했지만 결국 이 역시 기약할 수 없게 되었다. 군산조선소에 배당을 내서 건조할 수 있는 선박이 없기 때문이다.[6]

정부는 지역 경제의 막대한 일자리를 책임지는 조선산업이 무너질 경우 벌어지게 될 일자리 대란 때문에 머뭇거리고 있는데, 그러다가는 일을 그르치게 될 위험이 크다. 공적자금을 집행한다 하더라도 남는 노동자들은 명예퇴직을 하지 않은 정규직 노동자들뿐이다. 조선소에 일감이 떨어지면 사내하청업체들도 도산하거나 사업을 축소하게 되고, 업체 소속 노동자들도 정리될 수밖에 없다. 게다가 현재는 노동조합에 소속되지 않은 정규직 사무직들과 무기계약직 여성 사무보조직들이 명예퇴직을 신청하고 있는 상황이다. 조합원 중 명예퇴직을 선택하는 이들은 대부분 명예퇴직으로 받게 되는 위로금과 퇴직금 등을 고려하기 때문에 애초 고통 분담이라는 명분과는 거리가 멀다. 물론 조합원을 규탄할 문제는 아니지만, '자구 계획'을 근거로 마냥 공적자금을 투입하는 행위가 실제로 노동자들을 지키는 것과는 거리가 멀다는 것은 분명한 사실이다. 2013년을 기점으로 조선산업 구조조정 이야기

---

6 한국GM의 군산공장 철수 건 역시 이런 문제와 맞물려 있다. 20% 이하의 가동률을 내는 공장을 가동시킬 수는 없다는 논리다. 실제 20% 이하 가동률을 내면 규모의 경제도 실현될 수 없을뿐더러 공장 운영 비용 역시 고정으로 나가기 때문에 지속적인 적자의 덫에서 헤어나오기 어렵다. 한국GM의 '먹튀 행각'과 별개로 생산성과 가동률을 기준으로 한 평가는 적실하다고 볼 수 있다.

가 나온 지도 벌써 5년이 되었다. 공적자금을 받은 STX조선해양은 지금까지 자구 계획을 수행해왔다. 그때마다 '구원투수'로 등판한 KDB산업은행은 경영을 정상화해 매각하거나 독립 기업으로 존속할 수 있게 하겠다며 출자전환과 유상증자 등을 통해 조선소들의 대주주가 되었다. 그러나 성과를 낸 적은 단 한 번도 없다. 물론 지역구 국회의원들이나 지방정부의 압력으로 인해 구조조정 의사결정에 문제가 생겼을 수도 있을 것이다. 하지만 근본적인 문제는 스스로 '실패'를 인정하지 않으려는 산업은행의 아집에 있지 않을까.

조선소가 진행한 해양플랜트 사업의 기본 설계에서 발생한 문제점을 학계가 지적해온 지도 5년이 넘었다. 그러나 개별 조선소들만이 대책을 고민했을 뿐, 공론화되지는 못했다. 산학협력 강화라는 안을 내놓은 학계는 실무자의 고민을 실질적으로 해결해주지 못했다. 원리나 원칙을 논하는 워크숍은 매번 열렸지만 실제 현장에서 발생하는 문제를 펼쳐놓고 진행하는 워크숍은 드물었다. 관련 연구 기관이나 정책 기관 역시 진단 이상의 구체적인 계획을 내놓지 못했다.

조선산업이 막대한 규모로 진행하고 있는 아웃소싱에 대한 진단 역시 턱없이 부족하다. 예컨대 거제에 있는 두 개의 조선소는 경남권 전역에 도장·배관·기자재 등의 업체를 보유하고 있으며, 전남 해안가에도 목포-여수-광양 등지를 중심으로 거대한 블록 제작업체와 기자재업체를 보유하고 있다. 지자체들이 조선산업의 호황기에 산업단지를 조성하고 저렴한 임대료와 세제 감면 혜택을 활용해 업체를 유치했기 때문이다. 조선소의 현 상황을 진단하기 위해서는 눈에 보이는 조선소와 인근 업체뿐만 아니라 가치-사슬$^{value-chain}$에 걸쳐 있는 산업의 움직임도 응당 살펴야 하건만, 이러한 부분은 사실상 고려되지 않고 있다. 혹은 이러한 진단이 내려진다고 해도, 해당 중소기업들에 대한 이야기는 주로 "원청이 죽으면 중소기업이 함께 죽으니 원청을 살려서 중소기업을 함께 살리자"는 수준의 이야기로 수렴된다. 실제로 한국의 중소기업들은 자생적인 판로를 열지 못한 채 원청인 대기업의 부품 하청업체로 전락했다. 하지만 장기적으로 이런 기업들을 조선소가 망하더라도 유지될 수 있는 기업으로 만들 방안을 고민하지 않는다면 상황은 크게 달라지지 않을 것이다. 즉 중소기업이 대기업에 종속되는 현상은 더욱 심화될 수밖에 없다.

일본과 유럽의 선례에서 무엇을 배울 것인가

조선소의 연쇄적인 위기는 사실 앞서 언급했던 구 조선산업 패권국들이 모두 한 번 이상 겪은 일이다. 인건비 상승, 생산성 향상의 둔화, 설비투자 실패 등으로 이들은 결국 패권을 후발 주자들에게 넘겨줬고 이제 한국도 비슷한 수순을 밟을 것으로 보인다. 그러나 조선산업 패권국들의 위기 대응 방식이 각기 달랐다는 점에 주목할 필요가 있다. 예를 들어 조선소가 없어졌지만 조선소에서 일하던 사람들이 조선산업 기자재업체나 엔지니어링 회사에서 일한다면 어떨까? 혹은 조선소는 유지되고 있지만 거기서 일하는 생산직 노동자들 대부분이 이주노동자이고 관리자만 한국인인 경우는 어떨까? 더 극단적으로 말해 생산직과 엔지니어 중 한쪽만 선택해야 한다면? 조선소와 인력 중 한 가지만 지켜야 한다면? 이런 질문들에 대한 답을 고민해보건대, 한국 조선산업이 참고할 만한 선택지로는 북유럽의 길과 일본의 길 정도가 있는 듯하다.

북유럽의 경우, '말뫼의 눈물'을 흘렸던 스웨덴을 비롯해 조선산업 강국이었던 노르웨이는 현재 매우 부유한 국가에 속한다. 조선산업에 초점을 맞춰 그 이유를 분석해보면, 설계 엔지니어링과 시추 관련 기자재업체를 선택해 지금까지 승산을 가지고 있는 것으로 보인다. 물론 고부가가치 선박 중 하나인 페리 유람선 건조는 계속 유지했다. 페리 유람선은 애초 의장재(배관, 선실, 전기 등) 가격이 비싸고, 배의 성능보다는 탑승하는 승객에게 만족감을 제공하는 것이 더 중요하다. 똑같은 34평짜리 아파트라도 많은 사람들이 구태여 '브랜드' 아파트를 선호하는 것처럼, 명품이라는 인식이 시장에서 중요하게 작용하는 선박이라 할 수 있다. 이런 선박을 건조할 때는 인건비 비중이 상대적으로 저기 때문에 유럽 노동자들의 높은 임금을 감안해도 건조가 가능하다. 물론 수십 년 전에는 같

은 야드에서 컨테이너선과 유조선도 지었다. 다만 주력 상품
이 바뀐 것이다.

더불어 유럽의 조선소들은 자사가 보유한 설계 부문을
독립 회사로 분사했다. 자신들의 생산에 필요한 설계만을 공
급하기보다는 세계 곳곳에서 건조될 고부가가치 선박 및 해
양플랜트의 설계를 공급하는 것을 목표로 했다. 따라서 해양
플랜트 기본 설계를 유럽 소재 엔지니어링 회사들이 담당하
는 경우가 많다. 한국의 젊은 엔지니어들이 유럽 엔지니어링
회사들이 제작한 기본 설계를 검증해 한국의 건조 현장에 적
합한 형태로 조정하기 위해서 유럽으로 파견을 가기는 하지
만, 그들이 수십 년 동안 축적한 기술력을 곧바로 이해하고 모
방해 따라잡기는 어렵다. 많은 선주와 오일 메이저 회사들은
유럽 엔지니어링 회사들의 기본 설계를 선호한다. 한국 조선
소들이 당장 비집고 들어가기에는 어려움이 많은 것이다.

설계 엔지니어링 회사를 키워내는 것은 수천수만의 공
대 출신 엔지니어들의 일자리를 만들어내는 방편일 뿐 아니
라 그 이상으로 제조업을 지켜낼 수 있는 방편이 될 수 있다.
기본 설계 중 견적 설계 단계에 들어가면 선박이나 해양플랜
트에 들어가는 각종 기자재의 수량과 단가를 정하게 되는데,
여기서 주문주와 설계 엔지니어링 회사의 선호가 맞아떨어진
다. 주문주가 선호해서 정해놓은 다수의 기자재는 설계 엔지
니어링 회사가 추천한 것들이며, 그들이 특별한 선호를 갖고

있지 않더라도 설계 엔지니어링 회사가 지목한 것들은 대개의 경우 승인된다. 기본 설계 검증에 나섰던 한국 조선소 설계 엔지니어들은 이런 품목 중 한국산으로 대체할 수 있는 것들을 지목하고 수정을 요구했지만, 이니셔티브를 갖고 있는 유럽 설계 엔지니어링 회사가 주문주에게 더 큰 신뢰를 얻고 있기 때문에 그 요구를 쉽사리 관철시키지 못했다.

해양플랜트의 국산화율은 현저히 떨어진다. 90% 이상 국산 기자재를 활용하는 선박과 현격한 차이를 보인다. 실제 공정에서도 해외 기자재를 활용해서 발생하는 문제들이 많다. 납기가 일정하지 않고, 운송 중 품질에 문제가 발생할 수 있으며, 건조 작업 중 발생하는 문제에 대한 해결이 지연되곤 한다. 그러나 여기에 대해 건조사가 '갑'으로서 할 수 있는 조치는 사실상 없다. 다른 곳에서 기자재를 대체할 수 없기 때문이다. 보통 주문주들은 각각의 기자재에 대해 '주문주 승인' 인증을 주는데 조선소는 그 목록 안에서만 기자재를 대체할 수 있다. 물론 이는 협상력의 문제이기도 하지만, 근본적으로 기본 설계에 대한 장악력을 갖춰야만 문제를 효과적으로 풀 수 있다.

흔히 알려진 '말뫼의 눈물'과 달리 유럽의 조선소들은 이처럼 실제로는 기자재업체들의 경쟁력을 끌어올려 중소기업에서 '강소기업'으로 키워냈다. 인건비가 많이 들어가는 건조 작업을 최종 완성품 시장에서 철수하는 방안만으로 말이다. 고학력의 엔지니어들은 전 세계를 돌며 고부가가치 선박과 해양플랜트 프로젝트를 수행하고, 나머지 조선소 인력들은 조선소 내에서 필요한 기자재를 제작하는 쪽으로 업종을 전환한 것이다.

선진 제조업 국가로 자리매김하기 위해서는 '소재, 부품, 장비' 업계의 경쟁력을 강화해야 한다는 분석이 있다.[7] 일본과 독일이 제조업에서 가장 경쟁력을 가지고 있는 분야 역시 '소재, 부품, 장비'이다. 메르세데스 벤츠나 폭스바겐, BMW라는 최종 완성품의 기저에서 경쟁력을 구축해주는 것은 다름 아닌 중소기업들이다. 그들은 최고의 부품을 만들어 세계 시장에 공급하며, 미국이나 한국, 일본 등에도 수출할 수 있는 경쟁력을 보유하고 있다. 스마트폰 시장 역시 비슷한 상황이다. 로열티나 부가가치 측면에서 가장 큰 비중을 차지하는 것은 스마트폰의 시스템 메모리와 CPU다. 한국이 여태까지 진출하지 못하고 있는 시장 중 하나다. 최종 생산품인 선박, 스마트폰, 자동차 뒤에는 '알짜 중소기업'들이 제작하는 고부가가치 '알짜 부품'이 존재하는 것이다.

이렇듯 유럽 제조업계는 엔지니어링을 고도화하면서, 최종 가공 단계의 생산에서 선박에 들어가는 '소재, 부품, 장비' 부문의 점유율을 굳히는 길로 나아갔다. 물론 여기에는 많

---

7   안현호, 앞의 책.

은 준비 절차가 따른다. 우선 임금 체제부터 정비해야 한다. 지금까지처럼 연공서열에 따라 임금을 받는 구조는 폐기되어야 한다. 한국에서는 주로 기업 규모와 노조 결성 여부라는 두 가지 요인에 따라 노동자들의 임금이 결정된다.[8] 1987년을 기점으로 결성된 대규모 노동조합은 주로 최종 생산품의 생산 차질을 가장 두려워했던 대기업 사업장에서 결성됐다. 민주노조 운동이 작은 작업장에서도 노동조합을 결성했지만, 많은 중소기업들이 하청기업화되고 비정규직이 늘어나면서 그 힘을 확대하지는 못했다. 결과적으로 대형 사업장의 노동자들만이 자신들의 이익을 임금 단체협상을 통해서 지켜낼 수 있었고, 납기에 쫓기는 대기업들이 이들과의 협상을 흔쾌히 들어줄 수 있었던 것이다. 그리고 이 과정에서 생활임금의 도입을 매개로 한 임금 단체협상이 정례화되고, 연공서열제가 정착됐다. 이는 대기업 정규직들의 안정된 삶을 보장해주면서 동시에 정규직과 비정규직의 격차를 심화했다. 민주노조 운동이 고안한 생활임금 개념은 최저임금과는 다르다. 1인이 4인 가정을 부양한다는 전제하에 생활비를 책정한 것으로, 4인 가정이면 1년에 연봉 6천 몇 백 만원이 필요하고 월에 4백 몇 십 만원이 필요하다는 식이다. 민주노조 운동은 이 생활임금을 기준으로 임금 단체협상을 시작해 초기 임금 인상을 주

---

8   정이환,《한국 고용체제론》, 후마니타스, 2013.

도했다. 이에 대한 사측의 대응방식으로 등장한 것이 바로 연공서열제다. 호봉에 따른 기본급의 안정적인 인상을 보장하면서 임단협에 따른 급격한 인상을 막고자 한 것이다.[9]

연공서열제는 일본에서 도입되었다. 연공서열제가 가능했던 것은 누적된 숙련이 시간이 지날수록 생산성에 더 큰 기여를 했기 때문이었다. 이는 노동자들이 매일매일 개선 활동을 하면서 마치 수도승처럼 일에 몰입했던 경험과 맞물려 있다. 숙련도와 역량을 측정할 수 있는 정확한 방식이 없었기 때문에 근속연수를 기준으로 임금을 지급했던 것이다. 조선산업에서도 숙련을 측정할 수 있는 분야는 용접 정도에 그친다. 용접은 노동자의 숙련도에 따라 품질 차가 크고, 다양한 자세의 용접을 유연하고 고르게 수행할 수 있는지 여부에 따라 숙련도를 파악할 수 있다. 국가 공인 용접 자격증은 물론 주문주나 선급 등에서 규정하는 각종 인증도 있다. 용접사의 기량이 좌우하는 작업인 것이다. 반면 강판을 가공하거나 절단하는 작업, 그리고 블록을 조립하는 공정 등은 자동화가 많이 진척된 분야다. 예전처럼 노동자들의 숙련도보다 설비 투자의 힘이 더욱더 강해지고 있다. 그래서 실제로 조선 3사는 정규직 노동자들을 가공, 절단, 조립 공정에서 제외시켜 의

---

9 물론 전체 임금 대비 기본급의 비중은 적었고, 많은 임금은 잔업 특근비와 이윤을 공유하는 성과 공유에 따라 지급됐다. 사내하청 노동자들은 여기에서도 제약을 받을 수밖에 없었다.

장이나 탑재 같은 숙련이 요구되는 공정으로 전환배치시키려 한다. 최근 많은 사업장에서 '생산 구역 재배치'가 쟁점으로 오르내리는 이유이기도 하다.

조선산업에서 발생하는 문제들을 해결하는 과정에서 임금 체제 정비를 논의하는 까닭은 노동자들의 일자리 나눔을 가능하게 하기 위해서이다. 단순히 임금을 넘어서 각자가 가지고 있는 숙련도를 검증할 수 있는 체계가 있다면 블록 제작업체, 기자재업체 등은 이들을 채용하고 적정한 수준의 임금을 지급할 수 있다. 조선소 역시 마찬가지다. 직무에 따라 임금을 지급하면 지금보다 인건비를 줄일 수 있고, 노동자들의 숙련을 보상해줄 수 있는 합리적인 기제가 정착될 수 있다. 앞서 언급했듯 조선소 정규직 생산직 노동자들은 용접이나 취부 등의 직접생산에 종사하기도 하지만, 생산지원 업무를 맡는 경우가 더 많다. 같은 날 입사했다는 이유로 같은 임금을 지급하는 것은 '평등'하다고는 말할 수 있을지언정 '공정'하다고 보기는 어렵다. IT업계의 경우 개발자의 클래스에 맞는 임금 테이블이 따로 있다. 백엔드 개발자[Back-end developer]와 프론트엔드 개발자[Front-end developer]의 임금 테이블은 동일하지 않다. 마찬가지로 경영지원 업무를 맡는 사람과 개발자의 임금 테이블 역시 다르다. 또한 경력과 숙련도에 따라서 임금이 결정된다. IT 스타트업 기업들이 창업할 때 당장은 월급을 충분히 주지 못하더라도 업계에서 지급하는 임금 수준에 따라 개발자들에게 '스톡옵션'을 맞춰주는 것도 비슷한 맥락에서 이해할 수 있다. 훌륭한 프로그래머들이 대기업만 고집하지 않고 창업한 지 오래되지 않은 중소 규모의 회사에도 지원하는 이유도 바로 이 때문이다.

기자재업체의 연구개발을 지원하는 판로 역시 확보되어야 한다. 궁극적으로 이는 국가와 지방 정부의 역할에 대한 질문으로 이어진다. 공정거래위원회를 포함해 국가 기관은 대기업 원하청 관계와 관련해 '갑질 방지'와 '일감 몰아주기'에 대한 시정을 중요시하는 것으로 보인다. 그러나 '동반성장'은 대기업의 부당행위를 규제하는 것 이외에도 중소기업들이 '강소기업'으로 성장할 수 있도록 보조할 때 가능하다. 중소기업들의 연구개발을 중점적으로 지원하고, 조선업 경기가 그나마 버티고 있는 지금부터 다른 판로를 뚫을 수 있도록 연착륙을 유도해야 한다.

또한 기자재업체들이 '주문주 인증'을 받는 것 역시 중요하다. 해양플랜트의 '주문주 인증'은 기본설계 역량과도 연관되어 있다. 조선업계의 기본설계에 대해 주문주가 신뢰할 때, 설계에 언급된 국내 기자재 업체도 더 신뢰하게 되기 때문이다. 따라서 중소 기자재 업체 살리기와 기본설계 역량 향상은 함께 추진되어야 한다. 모두 연결되어 있는 일련의 문제들을 풀어나가기 위해서는 정책에 분명한 방향성과 목표가 있어야만 하며, 실무자가 반드시 관여해야 한다. 이렇게 되면 구조조정으로 대기업 조선소에서 일하는 모든 노동자들의 고용이 위태로워져도 나름의 완충 장치가 고안될 수 있을 것이다.

이번에는 일본 조선산업 쪽으로 눈길을 돌려보자. 일본 조선산업이 걸어온 길을 단순히 하나의 방향으로 정리할 수는 없을 것이다. 일본이 최근 조선산업을 중흥하는 쪽으로 다시 방향을 잡았다는 점을 고려해볼 때, 기존 기조에 대한 평가는 좀 더 신중하게 내릴 필요가 있어 보인다. 그러나 1990년대 이후 일본 조선산업의 흐름은 참조해볼 만하다.

앞서 언급한 대로 일본은 표준선 생산 및 이에 걸맞은 의장 자동화를 강화했다. 설계 인력이 부족했기 때문에 설계 변형을 최소화하고, 생산에서 수익을 낼 수 있는 방향을 추구했던 것이다. 여기서 생산 인력에 대해 질문해볼 필요가 있다. 2010년대 전까지 일본 조선산업은 신규 정규직 노동자를 잘 채용하지 않았다. 조선산업 자체를 소멸하는 업종으로 봤기 때문이다. 단, 고용 안정을 보장하기 위해 전성기에 일했던 생산직 노동자들의 일자리는 최대한 사수하고자 했다. 일시적으로 물량이 늘어나는 시기에는 2010년대의 한국처럼 사내하청 노동자들, 그중에서도 특히 이주노동자들을 활용하는 경우가 많았다. 원청의 일본인 정규직 노동자들이 주요 공정에서 생산 감독을 맡고, 이주노동자들이 조립 작업을 하는 식이었다. 그렇게 해야만 시장에서 요구하는 가격을 유지하면서 납기와 수익 모두를 지킬 수 있었다.

한국이 일본의 길을 따라간다면, 그것은 조선산업을 사양 산업으로 판단하고 현재의 정규직 노동자들을 '조선소의 마지막 노병'으로 살 수 있게 하겠다는 결정에 가까울 것이다. 현재의 임금 구조에서 수주 가능한 물량을 최대한 확보해 공정을 유지하되, 2010년대의 해양플랜트에서처럼 '도전'은 자제하며 수비적으로 산업을 보호하면서 나아가는 길이라고 볼 수 있다. 물론 이 역시 쉽게 달성할 수 있는 목표는 아니다. 일본의 경우 생산기술의 우위를 활용한 높은 생산성, 세계 어디에 내놓아도 손색없는 경쟁력 있는 기자재업체를 보유하고 있었기에 그런 선택을 내릴 수 있었다. 신규로 노동시장에 진입하는 노동자들은 이미 조선소 대신 세계 일류 기자재를 공급하는 중소기업이라는 다른 대안을 찾은 상태이다.

일본은 선박 금융 측면에서도 많은 이점을 가지고 있었다. 한국의 경우 수주시 국가가 관리하는 수출입은행 등을 통해 선수금 환급보증을 받아야 하는 상황이지만, 일본은 회사가 보유한 금융과 사업망을 동원해 프로젝트를 수주할 수 있다. 예컨대 미쓰비시 상사가 원유 시추 사업을 따내면서 관련된 해양플랜트나 유조선을 자국의 조선소에 발주할 수 있는 것이다. 한국으로 비유하자면 포스코와 대우나 삼성물산 또는 현대종합상사가 광구 프로젝트를 진행하면서 대우조선이나 삼성중공업 혹은 현대중공업에 해양플랜트와 유조선을 발주하는 셈이다. 물론 한국은 여전히 넓은 풀의 설계 엔지니어들을 보유하고 있기 때문에 이러한 사업들이 성공적으로 완수되면 다시금 성장 지향의 조선산업을 영위할 수도 있을 것이다.

최근 들어 일본은 조선산업을 쉽사리 내쳤던 지난날을 반성하고 있다. 조선산업은 다수의 고용을 창출할 수 있다는 매력이 있기 때문이다. 다만 설계 엔지니어들이 떠나고, 생산직 노동자를 희망하는 사람들이 지속적으로 줄어들었다는 것이 문제이다. 인적 구조조정을 해서는 안 된다는 한국 조선업 일각의 주장은 일본의 이러한 상황에 근거하고 있다고 할 수 있다.

결국 어떤 길을 참조하든, 조선산업의 장래에 대한 냉정한 평가가 선행되어야 한다. 가장 먼저 조선 3사의 경쟁력과 고부가가치 선박의 경쟁력을 유지할 수 있는 방안이 검토되어야 할 것이다. 조선 3사가 보유한 선도적인 기술의 수명주기에 대해 고민해보는 시간이 필요하다. 기술 격차를 더 벌릴 수 있는 것인지, 혹은 이제 단순히 방어하기만 남았는지를 신중히 따져봐야 한다. 해양플랜트 턴키 공사에서 기자재 국산화율을 어느 정도까지 높일 수 있는지, 계약을 할 때 어떤 방식을 채택할 수 있는지, 얻을 수 있는 수익은 어떻게 정의해야 하는지를 세부적으로 검토해야 한다. 조선 3사는 이미 이에 대한 계산을 어느 정도 세워놓은 것으로 보인다. 그렇다면 장기적으로 언제까지 '세계 1위 조선산업' 타이틀을 유지할 수 있는지도 가늠해볼 수 있을 것이다. 업계와 정책 당국이 함께 나서 이런 부분들을 계산해볼 필요가 있다.

조선 3사끼리의 경쟁은 점점 별 의미가 없어지고 있기 때문에 결과적으로는 '공생'을 모색해야 한다. 고숙련 고학력 설계 엔지니어들의 역량을 유지하고 확장할 수 있는 정책 역시 장기적으로 마련되어야 한다. 이들을 전 세계를 누비는 테크니션으로 양성할 것인지, 산업에서 과감히 축소할 것인지 방향을 잡아야 한다. 더 이상 결정을 지체해서는 곤란하다.

더불어 중소형 조선소의 진로도 분명히 정해야 한다. 2018년 12월 현재 STX조선해양과 성동조선해양은 여전히 구조조정의 회오리를 벗어나지 못했다. STX조선해양은 생산직 중 75%를 희망퇴직과 권고사직으로 유도하고, 생산에 필요한 인원은 아웃소싱을 통해 해결하는 방향으로 갈피를 잡았고, 가스선(LNG, LPG) 수주를 통해 미래 먹거리를 찾는 중이다. 12월 초 싱가포르 선사와 5만DWT급 석유화학제품운반선 3척을 수주했고, 이에 대한 선수금 환급보증을 발급받았다. 성동조선해양의 경우 이제는 결단을 내려야 하는 상황이지만 여전히 이렇다 할 결정이 내려지지 않았다. 해고를 통한 회생이든, 청산 조치든 결국 노동자들의 자리는 좁아질 수밖에 없기에 이제는 결단을 내려야만 한다. 구체적인 해결책 없는 낙관은 현대중공업 군산조선소 폐쇄와 같은 급작스런 결정을 낳을 뿐이다.

중소형 조선소는 이제 중국뿐 아니라 더 싼 노동력을 동원할 수 있는 동남아시아 조선소들과의 경쟁에 내던져졌다. 선박 시장에 초활황이 다시 찾아오지 않는 이상, 중소형 선박에서 가격의 우위를 가져가기는 어렵다. 중국처럼 국가가 대량으로 선박을 발주하거나 국가 내 물동량을 자국 선박으로만 운영하는 계획을 세우지 않는 이상 중소형 선박의 경쟁력은 좋지 않다. 고부가가치 선박 건조를 위한 투자를 생각해볼 수도 있겠지만, 냉정하게 말해 지금의 여력으로는 가능하지 않다.

이런 상황에서 조선업 노동자들이 적어도 인접한 중소기업으로 전환 채용될 수 있도록 보조해줄 수 있는 정책이 마련되어야 하지 않을까? 물론 이것이 조선산업 바깥에 있는 사람들에게는 고작 '동남권'에 있는 '귀족 노동자'들의 안위를 챙기는 것처럼 보일 수도 있을 것이다. 많은 사람들이 '귀족 노동자'로 떵떵거리며 살아온 이들을 위해 국가가 왜 세금을 투입해야 하는지 의문을 제기하고 있는 상황이지만, '귀족 노동자'를 운운하며 이 모든 문제의 책임을 조선소 노동자들에게 돌리는 것은 너무도 불합리한 일이다. 이는 산업의 거시적인 구조를 보지 못하도록 한다.

몇 가지 선택지들

마지막으로 거제가 도시로서 발전할 수 있는 가능성을 질문하며 논의를 마치고자 한다. 거제는 조용한 어촌 마을에서 조선산업의 성지로 도약했다가, 이제는 불황으로 주춤하고 있다. 거의 대부분의 사람들이 조선산업에 의지해 생계를 꾸려가고 있는 이 도시는 장차 어떻게 변화하게 될까?

거제시는 2010년대 중반까지만 해도 미래 조선산업에 대한 투자를 줄기차게 진행해왔다. 한국해양대 거제캠퍼스 건립은 물론 조선해양플랜트 단지를 조성해 기자재업체를 유치하려 했다. 그러나 결과적으로 그 어디에서도 뚜렷한 성과를 만들어내지는 못했다. 최근에는 전통시장 복원과 관광 자원 개발을 통해 관광 도시로 전환하려는 목표를 세우고 있는 듯하지만, 성과를 장담할 수 없는 상황이다.

선택지는 생각보다 단순할 수 있다. 무엇을 본업으로 삼아 주력해나갈 것인지를 질문해보면 된다. 조선산업과의 긴밀한 관계를 앞으로도 계속 유지할 것인지, 아니면 이제 그만 단절할 것인지를 판단해야 한다.

더 근본적으로는 제조업 도시를 어떻게 진화시킬 수 있을지에 대한 고민이 필요하다. 부산이나 창원과 연결해 산학연계를 강화하고 제조업 간 클러스터를 촘촘하게 조직해야 한다. 현재 거제도에는 2~3년제 전문대학인 거제대학밖에 없어 랩실에서 생산되는 지식이 거의 전무한 상황이다. 부산에

는 조선공학과를 비롯한 큰 규모의 공과대학을 운영하는 4년
제 대학들이 많아서, 현재 조선 3사가 공과대학들과 산학협력
에 대한 다양한 약정을 체결하고 있는 중이다. 그러나 그 초점
은 주로 원청에 맞춰져 있다. 따라서 앞으로 거제시는 조선해
양 관련 벤처 스타트업의 관점, 그리고 중소 기자재업체 등의
관점을 채택해 산학연계를 강화하는 방향을 모색할 필요가
있다. 실리콘밸리 개발자들의 '밋업'처럼 젊은 중소 조선해양
기자재업체들이 격식 없이 모여 의견을 교류할 수 있는 장을
정례화하는 것이 하나의 해법이 될 수 있을 것이다. 이는 산업
도시의 '현장성'을 극대화할 수 있다.

　　이와 함께 젠더 의식을 훨씬 더 향상시켜야 한다. 기존
의 '남성 생계 부양자 모델'을 극복하는 것이 가장 시급한 과
제이다. 조선업은 여전히 남성으로 과대 대표되고 있다. 생산
직은 노동의 성격상 어느 정도 불가피한 면이 있다고 해도, 설
계 엔지니어는 지금보다 얼마든지 여성 엔지니어의 채용 비
율을 늘릴 수 있는 분야임에도 남성의 비율이 여전히 과도하
게 높다. 따라서 여성 엔지니어들이 거제로 진입할 수 있는 공
간을 확장해야 하며, 거제를 젊은 여성들이 일하며 '살고 싶
은' 도시로 만드는 것을 중요한 정책 의제로 삼아야 한다. 물
론 근교의 부산이나 창원, 서울처럼 서비스업을 통해 여성들
의 일자리를 확보하는 방법도 있을 것이다. 그러나 제조업 없
이 서비스업만을 운영할 수 있는 곳은 광역도시와 수도권뿐

이다. 따라서 제조업 엔지니어 자리를 우선적으로 창출하고 그들의 장래를 어느 정도 보장할 수 있는 중소기업을 만드는 것이 좀 더 유리할 것이다.

중소 기자재업체들의 클러스터가 잘 안착된다면, 조선소에서 일했던 여성 사무보조 노동자들의 노하우를 전수할 수 있는 채널을 설계해볼 수도 있을 것이다. 조선소 사무보조 노동자들 중에는 주문주 외국인과 이메일을 통해 의사소통하거나, 무역 관련 문서를 처리하는 숙련된 인력들이 있다. 중소 기자재업체들이 판로를 넓혀 그들의 역량을 활용한다면 경력 단절을 막을 수 있는 방안을 마련할 수 있지 않을까. 삼성중공업처럼 시간제 근로를 활용하는 것도 지금보다 훨씬 더 여성 친화적이고 안정적인 일자리를 만드는 한 가지 방안이 될 수 있다. 장기적으로는 직무 교육을 동반한 평생교육이 제도적으로 확충되면 여성 노동자들이 단절 없이 경력을 설계해나가는 데 조금이나마 도움이 될 것이다.

결국 사람들의 리듬이 먼저 바뀌어야만 도시도 변화할 수 있다. 가능하다면 지방 정부가 조금이라도 여력이 있을 때 노동자들이 인접 산업에 다시 취업할 수 있도록 길을 열어주어야 하지 않을까?

산업도시 거제의 '그다음'을 그리며

한때 조선산업에 닥친 위기가 지나간 지도 2년이 흘렀다. 2015~2017년을 들쑤셨던 위기설이 잦아든 듯하다. 더 이상의 공적자금 지원도 없었다. 떠날 사람은 떠나고 남을 사람은 남았다. 산업도시 거제와 중공업 가족들은 숨을 죽이면서 위기를 수습하는 중이다.

위기를 초래한 주범 중 하나인 해양플랜트는 유가가 회복되지 않은 탓에 신규 수주가 없는 상태다. 환경 규제가 강화되면서 높은 부가가치를 안겨줄 LNG 선박 수주가 늘어났고, 2018년 조선 3사의 수주는 전성기의 60~70% 수준으로 회복됐다. 7년 만에 한국은 선박 수주 1위를 중국에게서 탈환했다. 주문주에게 인도되지 않고 조선소에 계류되어 대우조선의 속을 썩였던 앙골라 소난골 드릴십은 결국 주인을 찾아 떠났고, 잔금도 받았다. 거제의 양대 조선소는 2017~2018년에 대부분 흑자를 기록했다. 이런 뉴스들을 접하다 보면 어쩌면 몇 년간을 조선산업을 괴롭혀온 실적 부진과 수익률 악화가 잠시 지나가는 괴로움에 그치는 게 아닐까 하는 생각이 든다. 선박시장이 살아나기만 하면 모든 것이 훈풍에 눈 녹듯 사라질까.

절박한 위기는 넘겼지만 풀어야 할 숙제는 여전히 많다. 산업도시 거제를 지탱하는 조선산업이 수주를 통해 일감을 얻었지만, 그 일감이 다시금 모두의 부유함을 담보해줄 수 있을지는 확실치 않다. 악화된 시장에서 수주한 선박들은 예전처럼 10%에 달하는 수익률을 보장해주지 못한다. 게다가 한 기 한 기에 선박보다 훨씬 많은 노동자들을 투입하는 해양 플랜트를 건조하지 않기 때문에 전체적으로 인력은 줄어들 수밖에 없다. 매출 관점에서 보더라도 매년 10조 원 이상의 선박을 수주하고 건조하는 일은 거대 호황이 찾아오지 않는 한 쉽지 않을 것이다. 폐선 후 지어야 하는 새 배의 물량도 예전보다 훨씬 더 혹독해진 수주 환경에서 따내야 한다. 새로운 먹거리를 확보하지 않는 이상, 어떻게 더 성장할 수 있을지가 아니라 어떻게 해야 잘 유지할 수 있는지를 걱정해야 하는 상황이다.

숙련된 직영 노동자들과 엔지니어들이 이룩했던 왕년의 높은 생산성을 회복해야 하는 과제도 남아 있다. 나이를 먹어가는 정규직 생산직 노동자들은 새로운 방식의 혁신을 도입하는 것보다는 조금 더 안정적인 삶을 원하게 될 것이다. 회사 역시 더 이상 대량으로 정규 생산직을 채용하기 어려운 상황이다. 위기 당시의 업체 폐업 조치와 임금 체불을 생생히 기억하고 있는 사내하청 노동자들은 이제 회사의 타이트한 관리를 잘 수용하지 않으려 할 것이다.

정규직을 예전처럼 운용할 수 없다면, 생산기술을 향상시켜 저숙련 하청 노동자들을 고용해 생산성을 높이는 방법을 떠올려볼 수 있을 것이다. 현대자동차는 엔지니어의 생산기술 혁신을 통해 작은 부품들을 표준화된 모듈로 만들어 외주로 생산하고 최종 완성 공정을 단순화해 비숙련 노동자들도 작업할 수 있게 만드는 방식, 즉 '기민한 생산 방식'을 통해 생산성과 수익률의 문제를 해결한 바 있다.[1]

· 정규직 노동자들에게 완전고용을 약속하면서 동시에 하청 노동자를 대규모로 영입해 인건비를 절감한 것이다. 물론 용접 노동자의 숙련도에 따라 천차만별의 품질과 생산성 차이를 내는 조선산업에 이를 그대로 적용할 수는 없다. 사내하청 노동자들로 하여금 어떠한 비전을 갖고 작업에 임하게 할 것인지를 고민하지 않을 수 없는 것이다.

시장이 살아나자 중앙정부와 지자체는 조선산업의 기반을 살리기 위한 대책을 강구하고 있다. 정부는 2018년 11월 경남 지역의 중소 조선소를 살리기 위해 LNG 연료추진선 140척 발주, 7,000억 원 규모의 자금 지원, 1조 원 규모 부채의 만기 연장 등을 포함한 지원안을 발표했다. 1970년대부

---

1   조형제,《현대자동차의 기민한 생산 방식》, 한울, 2016.

터 중화학공업화의 핵심 산업으로 지정돼 지금까지 수출과 고용을 창출해온 조선업을 쉽사리 놓을 수 없다는 게 국가의 입장일 것이다. 철강, 해운, 석유화학 등의 전후방 산업은 물론 방위산업과도 연계되기 때문에 포기할 수 없다. 그러나 중소 조선소를 살리려는 이러한 정책이 과연 유효한지는 따져볼 구석이 많다. 높은 생산 효율을 갖고 있는 조선 3사도 견고한 수익률을 자신하지 못하는 상황에서, 그저 선수금 환급보증을 발급받는다고 중소 조선소가 선전할 수 있을지는 미지수다. 그들이 당면한 진짜 과제는 높지 않은 생산 효율과 어정쩡한 임금으로 낮은 선가의 중국과 동남아와 경쟁해야 한다는 것이다.

당장 적절한 수익을 낼 수 있는 물량이 확보되지 않아 대통령조차 고용 보장 약속을 지켜내지 못했던 현대중공업 군산조선소 사례가 떠오른다. 고용 문제의 불부터 끄겠다는 정책 당국의 조급함만 엿보인다. 신규 수주 선박들의 수익률이 저하되어 공적자금을 대규모로 투입해야 하는 순간을 맞기라도 한다면, 그때는 산업 구조조정을 할 수 있는 골든타임이 이미 지나가버린 후일 것이다.

정부는 '4차 산업혁명'에 맞춰 제조업 경쟁력을 높이겠다며 사물인터넷IoT 등 정보기술을 활용한 자동화 공장 형태인 스마트공장 3만 개를 전국적으로 짓겠다고 발표했다. 그 중 경상남도에 2,000개를 지어 중소 제조기업들의 어려움을 덜어주겠단다. 또한 경상남도가 스마트공장 구축을 지원하는 금융상품인 저금리 '스마트팩토리 론'을 출시해 중소기업의 부담을 줄일 전망이다.[2]

그러나 경남의 주력 산업인 조선산업, 기계산업, 자동차산업 등의 전방산업이 선전하지 않는 이상, 부품-소재-장비를 제작하는 이들의 수익이 자동화를 통해 혁신적으로 개선될 수 있을지는 의문이다. '마른 행주 짜기'가 체질이 된 원청-하청 관계 자체를 손보지 않는 이상 이들의 추가 수익은 다음 해에 있을 원가 절감 압박 속에서 손쉽게 사라질 것이다.

이는 결코 조선산업만의 문제가 아니다. GDP의 12% 이상을 담당하며 전체 국토의 주요 축을 구성하는 동남권 벨트의 모든 제조업이 비슷한 숙제를 안고 있다. '인더스트리 4.0'이라는 4차 산업혁명의 모태가 되었던 독일의 사례를 보더라도, 새로운 혁신의 기조는 기존 제조업, 특히 부품·소재·장비를 생산해 공급하는 중소기업들이 겪는 어려움을 풀기 위해 시작됐다. 사물인터넷[IoT], 자율주행차 등의 '신상품'이 아니라 기존의 산업들을 어떻게 더 잘 기능하게 할 것인지를 쟁점화해야 한다.

이러한 측면에서, 조선산업의 문제를 해결하는 것은 곧 한국 제조업을 혁신하고 진화시킬 수있는 단초가 될 수 있

---

2 〈경남, 1천억 원 규모 '스마트팩토리 론' 출시〉, 《중소기업뉴스》, 2018년 12월 19일.

을 것이다. 아직도 현장에는 작은 개선점을 찾아내 문제를 해결하는 사람들이 있다. 이들이 지치지 않도록 이들의 목소리에 귀를 기울이는 것이 우선이다.

켄 로치 감독의 영화 〈나, 다니엘 블레이크〉(2016)는 산업 현장의 역군이었던 늙은 노동자가 작업장을 벗어나 일터 바깥의 새로운 세계와 부딪히는 과정을 추적한다. 영화의 주인공 다니엘 블레이크는 뛰어난 목수로 이웃들의 집을 고쳐주고 어려운 상황에서 조언을 해줄 수 있는 좋은 어른이다. 하지만 심장질환이 발병해 실직한 후 실업급여와 질병수당을 지급받는 과정에서 복지서비스 ARS 사용법을 익히지 못해 번번이 수급에 실패한다. 결국 그는 홀로 거리로 나가 자신의 목소리를 내며 저항하고, 평범한 사람들의 연대를 끌어낸다. 그러나 영화의 말미, 그는 여태껏 받지 못한 수당을 받기 위해 행정재판을 벌이던 도중 지병으로 쓰러져 세상을 등지고 만다. 곱지 않은 죽음이 그의 세계가 저물었음을 암시하는 것이다.

산업도시 거제에서 중공업 가족의 '유토피아'는 영원히 지속될 것만 같았다. 보장된 정년과 높은 연봉으로 대표되던 정규직 노동자들은 유연성과 저성장의 세계에서 화석 같은 존재가 되었다. 한국에서 노동계급은 유서 깊은 자본주의 국가들에서처럼 몇 세대에 걸쳐 견고하게 형성되지 못했다.

오르막으로 향하는 롤러코스터를 탔던 노동자들은 이제 급작스레 내리막을 타는 신세가 됐다. 명예롭게 은퇴해 유유자적한 노년을 누릴 수 있는 이들은 많지 않다. 그 안정된 삶이 그저 '우연'에 지나지 않았다는 사실을 미처 깨닫기도 전에 내리막길이 펼쳐진 셈이다. 후배들에게 기회를 주기 위해 2015년과 2016년에 걸쳐 희망퇴직한 노병들은 외부 사람들의 비난 앞에서 "나는 일터를 망치지 않았다"고 눈물로 항변한다.[3]

동남권에서 가장 좋은 직장인 조선소에 취업해 선배들과 같은 여유로운 삶을 꿈꾸던 엔지니어들은 갑자기 '내리막 세상에서 일하는 노마드'[4]가 되어버려 당황스럽다. 언제든 떠나거나 떠나야 할 수 있으며, 지속적인 호황은 더 이상 없다는 전제하에서 자신의 현재와 미래를 끊임없이 고민해야 하는 것이다.

조선소의 상황이 어려울 때마다 주요 언론들은 손님이 줄어든 술집과 유흥가에 대한 르포를 내놓으며 경기 침체를 논했다.[5] 그들은 항상 '불 꺼진 옥포'를 이야기했다. 그런 보도들은 노동자가 그저 일하고 먹고 마시고 유흥을 즐기다 잠들 것이라는 전제를 무의식적으로 깔고 있다. 공정이 엉켜 퇴근하지 못하고 한밤중에 일에 골몰하는 노동자와 엔지니어

---

3 〈나는 일터를 망치지 않았다〉, 시사기획 창, 2018년 4월 3일.
4 제현주, 《내리막 세상에서 일하는 노마드를 위한 안내서》, 어크로스, 2015.

의 목소리, 퇴근후 역량 계발에 매진하는 사무직의 목소리에
는 전혀 귀 기울이지 않았다. 경기가 어려워졌지만 회식이 줄
어 남편이 제때 들어와 좋다는 아내의 목소리, 맞벌이를 하며
업무를 간신히 처리하고 아이를 데려오는 워킹맘의 목소리도
묻혔다. 정규직 노동자들에 대한 '흥청망청' 서사는 하루 종일
땀 흘려 일하는 사람들의 도시를 섬세하게 들여다보기도 전
에 비하하고 있었다. 이러한 시선은 도시와 시민들을 살아 있
지도 죽지도 않은 '좀비'로 만들 따름이다.

산업도시 거제에는 다양한 사람이 산다. 왕년에 조선
산업 신화를 만들었던 노동자들과 그들의 가족, 즉 중공업 가
족만 있는 것이 아니다. 젊은 하청 노동자들과 수많은 이주노
동자들 그리고 외국인 이해관계자들이 도시를 지탱하고 있
다. 산업도시 거제의 풍경을 함께 만들어온 이들이다. 조선산
업이 도약하는 동안, 거제는 여러 이방인들을 품는 도시가 되
어갔다.

거제는 여전히 젊은 도시이다. 상황이 마냥 비관적이
지만은 않다. 거제시의 평균 연령은 2018년 기준 37.7세로 전

---

5 〈[거제르포] ① 찬바람 부는 거제 … "매출 반의 반토막"〉,《조선비즈》, 2015년 10
월 28일. 산업도시에 대한 전형적인 편견을 강화하는 대표적인 기사다. "옥포동
매립지 유흥주점촌은 밤이 되면 휘황찬란한 불빛으로 손님들을 유혹하던 곳이다.
걸어서 20분 거리에 대형 주점이 30곳이 넘는다. 2~3년 전까지만 해도 벌이가 좋
다는 소문을 듣고 외지인들이 몰려들었다. 이곳에서 가장 잘 나간다는 M주점, S
주점도 1~2년 전 새로 문을 열었다. 하지만 최근 대우조선해양 직원과 협력업체
직원들의 발길이 뚝 끊겼다."

국 평균인 41.6세보다 4세가량 낮다.[6]

하루에 약 여섯 커플이 혼인을 하고, 9명 정도의 신생아가 태어난다. 출산율이 전국 평균 1.17명을 웃도는 1.77명이다. 이제 기존의 중공업 가족보다 훨씬 더 개방적이고 민주적인 형태의 공동체를 모색하며 내일을 이야기할 때가 되었다.

거제의 다음 주역은 누가 될까. 무엇보다도, 진학과 취업으로 다른 삶을 찾아 떠난 '딸들'이 돌아오고 싶은 도시가 되어야 하지 않을까. 실직하거나 다른 일자리를 찾아 떠난 아빠를 보면서 댄스 스포츠 경연을 학창 시절 마지막 추억으로 간직하려 한 '땐뽀걸즈'가 조선소의 사무보조직 외에도 다양한 가능성을 찾을 수 있는 도시가 되었으면 한다. 또한 좀 더 높은 연봉과 수도권 삶을 찾아 떠났던 젊은 엔지니어들과 사무직들을 끌어들일 수 있는 도시가 되었으면 한다. 이를 위해 도시에 대한 감각을 광역 단위로 확장하는 것도 하나의 방법이다. 부산-거제-창원을 연결하는 산업의 축을 부산-창원-진주의 대학과 연계해 일과 배움, 그리고 좀 더 나은 문화적 인프라를 만들어볼 수도 있을 것이다. 거가대교(부산-거제)와 남해고속도로 등으로 향상된 권역 내 교통 연결성을 적극 활용할 필요가 있다.

구조적인 시각을 견지하는 사람들은 흔히 몰락해봐야

---

6   행정안전부 주민등록 인구 통계(2018년 12월).

변한다는 말을 많이 한다. 그러나 몰락하지 않고도 변하고 성장하는 도시를 기대한다면 헛된 바람일까. 과거 조선소의 혁신은 노동자들이 모여 사소한 문제들을 풀어나가는 과정이 축적되면서 이루어졌다. 일하는 사람들의 그 감각이 여전히 살아 있다는 것을 확인할 수 있다면 얼마나 좋을까. 지금 거제는 실험대에 올라 있다. 거제가 모쪼록 노동과 삶을 훌륭히 아우를 수 있는 산업도시가 되길 바라본다. 현장에서 분투하는 이들, 혁신을 위해 궁리하는 이들, 공동체를 다시 세워보려 싸우고 있는 모든 이들이 내일을 꿈꿀 수 있으면 좋겠다.

감사의 말

이 책《중공업 가족의 유토피아: 산업도시 거제, 빛과 그림자》
는 5년간 내가 거제에서 겪은 일들에 대한 기록이자, 도시와
일터를 채웠던 사람들에 대한 기록이다. 회사를 나올 때 쓴 퇴
직 인사에 "산업정책을 연구하는 사람으로, 사회에 대해 글을
쓰는 사람으로, 공적 영역에 대해 고민하"겠노라 약속했다. 이
책은 그 작업의 시작이다.

그 누구보다도 조선소의 치열함과 막막함을 나보다 40
년 일찍 경험한 아버지께 이 책을 바친다.

1970년대 중반, 20대 중반의 청년은 지인의 소개로 사
촌 동생들과 함께 울산 방어진 현대 조선소에 발을 디뎠다. 수
십 명의 노동자들이 모인 벌집처럼 좁은 합숙소(하꼬방)에서
새우잠을 잤다. 누군가는 조선소가 목돈을 움켜쥘 수 있는 곳
이라고 했다. 몸은 힘들지만 벌이가 좋다고 했다. 조선소는 사
람이 다치고 죽어나가는 곳이기도 했다. 청년은 하청업체에
서 블록에 마킹을 하는 일거리를 받은 후 좀 시나 용접에 도전
하지만, 기본적인 안전장구조차 없어 용접만 하면 눈이 벌게

지고 잘 보이지 않게 돼 그만두게 된다. 몸을 건사해 빠져나온 게 다행이라고 여겼던 그는 오랫동안 조선소에서의 기억을 잊고 있었다.

2011년 어느 겨울밤, 조선소 취업이 확정되고 아버지와 막걸리 한잔을 하다가 옛 조선소 이야기를 듣게 됐다. 아버지는 "비좁은 하꼬방에서 살았다.""현장은 위험했다.""용접 불꽃을 오래 쳐다보면 눈이 먼다.""도급 업체에서 일했는데 원청에서 직영 전환을 안 해줬다." 등등의 이야기를 담담하게 들려주셨다. 당시에는 아무것도 실감나지 않았다. 그러나 조선소에서 5년을 보내면서 아버지의 말을 계속 곱씹어보게 됐다. 막막함, 설움, 치열함 같은 말들이 떠오른다. 호남의 내륙 지방에서 바다 한 번 보지 않고 자라 돈벌이를 위해 10시간 남짓 버스를 타고 동해 바닷가의 조선소 현장으로 향했던 20대 아버지를, 책을 쓰는 내내 생각했다. 소주 한잔이 달게 느껴지던 그 밤을 생각해봤다. 거제와 울산, 그리고 부산과 진해에서 조선소를 짓고 배를 짓던 사람들의 마음은 대체 어떤 것이었을까. 그들의 희노애락은 무엇을 딛고 있을까.

책을 쓸 수 있도록 기회를 준 분들께 감사의 말을 전한다. 어쩌다 대학에 적을 두게 됐고, '그 조선소'에 있다가 나왔다는 이유로 나를 찾는 사람들이 많았다. 그들은 내게 조선산업의 현재와 미래를 물었다. 또 누군가는 산업도시 거제에 대해 물었다. 잘 알지도 못하고 깜냥도 안 되는 주제에 이런저런 생각들을 엮어 인터뷰에 응하고, 칼럼을 쓰고, 강연을 했다. 그 모든 것들이 책의 토대가 됐다. 조선산업과 산업도시에 대한 생각을 처음 정리했던 작업인 〈사라진 영국의 산업도시〉를 쓸 기회를 준 '퍼블리'의 박소령 대표, 장황하고 알맹이 없는 글을 다듬어서 옥고를 만들어준 곽승희 에디터에게 감사의 말을 전한다. SBS CNBC 〈경제와이드 이슈&〉에 조선산업에 대해 발언할 기회를 준 손석우 선배에게도 감사의 말을 전한다. 어떻게 하면 사람들에게 쉽게 메시지를 전달할 수 있을지를 고민하게 되었다. 책의 뼈대에 해당하는 '중공업 가족'에 대한 생각을 담은 칼럼을 《주간경향》에 쓸 수 있게 기회를 준 경향신문 박은하 기자에게도 감사의 마음을 전한다. 그 칼럼만 믿고 아직 아무것도 준비되지 않은 내게 덜컥 책을 내자고 제안해주고 기다려준 오월의봄 임세현 편집자에게도 감사를 전한다.

〈산업도시와 중공업 가족〉이라는 연구논문을 발표할 기회를 준 경남대 인문학연구소와 비판사회학회에도 감사의 말을 전한다. 엔지니어에 대한 생각을 발표할 수 있는 기회를 준 카이스트 과학기술정책대학원 김소영 선생님께도 감사드린다. 경남대 고운관을 지키며 함께하는 사회학과의 지주형, 김동완, 조정우, 강인순 선생님께도 감사 인사를 전하고 싶다. 2017년 1학기에 선생님들과 진행했던 '해양도시 세미나'와 그 이후에도 식사를 하며 수다 떨듯 풀어낸 이야기들이 큰 힘이 됐다. 또한 2018년 2월 퇴직하신 이은진 선생님의 책《노동자가 만난 유령: 자본과 기술》이 실무자의 시선을 넘어 좀 더 거시적으로 사태를 조망할 수 있는 계기를 마련해줬다. 주변을 찬찬히 관찰할 수 있는 몸을 만들어주신 조한혜정 선생님, 공부할 수 있는 몸을 만들어주신 배영자 선생님께도 감사를 전한다.

초고부터 최종 교열본까지 원고를 살펴주고 비판적 의견과 아이디어를 개진해준 여러 명의 친구들에게도 감사하다. 허핑턴포스트 백승호 에디터, MBC 이덕영 기자, 그리고 꼼꼼하고 냉철한 박상원과 조선소 생산관리자 MH 덕택에 책을 마칠 수 있었다. 엔지니어 문화에 대해 고민할 수 있게 해준 데이터 엔지니어 이동진 덕택에 새로운 관점을 만들 수 있었다. 페이스북에서 의견을 준 '과정남'(과학기술정책 읽어주는 남자들)의 박대인, 엔지니어 양동신, 생산관리자 하인혜 님 모두에게 감사의 마음을 전한다.

2011년 조선소가 무얼 하는 곳인지도 모르고 지원했을 때, 알려주고 도와준 친구들 덕택에 조선소에 다닐 수 있었고 이 책이 출간될 수 있었다. 회사에 10년쯤 다니게 되면 노동자들의 문화를 정리하는 책을 써보라고 권해준 Y와의 '취직턱'

자리에서 한 농담이 현실이 됐다. 그 후에도 생각을 키울 수 있게 도와준 Y에게 감사하다. 생전 경상도는커녕 부산도 몇 번 가보지 않았던 서울 사람이 거제도 조선소에 잘 적응하는 건 혼자서는 불가능한 일이었다. 5년간 나를 붙들고 성장하게 도와준 회사 사람들을 떠올리지 않을 수 없다. 처음 만났을 때부터 친구가 되어준 동환이 형은 힘들 때면 퇴근하자마자 소주 한잔을 나눠줬고, 다음 날 점심에 라면으로 해장을 함께해 줬다. 대우조선해양 옛 전사혁신추진국의 선배들에게도 감사한 마음이다. 문제를 드러내고 파헤치는 것만큼이나 문제를 해결하는 방법을 궁리하는 게 중요하다는 걸 그들에게 배웠다. 특히 회사에서의 숱한 프로젝트를 함께하며 일하는 마음을 알려준 J형에게 특별히 감사를 전하고 싶다. 첫 부서인 기업문화 그룹의 동료들에게도 고마운 마음이다. 단체채팅방에서 여전히 함께 수다를 떨어주는 동기들도 빼놓을 수 없다. 일일이 언급할 수 없지만 함께 일터에서 희로애락을 공유했던 모든 분들께도 진심으로 감사드린다.

몸과 마음으로 억척을 떨면서도 즐겁게 사시는 실용주의자 엄마, 시재詩材를 가진 낭만주의자 아버지 덕택에 여태껏 많은 것을 누릴 수 있었다.

원고의 모든 견해는 전적으로 저자인 나의 생각과 경험에 기초했으며, 모든 오류 역시 나의 책임이다. 다양한 관심을 가지고 이 책을 읽는 모든 분들의 따끔한 비판과 조언을 기대한다.

2019년 1월,

서울역발 마산행 KTX 안에서

양승훈

중공업 가족의 유토피아

초판 1쇄 펴낸날 2019년 1월 24일
초판 5쇄 펴낸날 2024년 7월 18일
지은이 양승훈
펴낸이 박재영
편집 임세현·한의영
마케팅 신연경
디자인 조하늘
제작 제이오
펴낸곳 도서출판 오월의봄
주소 경기도 파주시 회동길 363-15 201호
등록 제406-2010-000111호
전화 070-7704-2131
팩스 0505-300-0518
이메일 maybook05@naver.com
트위터 @oohbom
블로그 blog.naver.com/maybook05
페이스북 facebook.com/maybook05
인스타그램 instagram.com/maybooks_05

ISBN 979-11-87373-79-7 03300

만든 사람들
책임편집 임세현
디자인 조하늘